价值共创视角下的

妈祖文化

创意旅游研究

Research on Mazu Cultural
Creative Tourism from the Perspective of
Value Co-creation

罗　丹◎著

暨南大学出版社
JINAN UNIVERSITY PRESS

中国·广州

图书在版编目（CIP）数据

价值共创视角下的妈祖文化创意旅游研究／罗丹著. —广州：暨南大学出版
社，2023.6
ISBN 978 - 7 - 5668 - 3635 - 9

Ⅰ. ①价…　Ⅱ. ①罗…　Ⅲ. ①神—文化研究—中国　Ⅳ. ①B933

中国国家版本馆 CIP 数据核字（2023）第 050325 号

价值共创视角下的妈祖文化创意旅游研究
JIAZHI GONGCHUANG SHIJIAO XIA DE MAZU WENHUA CHUANGYI LÜYOU YANJIU
著　者：**罗　丹**
....

出 版 人：张晋升
责任编辑：高　婷　张馨予
责任校对：苏　洁
责任印制：周一丹　郑玉婷

出版发行：暨南大学出版社（511443）
电　　话：总编室（8620）37332601
　　　　　营销部（8620）37332680　37332681　37332682　37332683
传　　真：（8620）37332660（办公室）　37332684（营销部）
网　　址：http://www.jnupress.com
排　　版：广州尚文数码科技有限公司
印　　刷：广州市友盛彩印有限公司
开　　本：787mm×1092mm　1/16
印　　张：15.5
字　　数：280 千
版　　次：2023 年 6 月第 1 版
印　　次：2023 年 6 月第 1 次
定　　价：69.80 元

（暨大版图书如有印装质量问题，请与出版社总编室联系调换）

前　言

"十四五"期间，国内旅游市场将依然保持持续发展的态势，并将成为我国经济高质量发展的主引擎，在提升人民幸福感和获得感的过程中发挥了极其重要的作用。在体验经济和创意经济的时代，体验和创意给传统产业带来了新的发展动力与活力。因此，本书从旅游目的地、旅游产品以及游客三个视角进一步探究湄洲岛妈祖文化创意旅游高质量发展的对策和建议。

一、 本书的研究内容和重要观点

（1）引入创意管理视角，探究妈祖文化创意旅游的发展逻辑。文化旅游在迅速发展的同时，仍存在着诸多问题，其中以旅游产品同质化现象最为严重。文化的重复生产、相同的旅游产品、单一的产业链、同类型的旅游定位等都会使游客出现消费倦怠，从而对文化旅游产品失去兴趣。创意旅游因创意转向而被正式提出，但由于创意产业本身覆盖面广泛，与文化旅游产业的跨界融合让其很难有明确的界定。国内外关于创意旅游的基础理论研究成果较少，学者们对其概念界定尚未形成统一的观点。创意旅游的实践发展远超理论研究。鉴于此，本书力图在梳理前人研究的基础之上，结合目前创意旅游的发展实践，探讨创意旅游的概念、内涵及其主要特征，对创意旅游的发展框架和逻辑进行总结，并提出要从旅游目的地、旅游产品以及游客三个角度研究妈祖文化创意旅游。

（2）挖掘网络文本大数据，构建妈祖文化创意旅游价值主张。创意旅游强调文化价值的构建与输出，对于旅游目的地来说，旅游目的地形象是向游客展示自身的重要窗口，也是输出自身文化价值主张的重要手段。只有输出的文化价值主张获得游客的肯定和认同，才能提升游客的满意度和忠诚度，继而增强游客的重游意愿和口碑传播机会。目前，湄洲岛的文化价值主张如何向游客传达输出，游客接收到的信息经过转换之后感知到的湄洲岛旅游目的地形象如何？两者是否保持一致？抑或存在错位现象？对于这些问题，本书通过数据搜集，比较了湄洲岛妈祖文化创意旅游目的地形象的文化价值主张输出中官方投射形象与文化价值接收和游客感知形象这两者之间的差距，并深入探索了两者之间出现"认同—错位"的原因。在此基础之上，构建湄洲岛妈祖文化创意旅游的品牌个性。

（3）基于价值共创理论，探索妈祖文化创意产品开发机理。创意旅游产品是创意旅游的重要特色之一，同时是文化价值输出的最大载体。旅游景区通过向游客销售具有特色符号的文化创意旅游产品，不仅能有效拉动旅游经济收入，而且能更好地传播文化。近年来，湄洲岛的文化创意产品市场逐渐兴盛，涌现出一批优秀的文创品牌，如默娘文创打造了一批深受游客喜爱的旅游纪念品。湄洲岛专门开设了"妈祖平安礼"礼品店，销售具有湄洲岛海岛特色和妈祖文化元素的文化创意旅游产品，并且定期举办颇有影响力的两岸文创活动，交流妈祖文化创意产品的设计思路和经验。湄洲岛的妈祖文化创意产品的开发也是我们关注的重要问题。本书从创意管理的视角分析了妈祖文化创意产品的开发和设计的流程，通过具有吸引力的妈祖文化创意产品来打动消费者，带动文化旅游可持续发展。此外，选择妈祖平安符作为案例，研究探讨了妈祖平安符的创意设计开发过程以及对其他文创企业的启示。

（4）验证游客体验共创对游客满意度的影响。从创意产业的视角来看，游客在整个旅游过程中，既是积极的"思考者"、主动的"体验者"，也是活跃的"创造者"。在创意旅游活动中，旅游目的地、景区、游客等相关利益者都发挥了重要作用。以往的研究将游客视为被动的观光游览者或者旅游活动的参与者，但是随着创意旅游的兴起，游客与游客之间的互动、知识共享等行为对游客的整个旅游体验产生了极大的影响。游客积极主动参与消费体验是文化创意旅游活动的关键。因此，本书研究了妈祖文化创意旅游中顾客主导逻辑价值共创行为的作用机理，探讨了妈祖文化创意旅游中价值共创的主体对象、共创行为及其产生的价值，并通过数据实证对两者之间的关系做了进一步的验证。

（5）验证游客价值共创对游客忠诚度的影响。文化创意旅游的核心要素包括游客对文化的感知和在旅行过程中对创意的体验，强调游客积极主动的体验和消费。真实的参与性体验是文化创意旅游活动的重要组成部分。创意旅游过程中的创造性知识共享、游客之间的互动等共创行为以及游客对旅游目的地的认同会影响游客忠诚度，而游客忠诚度会对游客的重游意愿和口碑传播产生直接的影响。

二、 湄洲岛妈祖文化创意旅游高质量发展建议

（1）重塑旅游目的地形象，构建精准的品牌个性。旅游目的地可以凭借鲜明的品牌个性在众多同类品牌中脱颖而出，获得可持续的竞争力。独特鲜明的品牌个性定位会深深吸引游客，游客重游和推荐意愿将会更加强烈。本书从人文景观维度提出了原生、亲和、忠诚、耀眼四个品牌个性特征；从自然景观维度提出了美丽、闲适两个品牌个性特征。

首先，妈祖文化的原生性是湄洲岛最为独特的品牌个性特征。妈祖文化由来已久，几千年的历史造就了许多约定俗成的文化特色。这种传承了千年的文化认同感是湄洲岛旅游吸引力的根本元素。在突出妈祖宗教旅游目的地形象的同时，湄洲岛也应该抓住新时代下旅游群体的旅游需求，进行针对性、多元化、多功能的旅游活动开发，比如庙会、游灯等具有岛上特色的节庆和民俗文化活动，重视游客的旅游体验和文化旅游目的地的原生性。

其次，美丽的海岛风光是游客感知湄洲岛的第二个品牌个性特征。湄洲岛是国家5A级景区，舒适的海岛生活可缓解游客的精神压力，调节其身心。湄洲岛的海岛风光形象可贯穿于整个旅游产品设计的品牌宣传之中。

最后，使自然景观维度的品牌个性与人文景观维度的品牌个性有效融合。湄洲岛上的妈祖建筑群、丰富的妈祖民间风俗文化活动、妈祖相关的影视剧等都是湄洲岛的文化特色。湄洲岛聚集了妈祖文化、民间信俗活动、海岛资源等众多旅游资源，人文景观和自然景观交融，建筑物与自然融为一体，体现了旅游景区的原真性。

（2）挖掘区域特色资源，打造文化创意旅游产品。作为世界非物质文化遗产，妈祖具有极高的社会、文化和经济价值。妈祖文化资源内容丰富，包括历史故事、神话传说、典籍名著、特色民俗等，并且都是开放式的共享性资源。通过广大妈祖信众和一般游客的贡献与分享，企业可以获取丰富的妈祖文化资源和素材，便于下一环节的内容创作。此外，让消费者通过参与妈祖文化资源的调研过程，体验产品创意开发设计的乐趣，提高消费者对产品的忠诚度和归属感。

（3）创新游客旅游行为，营造独特的旅游体验。旅游产业高质量发展必须坚持以消费者为根本。旅游这项幸福产业作为服务业的一部分，必须加快形成以消费者为根本的服务理念，进行服务业供给侧结构性改革。游客需要的旅游

产品就是应该提供的旅游产品。产品更新换代中的效率问题就是企业效率研究的内容，合理控制成本的同时提供优良的服务，就是对旅游企业效率的要求。

突出游客需求，激励游客参与价值共创。不能忽视旅游体验活动中游客参与产生的影响，旅游企业可以从游客的需求出发，尽可能挖掘和激发游客参与价值创造的兴趣。激发游客参与价值共创要充分了解游客的动机和需求，帮助游客获得资源、情感和社会方面的价值。

（4）推进科技创新创造，提升旅游发展质量。创新是引领发展的第一动力。尽管旅游业发展颇具潜力，但是极易受到突发事件的影响，如2020年初新冠肺炎疫情的暴发，对旅游业产生了非常大的影响。因此，要积极探索新的发展思路，对以往的旅游发展模式进行更新，推出更多新业态、新主体、新模式，提升其可持续发展能力。充分发挥现代信息科技的作用，提升旅游景区信息化、智慧化的水平。充分利用5G、大数据、云计算、人工智能等新兴尖端科技，打造湄洲岛智慧旅游生态系统，为游客提供线上旅游预约、门票预售、游客限量进入、错峰出游、移动端查询景区相关信息等服务，营造数字化、智慧化的旅游环境，使游客拥有便捷、高效、舒适的旅游体验。

"科技 + 旅游"的应用更加广泛。VR、AR、5G等高端信息技术的发展与成熟，云上文博、数字博物馆等新兴业态的涌现，为湄洲岛文化创意旅游数字化转型提供了有效的技术保障。数字人文在妈祖文化旅游领域的应用应该突破重产品轻运营、重形式轻内涵、重技术轻组织的发展误区，以数字生态圈战略为引领，整合各方的资源、产品和服务，共同创造价值，形成资源共享、协同发展、共荣共生的数字生态圈，推动妈祖文化旅游走出一条"平台思维、技术赋能、以民为本"的新发展路径。

（5）完善旅游配套基础设施建设，提高服务水平。规范整个湄洲岛的运营管理，调整门票费用的收取制度，制定合理的景点收费标准，避免重复收费。同时要规范湄洲岛的商业经营与管理制度，正确引导岛上商家的经营行为，避免出现游客"被坑""被宰"等问题。

加快集散服务在全域旅游区的保障建设。例如在景区景点、交通运输枢纽以及较为偏远但人口密集的地区建立游客服务中心，在提供良好的旅游体验的同时，为游客做好交通、安全方面的信息保障与服务。

完善旅游相关设施，提高当地景点景区的档次，修理、完善老化的基础设施，多层次、多方面发展旅游产品，展现地方特色，开发不同区域的不同文化内涵，增强游览可玩性。

三、 成果的主要价值与影响

（1）学术价值。国内创意旅游研究正在逐步升温，成为近年的旅游研究热点。但很多基本理论问题尚无统一界定，缺乏足够的共识，而且研究深度不够，缺乏定量和深入的实证研究。以往的研究主要集中于创意旅游内涵、特征、产业发展、产业融合、城市与区域创意旅游实践应用等方面，缺乏对创意旅游经营管理、社区融入、游客参与共创、创意旅游配套设施等基本问题的探讨。本书在对已有研究成果分析的基础上，尝试对构建者的文化价值主张、游客体验共创以及文化认同三者之间的关系进行定量研究，期望为以后的研究提供参考。

（2）应用价值。本书为旅游企业营销实践者提供了妈祖文化创意旅游的理论框架和工具，有利于其通过与游客互动更好地利用妈祖文化资源进行旅游产品开发。文化认同作为一个民族的群体意识与人文精神的融合体，能为文化旅游产业提供丰富的文化资源和产业价值；不仅能推进区域经济发展，也有利于中华优秀传统文化的传承和发展，加强"一带一路"国家和地区的文化交流合作。

（3）社会影响和效益。本书可供国内外文化创意领域，特别是妈祖文化研究领域的专家、学者进行交流和研究。此外，将成果提交给妈祖文化创意旅游企业的负责人，可为企业开展营销实践提供有益参考。这有助于推动妈祖文化创意旅游产业的发展，提升福建省文化创意旅游产业的竞争力，进一步提升福建省在"一带一路"和"海上丝绸之路"中的经济地位。基于体验共创视角打造妈祖文化创意旅游产品，提升游客特别是海内外妈祖信众对妈祖文化的认同度，促进妈祖文化在海内外的传播。

罗　丹

2023 年 1 月

目　录

第1章 绪论

文化旅游已经成为现代旅游业发展的主流之一，特别是与创意产业的融合，形成了文化创意旅游，对国家经济的贡献也在不断提升。文化旅游不仅有助于保护和开发各地区的特色文化，丰富和完善旅游产品的内涵和价值，还对促进地区经济结构转型与发展起到极大的作用，将成为我国旅游产业发展的重要动力，带动旅游产业成为我国经济发展的新引擎。"天下妈祖，祖在湄洲"，湄洲岛是妈祖文化的发源地，不仅拥有丰富且独特的妈祖文化资源，而且其迷人的海岛自然风光也吸引着海内外大量游客。为了更好地推动妈祖文化这一非物质文化资源的开发和利用，本书力图从价值共创的视角研究湄洲岛妈祖文化旅游目的地、妈祖文化旅游产品以及湄洲岛游客这三个主体对象，梳理海内外妈祖文化研究现状以及文化创意旅游发展情况，进一步探讨湄洲岛妈祖文化旅游目的地形象和品牌的打造与构建，妈祖文化创意产品的开发和设计以及湄洲岛游客在旅游过程中的价值共创行为、创意体验价值、身份认同、游客满意度和忠诚度等问题。围绕本书的研究主题，本章主要阐述我国文化旅游产业发展现状以及妈祖文化旅游开发实践现状，提出本书的主要研究问题，发现其研究意义，根据相应的研究思路构建总体技术路线图，明确本书的主要研究内容、研究方法、研究创新点。

1.1 研究背景

1.1.1 现实背景

1. 我国文化旅游产业的发展情况

作为幸福产业之首以及新兴服务业的重要组成部分，旅游业在"十三五"期间对 GDP 的综合贡献平均达 9.55 万亿，占 GDP 总量的 11.03%，国内旅游市场在其中作出了巨大贡献①。随着城乡居民生活水平持续快速提升，居民文

---

① 妥艳娥，陈晔. "十四五"时期我国国内旅游消费新趋势与促进战略 [J]. 旅游学刊，2020，35（6）：8－10.

化和旅游消费持续扩大。从表 1 - 1 可知，2019 年国内旅游市场和出境旅游市场稳步增长，入境旅游市场基础更加牢固。全年国内旅游人数 60.06 亿人次，比上年同期增长 8.4%；入境旅游人数 14531 万人次，比上年同期增长 2.9%；出境旅游人数 15463 万人次，比上年同期增长 3.3%；全年实现旅游总收入 6.63 万亿元，同比增长 11.1%。从 2020 年以及 2021 年数据来看，受新型冠状病毒疫情影响，2020 年，国内旅游人数 28.79 亿人次，比上年同期减少 31.27 亿人次，同比下降 52.1%；2021 年，国内旅游总人次 32.46 亿人次，比上年同期增加 3.67 亿人次，同比增长 12.7%，恢复到 2019 年的 54.0%。旅游行业整体出现了暂时性的发展停滞，但是从法定假期国内周边出游人数来看，旅游业仍然具有极大潜力，是前景最好的热门产业之一。与此同时，在"十四五"期间，国内旅游市场将依然保持持续发展的态势，并将成为我国经济高质量发展的主引擎，在提升人民幸福感和获得感方面发挥极其重要的作用。

文化旅游的提出不仅是中国目前经济转型发展的需要，更是旅游产业不断升级的结果。文化旅游是以独特的文化资源为核心吸引力，吸引人们前往异地进行观光、体验、休闲、感悟的一种旅游活动。文化旅游资源包括历史遗址遗迹、建筑、艺术、民俗风情、宗教文化等物质文化和非物质文化，以及历史文化和现代文化。文化旅游具有民族性、艺术性、神秘性、体验性、互动性等特点。旅游经济将迈入文旅融合新时代和繁荣发展的新通道，国内旅游持续增长，出境旅游稳定增长，入境旅游平稳发展，产业运行保持良好水平，旅游投资维持高位，旅游就业稳步增加。

表 1 - 1   2011—2021 年旅游业主要发展指标

年份	国内旅游人次（亿人次）	国内旅游收入（亿元）	入境旅游人次（万人次）	入境旅游收入（亿美元）	出境旅游人次（万人次）	旅游总收入（万亿元）
2011	26.41	19305	13542	484.64	7025	2.25
2012	29.57	22706	13241	500.28	8318	2.59
2013	32.62	26276	12908	516.64	9819	2.95
2014	36.11	30312	12850	1053.80	10728	3.73
2015	39.90	34195	13382	1136.50	11689	4.13
2016	44.35	39390	13844	1200.00	12203	4.69

（续上表）

年份	国内旅游人次（亿人次）	国内旅游收入（亿元）	入境旅游人次（万人次）	入境旅游收入（亿美元）	出境旅游人次（万人次）	旅游总收入（万亿元）
2017	50.01	45661	13948	1234.17	13051	5.40
2018	55.39	51278	14120	1271.03	14972	5.97
2019	60.06	57251	14531	1313	15463	6.63
2020	28.79	22286	2747	170	2033.4	
2021	32.46	29191				

数据来源：根据《中国统计摘要（2020）》《中国统计摘要（2021）》《中国统计摘要（2022）》以及历年中华人民共和国文化和旅游部的文化和旅游发展统计公报等整理而得。

注：2020 年和 2021 年部分数据未提供。

2. 创意的转势——创意产业的发展

1998 年，英国工党政府在《创意产业路径文件》中第一次提出"创意产业"的概念[①]。英国政府提出创意产业的背景是 20 世纪 80 年代的经济重组，文化经费的削减以及传统工业的衰败。从某种意义上说，创意产业是为挽救传统产业、振兴经济而提出的"文化＋经济"组合拳。此后，英国确定了与创意产业相关的 13 个领域，包括广告、建筑、艺术与古董市场、工艺品、设计、时尚、影片和视频、互动休闲娱乐软件、音乐、表演艺术、出版、软件及计算机游戏、电视与广播。

创意产业是将文化、创意和产业联结起来的新兴产业，具有高附加值、可持续发展性、大容量的就业机会和高于国民经济增速等特征[②]。基于文化创意产业对区域经济与社会发展的引领带动作用，我国先后制定实施了一系列推动产业发展的国家战略和政策。《文化部"十三五"时期文化产业发展规划》提出将"文化产业发展成为国民经济支柱产业"[③]。

2009 年 9 月 26 日，国务院正式颁布了《文化产业振兴规划》，标志着文化产业已经上升为我国的战略性产业。随着文化产业的迅速发展，创意和创新的

---

① 张玉蓉，郑涛. 创意旅游：理论与实践 [M]. 成都：西南财经大学出版社，2014：3.

② 陈肖华，李海峰. 文化创意产业众筹成功融资影响因素研究：基于 SOR 模型 [J]. 财会通讯，2019（2）：29-32.

③ 张玉玲. 2020 年文化产业成国民经济支柱性产业 [N/OL]. 光明日报，2017-04-20 [2019-08-04]. http://www.xinhuanet.com//politics/2017-04/20/c_129553482.htm.

运用，文化创意产业覆盖了更多的行业和产业，对扩大社会就业、调整经济结构等方面起到了重要的推动作用。

从 2009—2018 年我国文化及相关产业增加值数据情况来看（见图 1-1），十年间，我国文化创意产业整体发展态势较好，产业增加值不断上涨。从 2009 年的 8786 亿元突增到 2018 年的 41171 亿元，文化创意产业产值逐年增加，增速显著，这表明我国文化创意产业的规模化和集约化水平进一步提升。同时，2009—2018 年期间我国文化创意产业增加值所占 GDP 的比重持续增加，2018 年占 GDP 的比重为 4.48%，比上年提高 0.22 个百分点，在整个国民经济比重中所占比例越来越大，这说明文化创意产业已成为推动经济结构转型升级的新业态力量，成为我国经济发展的新生力量。

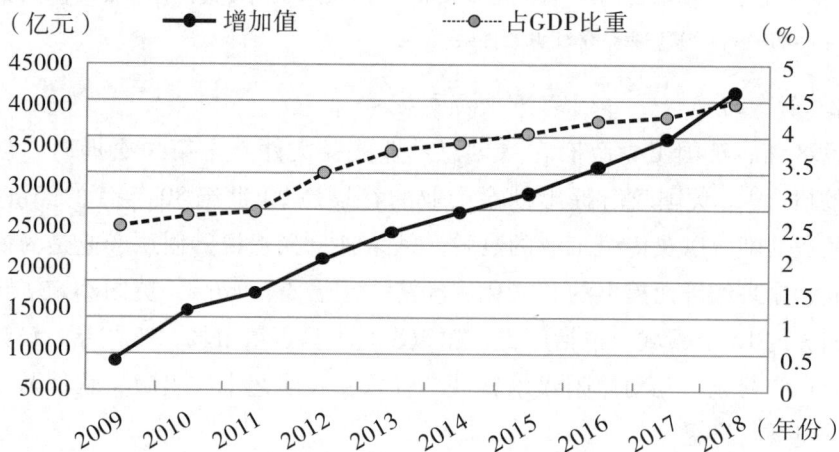

图 1-1　2009—2018 年我国文化创意产业增加值及占 GDP 的比重

数据来源：根据国家统计局官网发布的最新统计数据以及历年年鉴数据整理而得。

20 世纪 80 年代以来，无论是发达国家还是发展中国家，创意产业成为各国和各级政府促进产业转型与经济发展、解决经济社会环境问题的重要战略。进入 21 世纪以来，创意、创新成为社会经济发展的新动力。创意的趋势（crea-tive turn）为社会各个领域采用，"创意"与很多词汇连用，出现了创意产业、创意城市、创意经济、文化创意等。以创意为基础的发展战略比仅以文化资产为基础的发展战略更具优势。创意作为一种创新文化形式的方法，处于发展创新型文化产品，培育文化经济的核心地位①。尽管在创意产业发展的早期并没有明确提到旅游产业，但基于旅游业本身具有的产业融合特征，在实践中旅游业与其他产业有较多的交叉和融合。

3. 创意旅游应运而生——文化与旅游的融合

旅游业是当今发展势头最强劲、产业规模最大的产业之一。但在当前体验经济和创意经济的背景下，传统的发展模式难以迎合时代的需求，不利于旅游业的可持续发展。从资源角度看，历史遗留被粗暴复制和利用，无形的传统文化也面临过度商品化的命运，民俗文化原真性消失，文化价值观退化；从市场需求角度看，随着中国休闲化进程的加快，游客更加追求个性化和个人价值的实现，传统的、被动式的、缺乏创造力的旅游方式不能适应旅游需求的新变化，难以保证旅游业的高效益和价值创造的持续性。

而发展创意旅游有助于促进旅游产业的转型发展，已成为当今旅游可持续发展的一种新模式。创意旅游的出现是新一代游客旅游理念、旅游需求和旅游方式发生改变的必然结果。从观光旅游到休闲旅游，游客注重旅游的体验性，注重旅游带给自己的独特感受，游客的个性化要求越来越显著。在此基础上，游客更注重旅游的参与性，他们不仅仅满足于自己在旅游活动中的互动，更想参与旅游过程的设计和安排；不仅仅向往新奇的旅游目的地，更向往新奇的旅游活动和旅游带来的不确定性，想通过旅游活动最大限度地获得刺激、自由和创造感。

我国提倡和引导创意产业大致始于 2007 年，创意旅游的出现也是近十年的事情。随着国家对创意产业的重视，以及创意产业自身强有力的发展优势和高产业的融合力，创意产业和旅游产业融合发展形成的创意旅游已成为当今旅游市场的发展趋势。《国务院关于推进文化创意和设计服务与相关产业融合发展的若干意见》（2014）突出强调国家对文化创意产业与旅游产业的融合发展的切实关注。《中共中央关于制定国民经济和社会发展的第十三个五年规划的建议》（2015）提出要发展创意文化产业，扩大引导文化消费。《关于印发"十三五"旅游业发展规划的通知》（2016）强调扶持旅游与文化创意产品的开发，重视文创旅游产品的体验丰富性和功能多样性。

全国各地涌现出具有高体验性和创意性的不同类型旅游项目，如大型山水

---

① SALMAN D. Rethinking of cities, culture and tourism within a creative perspective [J]. PASOS-revista de turismo y patrimonio cultural, 2010, 8 (3): 1-5.

实景演出印象系列，深圳华侨城系列（世界之窗、中华民族园、欢乐谷系列），陕西的大唐芙蓉园，杭州的宋城等一批投资大、创意水平高、旅游吸引力较大的主题公园产品。还有创意社区，包括在城市中的创意街区，如北京 798 艺术街区。随着全社会创新创意思维的传播，供给侧全域旅游理念的重视和推广，创意旅游在创意要素方面有了更多的拓展，展现出强劲的发展势头。因此，创意旅游的出现是游客消费需求改变和旅游产业谋求创新发展共同作用的结果。

4. 妈祖文化旅游产业的发展情况

妈祖，被沿海一带居民尊称为海上女神，具有保护渔民出海作业的重要神职功能。经过千百年的持续传播和发展，这一地方性的民间信仰传播范围更广，信仰妈祖的人数不断增加。随着世世代代华人不断向海外迁徙，妈祖信仰随之传播，妈祖宫庙已遍布亚洲、北美洲、欧洲、非洲等 43 个国家和地区。据统计，海内外妈祖宫庙总计数量为 7310 座（包括待考、供奉妈祖的宫庙）。其中，国内妈祖宫庙数量达到 6294 座，海外为 1016 座，海内外大约有 3 亿多妈祖信众，特别是在每年春季妈祖诞辰前后以及秋季祭典，妈祖信仰的"根"和原真性吸引着数以万计的海内外妈祖信众和游客慕名前往福建湄洲妈祖祖庙进行朝拜。2009 年妈祖信俗作为中国首个信俗类世界遗产，被联合国教科文组织政府间保护非物质文化遗产委员会列为世界非物质文化遗产。湄洲岛不仅是福建莆田市第一个世界级非物质文化遗产，更是一张世界级名片。妈祖文化资源的独特性、原真性与知名度，让地方政府逐渐重视妈祖文化旅游的发展，加大了对妈祖文化旅游业的投入。湄洲岛整体旅游景区建设规模不断扩大并完善，并且旅游接待能力和经营管理水平持续提高，海内外游客数目和旅游营业收入逐年稳步上涨，妈祖文化旅游整体发展态势日趋转好。

表 1-2　2011—2020 年莆田市旅游业主要发展指标

年份	国内外旅游人次（万人次）	旅游总收入（亿元）	国内游客（万人次）	国内旅游收入（亿元）	境外游客（万人次）	国际旅游外汇收入（亿美元）
2011	971.03	77.56	950.69	67.42	20.37	1.56
2012	1136.92	91.38	1112.31	79.22	24.60	1.92
2013	1461.16	113.98	1435.43	101.56	25.73	2.01
2014	1725.12	136.23	1700.31	123.95	24.81	2.00

（续上表）

年份	国内外旅游人次（万人次）	旅游总收入（亿元）	国内游客（万人次）	国内旅游收入（亿元）	境外游客（万人次）	国际旅游外汇收入（亿美元）
2015	1976.35	159.24	1949.36	144.66	26.99	2.36
2016	2346.81	203.97	2315.67	186.01	31.14	2.71
2017	2840.66	266.01	2795.73	238.29	44.93	4.11
2018	3394.05	350.97	3347.19	323.68	46.86	4.12
2019	3977.02	440.73	3921.55	406.93	55.47	4.89
2020	2642.60	270.12	2632.41	265.54	10.19	0.66

数据来源：根据《莆田统计年鉴 2021》整理而得。

由表 1-2 可知，2011 年至 2019 年期间，莆田市旅游行业持续增长，接待国内外游客人次年均增长率均在 19% 以上。游客客源地仍然以国内为主，境外游客数量逐年增加，增幅呈波动式变化，2016 年、2017 年增长迅猛。从十年间整体旅游总收入来看，总收入额逐年增加，年均涨幅也在 24% 以上，以国内旅游收入为主，境外旅游收入所占比例较小。2020 年受到新型冠状病毒的影响，国内外旅游人次减少，旅游总收入也有所下降，旅游行业整体表现不乐观。

整体而言，近十年来湄洲岛大力发展妈祖文化旅游，成功承办六届世界妈祖论坛以及中国莆田湄洲妈祖文化旅游节，开展了大量丰富的民俗旅游活动，开发了妈祖相关的文化创意产品，吸引了一大批海内外游客。根据湄洲岛管委会的官方数据，湄洲岛十年来接待游客数量年均增长 6.15%，全社会旅游收入年均增长 6.11%。节事活动方面，湄洲岛每年举办的春季妈祖诞辰祭典、秋季妈祖海祭以及湄洲妈祖文化旅游节吸引了海内外妈祖信徒以及普通游客；并且利用海岛优势，举办了夏季沙滩音乐节、沙雕艺术节、海峡两岸风筝节、海峡流行音乐季、风铃季和沙滩风筝节、啤酒节、美食节、乐杜鹃湄洲岛国际电子音乐节、风筝帆板节等旅游节事活动；推出了《祥瑞湄洲》、晨拜妈祖、妈祖平安塔秀、大型 3D《妈祖》水幕秀等旅游产品；开发设计了 949 款"食之味、绘生活、珍善美、瓣香礼、海之魅"五大类文化创意产品，在岛上开办了 6 家妈祖平安礼门店。

旅游业发展前景巨大，由于旅游产品本身具有较强的服务体验特点，特别是文化旅游更加关注游客在旅游过程中的体验，以及对目的地营造的文化氛围和场景的认可度。但从目前国内文化旅游景区经营发展的状况来看，有些景区存在着诸多问题。从市场供给侧层面来看，部分景区存在着对文化资源的过度开发，或是文化遗产资源被简单粗糙地复制与开发，景区的过度商品化和网红化现象，导致文化失去了其原真性。从市场需求来看，消费者个体素质以及收入水平的提高，对旅游产品的需求不再停留于"吃吃喝喝""走走玩玩""拍照打卡"等简单的旅游活动。他们开始关注旅游过程的体验以及旅游活动中的参与性，更加强调在旅游过程中自身所获得的独特感受。由此可以看出文化旅游中的消费者个性化需求凸显。被动式的、缺乏创造力的旅游方式难以满足旅游者的个性化要求，传统的旅游发展模式不再适用于现代消费者对旅游的新要求，因此也不能维持旅游经营的高效益和价值创造的持续性，不利于旅游业的可持续性发展。

然而，在体验经济和创意经济时代，创意和体验给传统产业带来了新的发展动力以及活力。以创意为基础的发展战略比仅以文化资产为基础的发展战略更具优势。创意作为一种创新文化形式的方法，处于发展创新型文化产品，培育文化经济的核心地位①。创意产业与旅游产业的交叉融合产生了创意旅游，创意旅游的出现改变了传统的旅游发展模式，给旅游产业带来新的发展方向和发展理念。旅游产业的体验性、参与性以及显著的产业连带效应，使其能够与文化创意产业完美融合；加之旅游业本身就是与文化密切相关的产业，因此，旅游业也卷入了这场创意浪潮中，创意产业与旅游产业的融合发展形成了新的价值增长点和动力源，不仅构成了靓丽的文化风景线，也成为创意旅游的发展新模式，为各地旅游创新和可持续发展带来新的希望。

1.1.2 理论背景

新西兰学者格雷·理查德（Grey Richards）和克里斯宾·雷蒙德（Grispin Raymond）在 2000 年提出了"创意旅游"这一概念，并将创意旅游界定为："在旅行过程中通过积极参与、学习体验从而达到发展旅行者创意潜能的活动。"② 创意旅游为国内旅游产业的发展和实践提供了新的思路与实施路径。国

---

① SALMAN D. Rethinking of cities, culture and tourism within a creative perspective [J]. PASOS-revista de turismo y patrimonio cultural, 2010, 8 (3): 1 – 5.

② 宋河有. 国内创意旅游研究进展与展望 [J]. 现代城市研究, 2016, 31 (8): 112 – 117.

内众多旅游目的地开始开展各种类型的创意旅游实践项目，如桂林阳朔的"印象刘三姐"、浙江杭州的"印象西湖"、海南的"印象海南岛"、福建武夷山的"印象大红袍"等"印象系列"实景演出以及杭州的"宋城千古情"、张家界的"天门狐仙"等都将舞台表演和旅游景区景色进行融合，打造出旅游演艺实景融合创新形式，提升了游客的体验，得到了游客的肯定。总体而言，国内的创意旅游理论研究明显滞后于创意旅游实践的发展，目前创意旅游理论研究得到了国内学者们的关注和重视，相应的研究成果逐渐增多。创意旅游理论研究成为旅游研究领域的一大热点。

国内较早关注创意旅游领域的学者主要有上海社会科学院的厉无畏、王慧敏，北京第二外国语学院的王欣，北京联合大学的尹贻梅等，他们在这一方面做了前沿研究的尝试和探索。对于创意旅游的概念界定，学者们从不同研究视角提出了个人的见解和观点。厉无畏、王慧敏、孙洁（2008）认为，创意旅游也可称为文化创意旅游，是用创意产业的思维方式和发展模式整合旅游资源、创新旅游产品、锻造旅游产业链。① 他们提出从产业经济视角界定创意旅游，用创意产业发展的思维逻辑来发展旅游产业，要形成从文化资源开发、产品设计规划到产品生产制作及营销流通的一条完整产业链。厉无畏及其研究团队更加侧重于产业中观的视角，并将创意旅游等同于文化创意旅游。这也为我们在研究中如何区分文化旅游、创意旅游以及文化创意旅游提供了一定的参考依据。

王欣（2015）指出，文化创意旅游是按照某种文化价值主张，在文化素材的基础上构建出来，再提供给人们体验和享用，文化创意旅游产品的构建者与消费者是某种文化价值主张的知音。② 从王欣对文化创意旅游的定义可以看到，文化是创意旅游的核心，旅游目的地组织实践者通过创意的方式构建文化价值，并通过旅游过程进行文化价值主张的输出。他认为这种文化价值主张的输入构成了文化创意旅游的核心内涵。本研究基于王欣的这一观点，将文化创意旅游的研究立足点定位于文化价值主张的输出，同时考虑输出之后旅游者的接受认同程度，"输出—输入"之间的差距，是什么原因导致输入与输出之间产生差距等问题。

---

① 厉无畏，王慧敏，孙洁. 论创意旅游：兼谈上海都市旅游的创新发展思路［J］. 经济管理，2008（1）：70-74.

② 王欣. 文化价值主张的构建与输出：文化创意旅游的核心内涵与功能探讨［J］. 暨南学报（哲学社会科学版），2015，37（10）：146-152.

与王欣的观点相一致，冯学钢、于秋阳（2006）认为，文化价值主张的构建与输出正是文化创意旅游的本质内涵和核心功能①。周钧、冯学钢（2008）指出文化是创意旅游的基础，创意互动是其关键，游客身担创意消费者和创意生产者两职，是一种合作生产，游客在其中充分参与和体验创意②。这也是文化创意旅游与一般文化旅游的差异所在，构建者通过文化创意旅游产品的构建传达文化价值主张，游客则主要体验和消费这种文化价值。在文化价值主张的认可和交易的过程中，这种文化价值主张得以输出。

学者们除了关注创意旅游的概念界定以及核心内涵的研究以外，也关注文化认同与文化旅游的关系。韩震（2010）提到文化认同对一个国家和民族的凝聚力和竞争力的形成有着至关重要的作用。在经济全球化时代，人员、信息与货物跨国流动，利用各种精神文化资源实现人们的身份认同、文化认同和国家认同日益成为现代民族国家的核心利益所在③。傅才武、钟晟（2014）则强调政府大力推进文化旅游产业日益成为培养国民文化认同和国家认同的重要途径④。目前，对旅游和文化认同、国家认同之间关系的研究主要集中于民族旅游和非物质文化遗产保护领域。吴其付（2011）侧重于研究旅游开发过程中少数民族对本民族的文化认同⑤，采用人类学或民族学的研究方法，较少从文化认同视角研究文化创意旅游的价值主张构建，也少有涉及价值主张构建、体验价值共创以及文化认同之间关系问题的研究。

妈祖既是海内外华人共同的一种信仰认同标志，又是重要的文化交流纽带。通过妈祖文化创意旅游体验来提升游客对妈祖的文化认同，甚至是民族认同、国家认同，具有极强的现实意义。随着妈祖文化旅游实践的不断发展，妈祖文化旅游的理论和实践研究受到了海内外学者和妈祖文化研究专家的关注。部分学者从妈祖文化资源的开发和利用入手，研究妈祖文化旅游产品的设计，如林

---

① 冯学钢，于秋阳. 论旅游创意产业的发展前景与对策［J］. 旅游学刊，2006（12）：13－16.

② 周钧，冯学钢. 创意旅游及其特征研究［J］. 桂林旅游高等专科学校学报，2008（3）：394－397，401.

③ 韩震. 论国家认同、民族认同及文化认同：一种基于历史哲学的分析与思考［J］. 新华文摘，2010（7）：58－62.

④ 傅才武，钟晟. 文化认同体验视角下的区域文化旅游主题构建研究：以河西走廊为例［J］. 武汉大学学报（哲学社会科学版），2014（1）：101－106.

⑤ 吴其付. 民族旅游文献中的文化认同研究［J］. 广西民族研究，2011（1）：191－198.

明太（2002）较早提出利用妈祖文化资源开发莆田市的宗教旅游。① 胡荔香（2003）提出要大力开发闽台地区妈祖信仰文化旅游。② 黄秀琳和林剑华（2005）指出了妈祖文化在旅游业的价值，探讨了妈祖文化旅游产品的开发设计，并对妈祖文化景观进行了解读。③ 严艳、连丽娟、林明太等（2009）利用ASEB 栅格分析法对福建湄洲岛妈祖文化旅游产品资源进行开发和设计。④ 程元郎、李斌、邱盛（2011）提出开发妈祖邮戳资源，丰富妈祖文化旅游产品。⑤ 另一部分学者从产业经济学视角探讨妈祖文化产业的发展，如董厚保、洪文艺（2014）从战略视角分析湄州岛妈祖文化旅游发展的战略路径⑥，蒋长春、黄丹凤（2015）则对妈祖文化产业与旅游产业的融合机制进行了探讨⑦。妈祖文化旅游方面的研究成果颇丰，但多从宏观角度分析文化和旅游产业的融合发展模式，以及从旅游开发者的视角论证如何开发合适的旅游产品，鲜有学者从创意旅游视角对妈祖文化旅游的价值主张构建、输出方式以及文化认同进行研究。

1.2 研究问题

根据上文对目前国内文化旅游现实背景与理论背景的分析，本书主要围绕以下几个问题展开研究：

问题1：如何从创意产业和创意管理的视角打造妈祖文化旅游？

文化旅游在迅速发展的同时，出现了诸多问题，其中以旅游产品同质化现象最为严重，如文化的重复生产、相同的旅游产品、单一的产业链、同类型的旅游定位等都会导致游客出现消费倦怠，对文化旅游产品失去兴趣。创意旅游

---

① 林明太. 莆田市宗教旅游开发研究 [J]. 莆田学院学报，2002（4）：68.

② 胡荔香. 试论闽台地区妈祖信仰文化旅游资源开发 [J]. 亚太经济，2003（3）：76 – 78.

③ 黄秀琳，林剑华. 妈祖文化在福建旅游业中的价值 [J]. 莆田学院学报，2005（4）：87.

④ 严艳，连丽娟，林明太，等. 基于 ASEB 栅格分析法的旅游产品开发研究：以福建省湄洲岛为例 [J]. 资源开发与市场，2009（8）：757.

⑤ 程元郎，李斌，邱盛. 论妈祖邮戳及对传播妈祖文化的作用 [J]. 莆田学院学报，2011（1）：8 – 12.

⑥ 董厚保，洪文艺. 文化型海岛善行旅游发展的战略路径选择：以福建湄洲岛为例 [J]. 资源开发与市场，2014（12）：1529 – 1532.

⑦ 蒋长春，黄丹凤. 区域"非遗"与旅游深度融合的机制与模式研究：以莆田湄洲妈祖信俗为例 [J]. 资源开发与市场，2015（4）：504 – 508.

因创意转向而被正式提出，但由于创意产业本身覆盖面广泛，与文化旅游产业的跨界融合让其很难有明确的界定。国内外关于创意旅游的基础理论研究成果较少，学者们对其概念界定尚未形成统一的观点。

创意旅游的实践发展远超理论研究。鉴于此，本书力图在前人研究的基础之上，结合目前创意旅游的发展实践，探讨创意旅游的概念、内涵及其主要特征，对创意旅游的发展框架和逻辑进行总结，并提出要从旅游目的地、旅游产品以及游客这三个角度来研究妈祖文化创意旅游。

问题2：如何对湄洲岛旅游目的地形象进行文化价值主张的构建和输出？如何检验文化价值的输出是否有效？湄洲岛的游客感知形象与官方投射形象是否一致？是否存在"认同—错位"？如何构建湄洲岛妈祖文化旅游目的地的品牌个性？

创意旅游强调文化价值的构建与输出，对于旅游目的地来讲，旅游目的地形象是向游客展示自身的重要窗口，也是输出自身文化价值主张的重要手段。只有输出的文化价值主张获得游客的肯定和认同，游客的满意度和忠诚度才会提升，游客的重游意愿和口碑传播才能增强。目前湄洲岛的文化价值主张是如何向游客传达的，而游客接收到的信息经过转换之后感知到的湄洲岛旅游目的地的形象如何？两者是否保持一致？抑或存在错位现象？

对于这些问题，本书通过数据搜集，比较湄洲岛妈祖文化创意旅游目的地形象的文化价值主张输出中官方投射形象与文化价值接收和游客感知形象这两者之间的差距，并深入探索两者之间出现"认同—错位"的原因。在此基础之上，构建湄洲岛妈祖文化创意旅游的品牌个性。

问题3：如何开发妈祖文化创意旅游产品？

创意旅游产品是创意旅游的重要特色之一。创意旅游产品通常是文化价值输出的最大载体。旅游景区通过向游客销售具有特色符号的文化创意旅游产品，不仅能提高旅游经济收入，而且能更好地传播文化。近年来，湄洲岛的文化创意产品市场逐渐兴盛，涌现出一批好的文化创意品牌，如默娘文创打造了一批深受游客喜爱的妈祖文化旅游纪念品。同时，湄洲岛专门开设了"妈祖平安礼"礼品店，销售具有湄洲岛海岛特色和妈祖文化元素的文化创意旅游产品，定期举办颇有影响力的两岸文创活动，交流妈祖文化创意产品的设计思路和经验。湄洲岛的妈祖文化创意产品开发也是我们关注的重要问题，即如何从创意管理的视角进行妈祖文化创意产品的开发和设计，以打动消费者，推动文化旅游可持续发展。

问题4：在妈祖文化创意旅游中，游客体验共创对游客满意度的提升是否有作用?

从创意产业的视角来看,游客在整个旅游过程中,既是积极的"思考者"、主动的"体验者",也是活跃的"创造者"。创意旅游活动中,旅游目的地、景区、游客等相关利益者都发挥了重要作用。以往研究将游客视为被动的观光游览者,或者进一步视为旅游活动的参与者。但是随着创意旅游的兴起,游客与游客之间的互动、知识共享等对游客整个旅游体验产生了极大的影响。游客积极主动参与消费体验是文化创意旅游活动的关键。因此,本书需要研究妈祖文化创意旅游中顾客主导逻辑价值共创行为的作用机理,探索妈祖文化创意旅游中价值共创的主体对象、共创行为、共创产生的价值,并需要进行进一步的探索和验证。

问题5:在妈祖文化创意旅游中,价值共创对旅游忠诚度的提升是否有作用?

文化创意旅游的核心要素包括游客对文化的感知和在旅行过程中对创意的体验,强调游客积极主动的体验和消费。真实的参与性体验是文化创意旅游活动的重要组成部分。创意旅游过程中的创造性知识共享、游客之间的互动等共创行为是否会影响到游客在整个旅行过程中的忠诚度,游客的忠诚度是否会对游客的重游意愿和口碑传播产生影响?这些问题需要通过进一步的探索和验证来解答。

1.3 研究意义

本书立足于创意旅游视角,以妈祖文化创意旅游为研究对象,研究妈祖文化创意旅游目的地的文化价值主张的构建与输出,妈祖文化创意产品的开发与设计,以及游客体验共创对游客满意度和忠诚度的影响。

1.3.1 理论意义

国内关于文化创意旅游的研究成果不断增加,与此同时,妈祖文化旅游也成了海内外学者关注的热点。但很多基本理论问题尚无统一界定,国内的创意旅游实践发展远远超出理论研究。从理论研究现状来看,研究深度有待提高,缺少对创意旅游的界定、分析理论框架、逻辑等,研究方法上也亟待完善,缺少定量的实证研究。本书在已有研究成果分析的基础上,尝试对构建者的文化价值主张、游客体验共创以及满意度和忠诚度之间的关系进行定量研究,期望为以后的研究提供参考。

1.3.2 实践意义

本书为旅游企业营销实践者提供了妈祖文化创意旅游的理论框架和工具，有益于其通过与游客互动更好地利用妈祖文化资源进行旅游产品开发。同时，文化认同作为一个民族的群体意识与人文精神的融合体，能为文化旅游产业提供丰富的文化资源和产业价值，不仅能促进当地的社会经济发展，而且有利于中华优秀传统文化的传承和发展，增强"一带一路"沿线国家和地区之间的文化交流与经济合作。

1.4 总体框架与技术路线

1.4.1 总体框架

本书选择妈祖文化创意旅游作为研究对象，原因在于妈祖文化作为世界非物质文化遗产以及海洋文化的标志性符号，具有极高的社会、文化和经济价值，从创意管理学视角进行研究具有较大空间。此外，妈祖文化创意旅游的文化价值主张的构建以及通过游客体验共创方式的输出，其目的在于使游客通过体验获得身份认同。

本书的总体框架（见图 1 – 2）如下，研究内容分为三个部分：

（1）第一部分提出问题（第 1 章至第 3 章）。第 1 章主要介绍研究的总体概况，从现实研究背景和理论研究背景着手，探讨主要的研究问题和研究意义。并针对研究问题，具体讨论其研究内容和研究方法。第 2 章采用文献计量方法对妈祖文化领域、创意旅游领域以及价值共创领域的研究进展和现状进行可视化分析，梳理研究发展脉络，为后续研究奠定基础。第 3 章主要介绍妈祖文化的起源和其在不同朝代的发展，同时对妈祖文化的内涵、特点以及功能价值进行了分析，特别是妈祖文化旅游的海内外发展实践。此外还对湄洲岛妈祖文化旅游实践现状进行了具体的介绍和分析。

（2）第二部分分析问题（第 4 章至第 12 章），是本书的主体部分，包括三个子研究。

子研究一，主要介绍了湄洲岛妈祖文化创意旅游的文化价值主张的构建，围绕湄洲岛旅游目的地形象和品牌个性展开。第 4 章是对旅游目的地形象的概念界定，从现有研究中提出旅游目的地的投射形象和感知形象两个概念，并提出了相应的测量要素和测量方法，为后续研究提供理论依据。第 5 至第 7 章主要利用 Python 工具抓取国内主要旅游网站上游客发布的妈祖文化旅游目的地游记、攻略等数据，分析游客对妈祖文化旅游目的地形象和品牌个性、妈祖文化的认同度，找出构建者的文化价值主张输出与游客的文化认同之间的差异，以及造成差异的主要原因。第 8 章是在前面研究的基础之上利用质性分析方法构建湄洲岛妈祖文化旅游目的地的品牌个性理论模型，并通过问卷调查的方式获取数据，再利用 SPSS 24.0 和 AMOS 23.0 等软件分析验证湄洲岛妈祖文化旅游目的地的品牌个性模型，为妈祖文化创意旅游树立明确的文化价值主张。

子研究二，主要从文化旅游产品开发视角探讨妈祖文化创意产品的开发设计。第 9 章基于价值共创理论，探索妈祖文化创意产品的开发机理。为了打造符合市场和游客需求的旅游产品，本研究提出了基于价值共创理论的妈祖文化创意产品开发流程，将消费者合作创造融入原来价值链的每一个环节。此外，通过妈祖平安符这一案例来验证分析开发机理理论。

子研究三，从游客视角探讨旅游过程中的体验共创对游客满意度的作用。第 10 章通过问卷调查对赴莆田湄洲岛妈祖祖庙进香的闽台游客的旅游动机、行为进行统计分析，旨在对妈祖信仰纵向的历史进行梳理，同时对闽台区域间的妈祖信仰进行横向比较，进一步了解新时期妈祖文化活动的信仰意涵和演变。第 11 章以湄洲岛妈祖文化旅游为研究对象，利用回归分析方法验证妈祖文化旅游体验共创与满意度之间的关系。经研究发现，体验共创对旅游满意度有正向的显著影响。基于此，笔者提出文化旅游要挖掘文化特色资源以提高游客感知，设计互动性强的旅游产品以提高游客体验的共创价值，达到提高游客满意度的目的。第 12 章探讨了妈祖文化创意旅游中的价值共创、创意体验价值、身份认同、感知稀缺以及游客忠诚之间的关系，利用结构方程模型、Bootstrap 方法和层次回归分析对变量间的直接作用关系、中介作用关系和调节作用关系假设进行检验，得出关系假设检验的整体结果。

（3）第三部分解决问题。首先，第 13 章在主体部分研究结论的基础之上，提出妈祖文化创意旅游高质量发展的对策和建议。根据结论，准确定位妈祖文化创意旅游的价值主张，为妈祖文化创意旅游主题凝练出具有鲜明特色的文化符号系统，打造"寻找中华民族文化认同"的文化旅游主题形象。其次，提炼妈祖文化认同体验的载体，打造更多具有高体验性、高参与度的妈祖文化创意旅游产品。最后，针对本研究存在的不足，提出未来的研究展望。

1.4.2 技术路线

本书采用了理论与实证相结合的研究方法，研究技术路线见图1-2。首先从妈祖文化研究的文献梳理出发，通过对网络文本数据的抓取、筛选以及内容分析，比较湄洲岛投射形象与感知形象之间的差异，探讨湄洲岛文化旅游的价

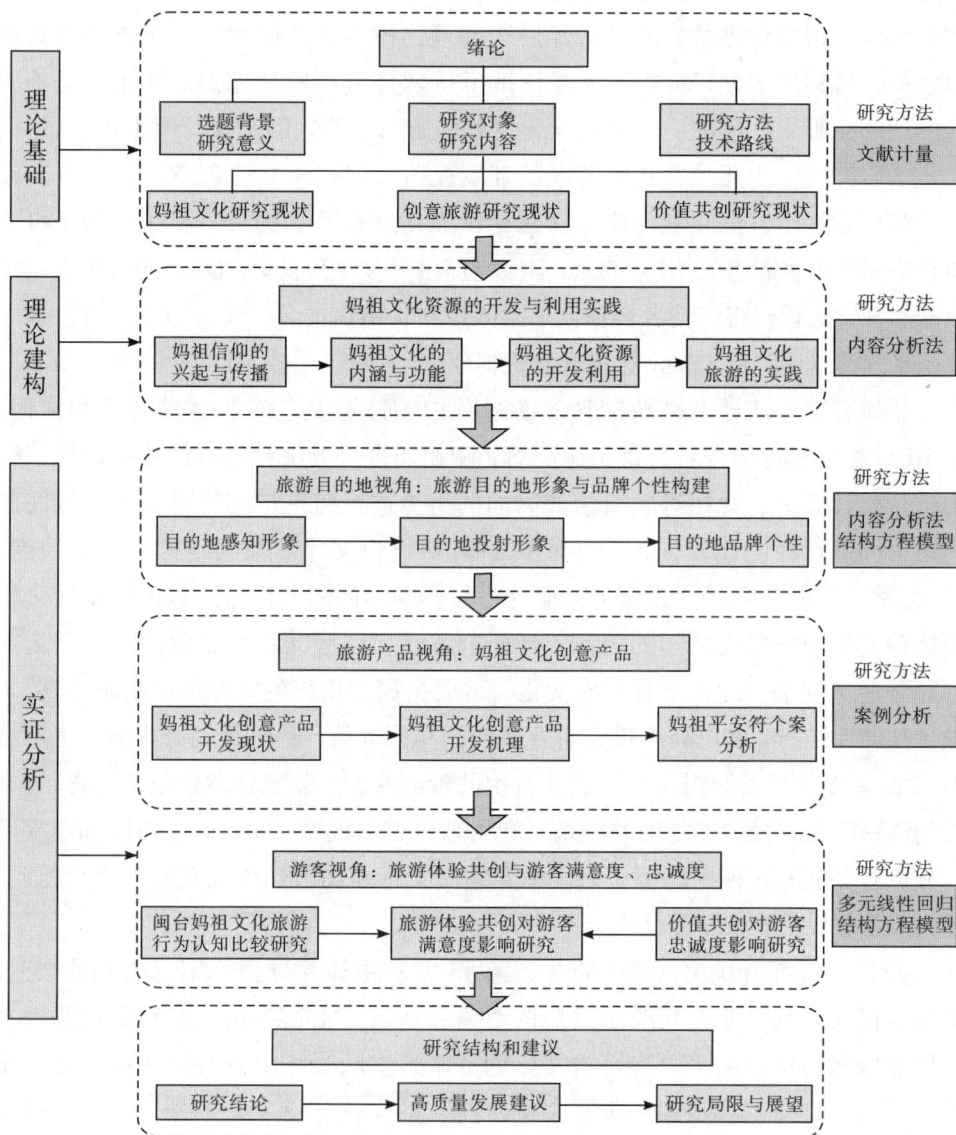

图1-2　技术路线图

值主张输出与顾客感知输出之间的"认同—错位"。其次，建构湄洲岛妈祖文化旅游目的地品牌个性模型，搜集样本数据，采用结构方程模型进行量化检验；并在此基础之上，从旅游目的地、旅游产品以及游客三个视角分别探讨妈祖文化创意旅游的发展路径。最后，梳理全文，归纳结论，提出对文化创意旅游管理的建议和未来的研究方向。

1.5　研究方法

对应本书的主要研究问题，采用文献计量法、内容分析法、扎根理论、案例研究法、数据统计分析法以确保研究质量。在方法上采取了质性研究和量化分析相结合的混合式研究方法，一方面，混合式研究方法能有效解决本书提出的问题，使得解决方法与研究问题较为匹配；另一方面也能帮助克服数据收集的困难。

（1）文献计量法。文献研究是展开研究的基础，通过查阅和搜集前人学者已发表的论文等资料，系统地梳理该领域的研究现状，寻找该领域的研究不足或者研究空白，为下一步研究提供依据和支撑。近年来，妈祖文化研究热度不减，吸引了海内外诸多学者的关注，研究成果颇为丰富。本书为了更好地了解并展示海内外妈祖文化研究成果现状，突破传统的文献综述范式，借助文献计量法进行文献综述。先通过准确的核心检索词，从 CNKI、CSSCI、WOS 核心数据库等海内外重要数据库中获取与妈祖文化相关的主题，再对文献产出作者及机构合作网络、关键词共现、时区分布等进行可视化分析，试图将文献研究的定性描述转为定性与定量相结合的方式，并对结果进行可视化展示，从而系统呈现和发掘妈祖文化研究领域的研究现状、不足和未来发展趋势。

（2）内容分析法。内容分析法是对文本材料进行分类，以将其简化为更为相关且易于处理的数据单位，进而对文本进行有效推论的研究方法。[①] 互联网信息技术的发展，让消费者有更多的平台和机会表达自己对消费过程和使用所购产品的感受。特别是旅游产品，诸多线上旅游平台专门开辟讨论区和版块邀请游客对旅行过程以及旅行后的感受、攻略进行分享，这为本研究提供了丰富的网络文本数据材料。本研究通过 Python 等工具抓取文本数据，借助内容文本

[①] 罗伯特·菲利普·韦伯. 内容分析法导论 [M]. 2 版. 李明，译. 上海：格致出版社；上海人民出版社，2019.

分析法对文本进行简化、压缩和分类，再通过识别的文本信息特征得出研究结论，并在高频词统计的基础上对相关词汇进行深入挖掘研究。

（3）扎根理论。扎根理论是质化研究的一种方法，是针对某一现象，通过系统化程序分析和归纳式引导得出理论观点的定性研究方法，在理论构建方面具有独特优势[①]，与实证研究可以很好地互补。关于湄洲岛旅游目的地品牌个性，选取线上游客文本评论，游客访谈记录以及对湄洲岛管委会相关人员的深度访谈记录，采用扎根理论对文本资料进行编码和分析，构建湄洲岛妈祖文化旅游品牌个性模型，为后期的研究假设和实证研究提供了参考。

（4）案例研究法。案例研究是一种研究策略，包含特有的设计逻辑、特定的数据搜集及独特的数据分析方法。[②] 案例研究法适用于研究"如何"和"为什么"之类的问题，适用于对现象的理解，寻找新的概念和思路，乃至理论的创建。本研究采用探索性单案例研究法，对妈祖平安符这一产品开发设计过程中消费者的合作创造行为进行分析，以构建妈祖文化创意产品中的价值共创机理。

（5）数据统计分析法。本书借助 SPSS 24.0 和 AMOS 23.0 统计软件对收集的问卷进行数据统计分析，采用了结构方程模型、线性回归等两种方法，分别通过描述性统计分析、探索性因子分析、验证性因子分析、相关性分析以及层级回归分析对研究假设进行检验，验证湄洲岛妈祖文化品牌个性模型以及游客体验共创对满意度的影响的研究假设是否成立。

1.6 研究创新点

（1）引入创意管理视角，探索妈祖文化创意旅游的发展逻辑。创意旅游伴随着文化创意产业的发展逐渐兴起，相比于文化旅游的研究，它仍属于起步阶段。以往研究都从旅游管理视角进行，本研究从创意管理视角对妈祖文化创意旅游进行分析，具有一定的研究特色。本研究还将社会学领域的认同理论引入旅游市场营销研究，并从跨学科视角分析妈祖文化创意旅游中消费者身份的社会化构建以及体验共创机制。

---

① 科宾，施特劳斯. 质性研究的基础：形成扎根理论的程序与方法 ［M］. 3 版. 朱光明，译. 重庆：重庆大学出版社，2015.

② YIN R K. Case study research：design and methods ［M］. 5th ed. Thousand Oaks，CA：Sage Publications，2013.

（2）挖掘网络文本大数据，构建妈祖文化创意旅游价值主张。利用 Python 工具抓取国内主要旅游网站上游客发布的游记、攻略以及湄洲岛官方平台上发布的信息等数据，分析游客对妈祖文化旅游目的地的形象认知，找出构建者的文化价值主张与游客的文化认同，即投射形象与感知形象之间的差异，以及造成差异的主要原因，构建湄洲岛妈祖文化旅游目的地品牌个性模型并利用结构方程模型进行验证。

（3）基于价值共创理论探索妈祖文化创意产品的开发机理。为了打造符合市场和游客需求的旅游产品，本书提出了基于价值共创理论的妈祖文化创意产品开发流程，将消费者合作创造融入原来价值链的每一个环节。

（4）验证消费者体验共创对旅游满意度的影响作用。在收集、阅读文献的基础之上，厘清体验共创的概念、核心要素与维度测量，特别是对体验共创各要素间工作机理的分析，构建体验共创对游客满意度和忠诚度的概念模型。根据之前提出的概念模型，通过对妈祖文化旅游目的地的游客进行问卷调研，借助 SPSS 24.0 和 AMOS 23.0，对体验共创对游客满意度和忠诚度的作用机制模型进行验证。

（5）采用客观文献计量方法系统地梳理文献脉络。以往的文献研究多采用传统的检索、手工整理等方式，本研究从主观判断转向客观文献计量，对妈祖文化研究文献和创意旅游研究文献做系统的计量分析，在全景式呈现过程中对理论研究发展脉络进行梳理，为其系统性发展提供借鉴。

（6）采用质性和量化相结合的混合式研究方法。混合式研究能有效地解决本书提出的问题，使得方法与研究问题较为匹配，同时也能帮助克服数据收集的困难。为了有效解决本书的研究问题，先后采用内容分析法、扎根理论、案例研究法、多元线性回归和结构方程模型等混合式研究方法，以达到研究质量的要求。

第 2 章 文献回顾和展望

现有理论研究的回顾和梳理是开展理论创新的基础。① 鉴于此，本章从海内外妈祖文化研究、妈祖文化研究群体以及创意旅游、价值共创等研究现状着手，厘清本研究内容的理论逻辑和发展脉络。本章以中国学术期刊网络出版总库（CNKI）、Web of Science（WOS）核心数据库、中文社会科学引文索引（CSSCI）以及台湾学术文献数据库等主要妈祖文化研究数据库为数据来源，采用 CiteSpace 软件对文献产出作者及机构合作网络、关键词共现、时区分布等进行可视化分析，以期有效展现妈祖文化的研究现状和发展趋势。

2.1 大陆妈祖文化研究现状与展望

妈祖，作为国家的祭典神，受到了历代官方的褒封与崇祀。这是宋以来妈祖崇拜日益普及的重要原因。② 沿海主要城市中都建有妈祖庙，市民中也有着诸多信众，同时妈祖文化也吸引着学者们的关注。由于历史原因，妈祖崇拜一度被认为是迷信行为。直到 20 世纪 80 年代以后，大陆妈祖研究才重新开始。随着国内外妈祖学术交流的频繁以及澳门回归，大陆掀起了妈祖研究热，一时之间妈祖研究论文呈井喷式增长的趋势。在梳理文献的过程中，笔者发现学者们从不同的学科、各自的视角对妈祖进行了研究。其中，对大陆妈祖研究进行总体回顾评述的文献主要有陈元煦（1991）《浅谈妈祖研究中的几个问题》③，江述（1996）《妈祖研究不同观点综述》④，黄国华（2010）《20 世纪以来妈祖

---

① LEPINE J A，WILCOX-KING A. Editors' comments：developing novel theoretical insight from reviews of existing theory and research［J］. Academy of management review，2010，35（4）：506－509.

② 郑振满. 湄洲祖庙与度尾龙井宫：兴化民间妈祖崇拜的建构［J］. 民俗曲艺，2010（167）：123－125.

③ 陈元煦. 浅谈妈祖研究中的几个问题［J］. 福建师范大学学报（哲学社会科学版），1991（1）：44－50.

④ 江述. 妈祖研究不同观点综述［J］. 寻根，1996（1）：33－34.

研究的回顾与评述》① 等。从发表时间来看，除了 2010 年发表于马来西亚南方学院学报的《20 世纪以来妈祖研究的回顾与评述》以外，其他两篇文献主要针对 20 世纪 90 年代以来妈祖研究状况进行分析，发表时间较早。而近年来大陆妈祖研究方面的文献迅速增多，难以准确概括近来研究的发展现状。这就迫切需要厘清大陆妈祖研究的发展脉络及其热点和趋势，作为进一步研究的基础。随着文献计量学的应用，通过定量的文献分析来展现学科发展脉络和热点也成为一种行之有效的方法。从研究方法来看，三篇文献主要采取了对现有文献，特别是对史书、地方志等古籍资料的归纳整理，但对大陆公开发表的学术论文分析不多，并且鲜有研究方法上的创新尝试。

本研究使用 CiteSpace 软件对 1981 年以来 CNKI 数据库所收录的 894 篇妈祖研究方面的论文进行可视化的文献计量研究，从文献产出作者及机构合作网络、关键词共现、时区分布等进行分析，以探究大陆妈祖领域的研究热点、发展历程以及未来趋势。

2.1.1　大陆妈祖文化研究产出的基本情况

为了保证原始数据全面、准确并具有较高的解释度，本研究选取中国知网下属的 CNKI 数据库作为数据来源。尽管 CNKI 数据库不提供引文数据，但收录面最全，而且近年来妈祖研究的学术性论文发表于权威期刊的论文较有限。以"妈祖"为主题词在 CSSCI 数据库进行检索，仅获得 111 篇文献。因此，为了更全面地展现大陆妈祖学术研究的进展，这里选择 CNKI 数据库作为数据来源。检索主题词为"妈祖"，文献来源类别为全部期刊，文献来源年限为 1981—2015 年，检索条件为精确，检索到"妈祖"相关文献 1360 篇。经过对比筛选，除去无作者、通讯报道、简介、会议通知等非学术性文献，获得有效文献 894 篇，操作时间为 2016 年 2 月 17 日。

1. 年度发文数量

从年度发文数量及增幅来看，可将妈祖研究大致分为三个阶段：1983—1999 年波动增长阶段、2000—2009 年稳定持续增长阶段以及 2010—2015 年高增长阶段（见图 2 - 1）。第一阶段是 1983—1999 年间，整体发文数量少，增幅缓慢，时增时减，呈波动状，平均每年发表文献 7 篇。第二阶段从 2000 年至 2009 年，发文量有所增加，平均每年发表文献 26 篇，增幅稳定持续，最高达

---

①　黄国华. 20 世纪以来妈祖研究的回顾与评述 ［J］. 南方学院学报，2010（6）：117.

到 5.7%。第三阶段从 2010 年至今，发文量激增，平均每年发表文献 82 篇，增速一直保持 7% 以上，2013 年最高时达到 11.41%。

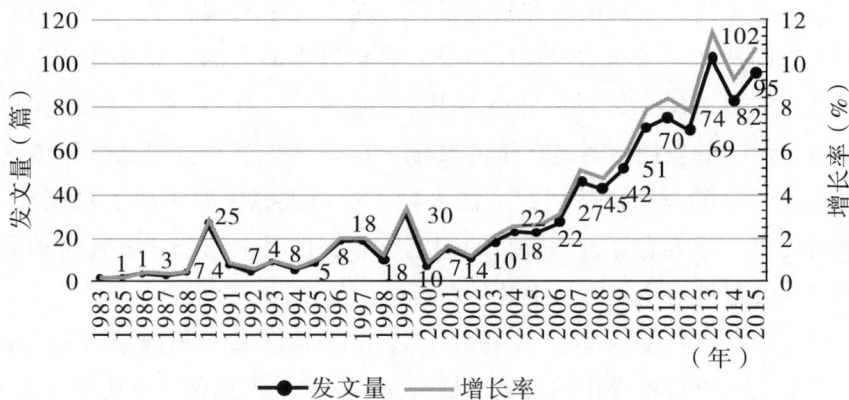

图 2-1　大陆妈祖研究年度发文量分布及增长情况（1983—2015 年）

2. 文献期刊地区分布

随着大陆妈祖研究的兴起，以妈祖为主题的文献数量增多，对 894 篇论文所发表的期刊分布情况进行分析（见表 2-1），排名前 10 的期刊载文量占总载文量的 27.07%，其中《莆田学院学报》共刊载 133 篇，位居第一位。福建莆田是妈祖故里，妈祖信仰源于此地，因此区域研究优势和特色凸显。从载文期刊所属的领域来看，大学学报的载文量最多，如《莆田学院学报》《福建省社会主义学院学报》《福建师范大学学报（哲学社会科学版）》《中国海洋大学学报（社会科学版）》《厦门大学学报（哲学社会科学版）》《广东海洋大学学报》等，这说明高校学术研究机构是妈祖研究的大本营；宗教类期刊载文量次之，如《世界宗教研究》《世界宗教文化》《中国道教》等；文化类、旅游类紧随其后，如《闽台文化交流》《东南文化》《文化遗产》等；还有政治、文学历史类、工艺美术类、体育、民族与地方史志类、新闻与传媒类、音乐舞蹈艺术类、档案与博物馆类等。由此可见，妈祖研究覆盖面广，研究领域多样化。从期刊所属地区分布来看，主要集中于福建、北京、广东、浙江、天津、上海等地区。由于妈祖是"海上女神"，妈祖信仰在沿海城市得到了更多认同，因此，学术研究也集中在以福建为首的沿海省份。从载文期刊的学术影响力来看，894 篇论文中仅有 107 篇被 CSSCI 数据库收录，妈祖研究文献数量增多，但是学术影响力相对有限。

表 2-1　大陆妈祖研究载文量前 10 位的期刊（1983—2015 年）

期刊名称	载文量（篇）	载文百分比	所属地区
莆田学院学报	133	14.88	福建
闽台文化交流	17	1.90	福建
世界宗教研究	16	1.79	北京
福建论坛	13	1.45	福建
福建省社会主义学院学报	12	1.34	福建
福建师范大学学报（哲学社会科学版）	11	1.23	福建
东南文化	10	1.12	江苏
中国道教	10	1.12	北京
台湾研究集刊	10	1.12	福建
寻根	10	1.12	河南

3. 学科分布

对 894 篇文献所涉及的一级学科进行分类，由于妈祖研究所涉及的学科逐渐从单一学科拓展到多学科，很难完全避免分类的交叉重复。因此，进行分类统计的时候，同一篇文献会重复出现在不同学科。根据统计结果（见表 2-2），目前大陆妈祖研究文献共涉及 16 大学科，主要分布在人文社会科学领域，包括宗教学、民族学与文化学、经济学、历史学、艺术学等；同时也涉及自然科学领域，如地球科学、建筑科学与工程等。妈祖研究领域涉及面逐渐拓宽，研究呈现多样化，从跨学科视角进行研究成为一种趋势。

表 2-2　大陆妈祖研究文献所属学科分布（1983—2015 年）

序号	学科	发文量	序号	学科	发文量
1	宗教学	374	9	新闻与传播学	21
2	民族学与文化学	192	10	考古学	21
3	经济学	138	11	建筑科学与工程	18
4	历史学	114	12	地球科学	17
5	艺术学	52	13	图书馆、情报与文献学	16
6	体育学	35	14	语言学	6
7	文学	31	15	社会学	4
8	政治学	23	16	教育学	2

4．研究方法分析

妈祖研究涉及学科多属于人文社会科学领域。学者们基于各自学科视角，运用各领域的研究方法对妈祖进行分析。通过对 894 篇文献的查阅及统计，发现仅有 46 篇文献采用定量研究方法，如田野调查、因子分析法、RS 与 GIS 方法、熵权—灰色关联模糊评价法等。采用定性研究方法的论文居多，如案例分析、考据、历史比较法、口述历史研究方法等。特别是在研究早期，很少发现定量分析方法的应用。在近期的研究中，使用案例分析方法的居多，定量分析屈指可数。

5．研究力量分析

统计 894 篇文献作者信息，共涉及 775 位作者，发文量仅 1 篇的作者有 608 人，占全部作者人数的 78.5%；发文量 2 篇的作者有 101 人，占全部作者人数的 13%；发文数量 3 篇以上者只有 66 人，占全部作者人数的 8.5%。其中，高产出作者有莆田学院黄秀琳（16 篇）、刘福铸（15 篇），华侨大学李天锡（12 篇）、中华妈祖文化交流协会蒋维锬（9 篇），福建省委党校谢重光（9 篇），福建社会科学院徐晓望（9 篇）等。这说明妈祖研究领域已有一批引领学术前沿的研究者。但整体而言，作者文献产出能力差异较大，在妈祖研究领域进行持续研究的作者占少数。

从研究机构来看，莆田学院（168 篇）、福建师范大学（54 篇）、厦门大学（32 篇）、福建社会科学院（22 篇）、华侨大学（19 篇）等研究机构的研究成果丰富，发文数量居于前列。由此可见，文化植根于空间，社会文化研究明显具有地域性特征①。大陆妈祖研究的主要机构集中于福建省，核心研究力量来自高校科研院所，从地域上看，形成了一条学术"海上丝绸之路"，以福建（莆田学院、福建师范大学、厦门大学、华侨大学、福建社会科学院）为核心，沿着大海辐射至山东（中国海洋大学等）、天津（南开大学、天津大学等）、浙江（宁波大学等）、广东（中山大学、暨南大学、广东海洋大学等）、澳门（澳门大学等）等地。

时间跨度为 1983—2015 年，时间切片为 2，阈值选择 TOP35，运行 CiteSpace，采用寻径剪枝方式进行修剪得到由 325 节点和 193 条连线组成的作者与机构合作网络知识图谱（见图 2 - 2）。从合作网络知识图谱来看，大陆已

① 王彬，李彬，陈焜.1990—2014 年间闽台文化区研究文献分析［J］.云南地理环境研究，2015（5）：7 - 13.

经形成了莆田学院、福建师范大学、厦门大学、福建社会科学院等妈祖研究团队，地域的临近让这些研究机构间有一定的联系合作。但是从整体来看，全国各地研究机构分布零散，合作研究较少，没有形成跨区域的协同创新平台，这与国外合作研究、合著论文已经成为学界研究的主流趋势不相适应。妈祖研究需要通过交流与合作，挖掘区域间的妈祖精神和文化差别所在，学者们要打破"小世界"研究方式，进行跨区域、跨机构的交流与合作，这样不仅有益于研究的深入，也能通过交流与合作提升妈祖的社会影响力。

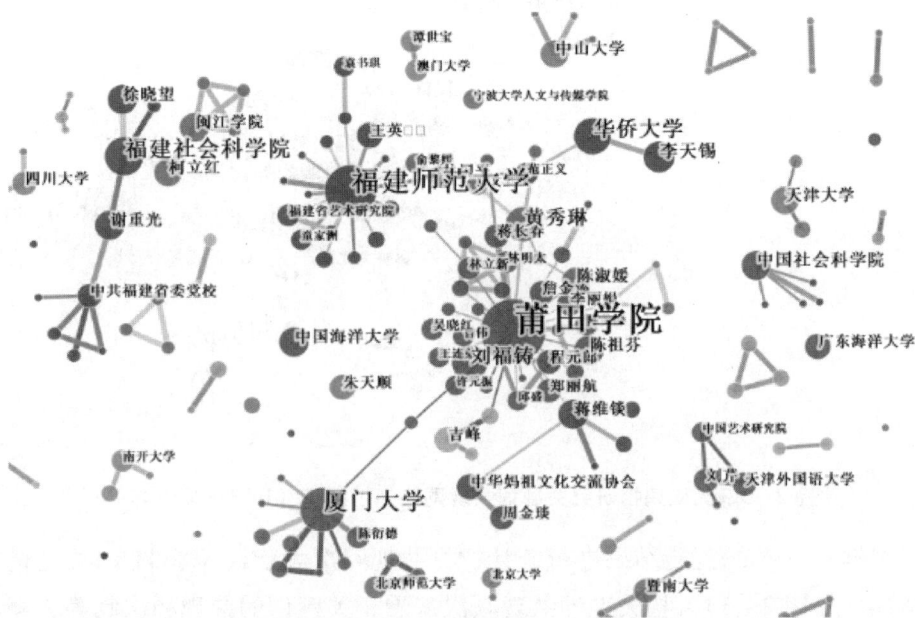

图 2-2 大陆妈祖研究的作者与机构合作网络知识图谱（主体部分）

2.1.2 大陆妈祖文化研究的热点及演进

1. 研究热点分析

关键词提供了文章的核心信息，因此关键词共现分析可用于发现研究主题，以及分析某一知识领域的研究前沿演进。① 时间跨度为 1983—2015 年，时间切片为 2 年，阈值选择 TOP35，运行 CiteSpace，采用寻径剪枝方式进行修剪得到

---

① CALLON M，COURTIAL J P，LAVILLE F. Co-word analysis as a tool for describing the network of interactions between basic and technological research：the case of polymer chemistry ［J］. Scientometrics，1991，22（1）：155 – 205.

由 350 节点和 577 条连线组成的关键词共现网络知识图谱。从整体图谱（见图 2-3）来看，整个共现核心网络比较集中，出现了"妈祖信仰""妈祖文化""妈祖神""妈祖信俗"等核心节点，而且节点之间的联系紧密，"妈祖神""海峡两岸""妈祖信仰""妈祖宫""北港朝天宫"等词位于共现网络的中心位置，连线围绕这些节点朝四周延伸出去。

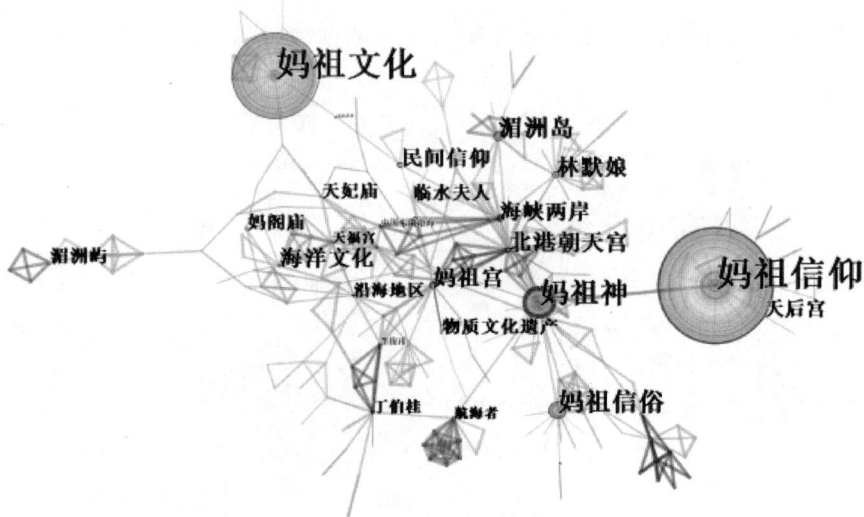

图 2-3 大陆妈祖研究关键词共现网络知识图谱（1983—2015 年）

根据 CiteSpace 运行结果进行统计，将共现频次大于或等于 11 的关键词进行排序（见表 2-3）。从关键词共现频次来看，关键词的共现频次越高，就表示该词是学者们关注的热点。共现频次最高的是"妈祖信仰"，达到 265 次，这说明 1985 年以来基于宗教学的研究一直是学者们关注的焦点。"妈祖文化"次之，达 195 次，这表明从 1991 年开始学者们的研究从宗教学领域拓展到了文化领域，妈祖文化成为研究的一大热点。"妈祖神""妈祖信俗""湄洲岛""林默娘""妈祖宫"也是学者们关注的热点。从高频共现关键词首次出现的时间来看，妈祖研究热点集中出现于 1983—1999 年期间，2000—2009 年出现了"民间信仰""信仰文化"和"物质文化遗产"，2010 年以后仅出现"民俗体育"这一高频共现关键词。这说明妈祖研究早期热点频出，后续研究主要在承袭早期研究的基础之上不断推进，新的研究热点较少。

中心度是测度节点在网络中重要性的一个指标，具有较高的中心度的节点通常是连接不同领域的关键枢纽①。从图 2 - 3 来看，"妈祖神""海峡两岸""妈祖信仰""妈祖宫""北港朝天宫"等词位于共现网络的中心位置，中心度较高，这表明大陆妈祖研究领域主要集中于妈祖神、海峡两岸关系、妈祖信仰以及妈祖宫庙等，研究重心明显。

表 2 - 3 大陆妈祖研究高频共现关键词排序列表（1983—2015 年）

关键词	频次	中心度	年份	关键词	频次	中心度	年份
妈祖信仰	265	0.31	1985	海峡两岸	22	0.44	1985
妈祖文化	195	0.16	1991	天后宫	17	0.01	1993
妈祖神	82	0.69	1985	物质文化遗产	14	0.02	2007
妈祖信俗	42	0.13	1995	临水夫人	14	0.08	1997
湄洲岛	37	0.11	1987	天妃庙	14	0.1	1990
林默娘	33	0.15	1993	妈阁庙	13	0	1997
妈祖宫	30	0.27	1986	湄洲屿	13	0.03	1986
海洋文化	28	0.06	1990	民俗体育	11	0.01	2010
北港朝天宫	27	0.28	1986	信仰文化	11	0.02	2005
民间信仰	24	0.15	2003	泉州天后宫	11	0.09	1990

根据 CiteSpace 对关键词共现网络聚类的结果，结合关键词共现频次以及中心度分析，得出 1983—2015 年大陆妈祖研究领域热点主要有妈祖信仰、妈祖文化、妈祖神、妈祖信俗、妈祖宫庙、海峡两岸等。为了进一步展现大陆妈祖研究进展，从热点关键词出现的文献着手，对具体研究内容进行分析。

第一个研究热点是妈祖信仰。学者们主要对妈祖信仰的起源、传播、地理分布特征、功能以及当代利用等进行研究。一是妈祖信仰的起源、形成和传播。以妈祖的事迹与传说作为研究着眼点，从历史视角考察妈祖信仰的起源②，对妈祖信仰的宗教属性进行辨识③，分析其传播特点④。学者们对宋元明清等不同

---

① 李杰，陈超美. CiteSpace：科技文本挖掘及可视化 ［M］. 北京：首都经济贸易大学出版社，2016：89.

② 杨振辉. 试析妈祖信仰起源的本质原因 ［J］. 东南学术，1988（6）：74 - 76.

③ 谢重光. 妈祖信仰与儒、释、道三教的交融 ［J］. 汕头大学学报，1997（5）：47 - 52.

④ 朱天顺. 妈祖信仰的起源及其在宋代的传播 ［J］. 厦门大学学报（哲学社会科学版），1986（2）：102 - 108.

时期妈祖信仰的传播特点①、历史条件进行分析②。二是妈祖信仰分布的地理特征③，当代不同地域妈祖信仰的传播也是学者们关注的热点，如闽西客家地区④、河北省及京津地区⑤、福建省⑥、环渤海圈⑦等。三是妈祖信仰的社会功能，针对妈祖信仰具有极大的适应性、灵活性和包容性，有学者提出了妈祖信仰的社会功能能够不断革新，在现代社会能够拥有巨大信众⑧和发挥文化纽带作用⑨。

第二个研究热点是妈祖文化。随着妈祖由民间信仰演化成区域性特色文化⑩，妈祖文化热一时兴起，此时的妈祖研究突破了以往宗教信仰的研究基调，强调对妈祖文化资源的开发和利用，跨界融合研究增多，尤其是在妈祖文化旅游⑪、妈祖文化传播、妈祖文化创意产业发展⑫等方面研究成果繁多。

第三个研究热点是妈祖神。学者们从妈祖的家世、生平事迹、历代褒封甚至神话传说发掘妈祖由人格到神格的演化，学者们特别关注的是妈祖作为"和平女神"维护公众安全的作用。

第四个研究热点是妈祖信俗。早期学者关注妈祖信俗的宗教属性及社会性

————————————

① 李少园. 论宋元明时期妈祖信仰的传播 [J]. 福建论坛（人文社会科学版），1997（5）：6 – 12.

② 陈政禹. 宋元以来浙江妈祖信仰研究初探 [J]. 中国海洋大学学报（社会科学版），2015（3）：36 – 44.

③ 郑衡泌，俞黎媛. 妈祖信仰分布的地理特征分析 [J]. 福建师范大学学报（哲学社会科学版），2007（2）：19 – 27.

④ 谢重光. 闽西客家地区的妈祖信仰 [J]. 世界宗教研究，1994（3）：74 – 84.

⑤ 尹国蔚. 妈祖信仰在河北省及京津地区的传播 [J]. 中国历史地理论丛，2003，18（4）：135 – 139，162.

⑥ 陈启庆. 福建妈祖信仰的新特点及对台湾的影响 [J]. 莆田学院学报，2005（3）：85 – 88.

⑦ 曲金良. 环渤海圈民间海神娘娘信仰的历史与现状 [J]. 民间文化论坛，2004（6）：41 – 46.

⑧ 谢重光. 试论妈祖信仰的社会功能 [J]. 中共福建省委党校学报，2002（1）：67 – 71.

⑨ 陈宜安. 试论妈祖信仰的文化纽带作用 [J]. 世界宗教研究，2003（3）：108 – 114.

⑩ 黄文格. 综述妈祖文化的形成和发展趋势 [J]. 大众文艺（理论），2008（10）：133 – 137.

⑪ 胡荔香. 试论闽台地区妈祖信仰文化旅游资源开发 [J]. 亚太经济，2003（3）：76 – 78.

⑫ 张蓓蓓. 基于文化资源的妈祖服饰文化创意产业发展研究 [J]. 民族艺术研究，2014，27（1）：133 – 138.

质问题，分歧较多、争论较大①，而后更多地关注妈祖信俗活动的开展及不同地区妈祖信俗活动的特点，随着妈祖申遗成功，学者们热衷于从非物质文化遗产的记载与传承、保护和利用等角度来研究妈祖信俗活动。

第五个研究热点是妈祖宫庙。其中早期研究主要集中于各地妈祖庙数量的统计、宫庙的区域分布特点以及宫庙的建筑装饰特色，通过妈祖宫庙深入挖掘妈祖信仰的社会功能，以及为信众所传达的妈祖精神。随着研究的深入，学者们认为妈祖宫庙的管理现状令人担忧，针对其优劣性提出了不同管理模式的选择②以及如何对物质文化遗产进行保护和利用。

第六个研究热点是海峡两岸交流。妈祖在台湾民间信仰中有着极其重要的地位。对于妈祖的研究，台湾学者做出了重大贡献。随着海峡两岸政治关系变化，妈祖研究交流频繁，基于共同的民间信仰，寻根意识以及文化认同感越来越强烈，大陆大批学者不仅仅关注台湾妈祖研究进展③，引入台湾的学术成果，而且深入对比分析闽台妈祖文化④、民俗、祭祀活动、信仰宗教属性⑤、文化政策⑥等方面的差别与联系。

2. **热点演进分析**

利用 CiteSpace 考察关键词词频时间分布，从中探测出频次变化率高的关键词，发现学科发展的新兴趋势和突然变化。突显词是根据某年文献中该关键词使用频次骤增的程度探测出的⑦。通过 CiteSpace 探测到妈祖神、妈阁庙、天妃庙、林默娘、妈祖信仰、妈祖信俗、妈祖文化七个关键词在妈祖研究中突显，根据突显词的词频年度分布情况来看（见图 2-4），出现使用频次高峰的年份依次是 1990 年、1999 年、2007 年、2013 年。结合此前妈祖研究总体发文量三

---

① 谭世宝. 论妈祖信俗的性质及中国学术与宗教的多元互化发展 [J]. 学术研究，1995（5）：85-89.

② 周金琰. 妈祖宫庙管理模式探论 [J]. 莆田学院学报，2012（4）：6-11.

③ 陈国强，林加煌. 台湾的妈祖崇拜：闽台宗教信仰和风俗的渊源 [J]. 福建论坛（人文社会科学版），1988（1）：66-69.

④ 黄建铭. 闽台女神信仰的文化内蕴 [J]. 中国宗教，2006（10）：32-33.

⑤ 王福梅. 闽台妈祖信仰宗教属性比较：以湄洲祖庙和北港朝天宫为例 [J]. 长春工程学院学报（社会科学版），2010，11（3）：8-11.

⑥ 蔡尚伟，王沈辰. 推动海峡两岸妈祖文化产业发展之政策措施研究 [J]. 福建师范大学学报（哲学社会科学版），2012（3）：1-5.

⑦ 姜晓萍，苏楠. 国内服务型政府研究的知识图谱 [J]. 四川大学学报（哲学社会科学版），2014（2）：98-109.

个阶段来分析各个阶段研究热点的演进以及妈祖研究热点趋势的转向。

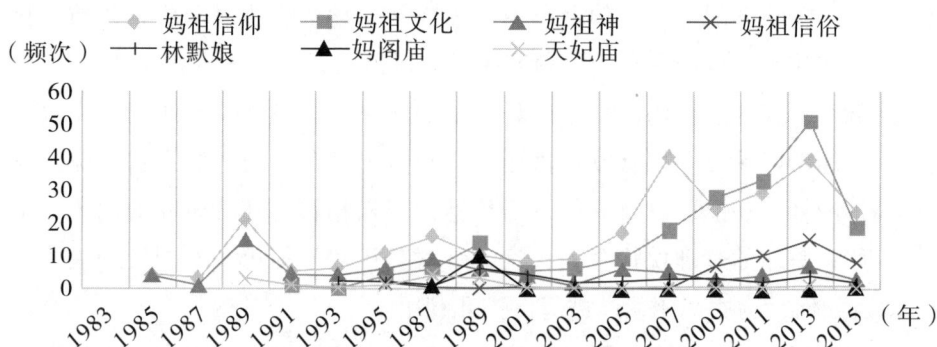

图 2-4　大陆妈祖研究的突显词词频年度分布

第一阶段，1983—1999 年是大陆妈祖研究的重新起步阶段。受到历史因素影响，妈祖信仰一度被视为迷信活动，妈祖研究未能幸免，被迫中断。直到 20 世纪 80 年代初，在地方政府的推动下，妈祖研究得以继续。特别是 1990 年在福建莆田妈祖故里举办了"妈祖研究国际学术讨论会"，汇聚海内外的妈祖研究学者，一时发文数量激增，突显度最高的"妈祖神"突显了出来。这说明大陆妈祖研究一经恢复，"妈祖神"迅速成为学术研究的热点。学者们从各类地方志、杂记、庙碑等史料着手，搜集妈祖的平生事迹、成神过程、灵验故事，妈祖信仰的渊源、发展和传播途径等。随后 1999 年澳门回归，掀起了一股妈祖热，妈祖、妈阁庙、妈祖信仰引起学者们的关注。不仅发文数量呈井喷式增长，而且研究热点中出现了天妃庙、妈阁庙、林默娘三个突显度较高的关键词，与妈祖神相关的妈祖宫庙以及妈祖祭典仪式成为学者们关注的对象。

第二阶段，2000—2009 年是大陆妈祖研究的稳定成长期。经过恢复期的发展，这一阶段总体发文量呈稳定持续增长，突显词数目减少，只出现了"妈祖信仰"一个突显词。但图谱中"妈祖信仰"共现频次最高，中心度较强，这说明妈祖研究领域的关注点开始集中于妈祖信仰的研究。特别是在 2006 年"妈祖祭典"被列为第一批国家级非物质文化遗产名录，以及 2009 年妈祖信仰及习俗被列为世界人类非物质文化遗产名录之后，妈祖信仰研究方面的发文量突增（见图 2-4），学者们的研究热度始终不减。这一阶段的研究突破了初期根据史料文献研究妈祖信仰起源的局限，开始结合区域内妈祖信仰的传播方式，探索新时期妈祖信仰的新特点和社会功能。

第三阶段，2010—2015 年是大陆妈祖研究的繁荣期。2013 年习近平总书记提出"一带一路"倡议，致力于亚欧非大陆及附近海洋的互联互通，建立和加强沿线各国互联互通伙伴关系①，而"海上女神"妈祖在海洋文化中认同度极高，有助于利用文化促进经济发展。此外，台湾民进党上台执政让海峡两岸政治关系发生微妙变化，"去中国化"会让台湾民众对中国的认同越来越少，认识偏差越来越大。为了确保两岸关系稳定发展，作为两岸共同共通的精神文化纽带——妈祖信仰将进一步发挥作用。从长远来看，受到政治、经济形势的影响，妈祖研究热仍会持续，对于学者们而言是一大契机。学者们抓住这一研究热点，发文量有新突破，"妈祖信俗""妈祖文化"突显词的出现，也说明妈祖研究出现了新的转向。对妈祖的研究突破了宗教信仰的层面，试图将妈祖信仰从民间信仰演变成区域性特色文化，并积极开发利用这种文化资源，如开发妈祖旅游产品、妈祖文化创意产品等。随着妈祖信仰被列为非物质文化遗产，对妈祖的研究不再局限于宗教领域，而是拓展至经济、社会、文化、传播、管理等各个交叉领域，研究趋于微观、深入，研究成果愈加丰富。

2.1.3　大陆妈祖文化研究总结与展望

本研究采用 CiteSpace 对 1980 年以来大陆妈祖研究的文献进行了可视化分析。研究发现：①妈祖研究方面的文章数量不断增加，主要研究力量是沿海高校科研院所，形成了一条学术"海上丝绸之路"；②目前妈祖的研究热点包括妈祖信仰、妈祖文化、妈祖信俗等；③妈祖研究从对文献资料的初期整理到深层次分析妈祖信仰的传播和功能特点，再到探讨妈祖资源的开发利用。

妈祖研究取得了一些成果，但也存在不足：具有较强学术影响力的论文较少、海内外学者及学术机构之间的合作研究少、研究方法有限等。未来的研究可从以下五个方面展开：

第一，经世致用，提高研究的学术价值。根据年度发文数量以及突显词词频年度分布情况可知，在有些具有较大影响的事件发生时，发文数量激增，研究热点突显。这说明学者们紧跟政治经济时事，妈祖研究经世致用，具有极大的现实意义。受到海峡两岸政治关系走向以及"一带一路"经济形势的影响，妈祖研究仍有待持续关注和深入研究。学者们应该抓住这一契机，在研究过程中注重学术研究的独立性和持续性，若过于迎合时事而不断对旧主题进行重复

---

① 推动共建丝绸之路经济带和 21 世纪海上丝绸之路的愿景与行动［EB/OL］. http://www.xinhuanet.com/world/2015－03/28/c_1114793986.htm.

研究，虽有量的突破，但难有质的创新，导致学术影响力有限。因此，未来的研究既要经世致用，也要注重学术价值，提升大陆妈祖研究的学术影响力。

第二，开阔学术研究视野，注重跨学科领域间的研究融合。妈祖研究的学科领域得到了拓展，学者们要开阔学术研究视野，同时注重跨学科交流，多接触跨学科知识。从学科融合角度发挥各学科优势，提供更多创新思路和研究方法，如借助传播学与宗教学的融合、基于国家或地区间文化差异来探讨对外文化传播的方式，从而进行有效的文化输出，以提高妈祖在全国乃至全世界的影响力，为"一带一路"建设打下基础。又比如，根据宗教学、历史学里记载的妈祖传统宫庙特点，结合现代建筑装饰技术来打造具有浓厚妈祖文化氛围的场所，提高信众和游客的满意度与重游意愿。跨学科研究为学者们提供了更多的研究方法，使其得以突破以往宗教学、历史学等研究范式，通过定量研究来检验妈祖资源运用到实践中的效果。

第三，培养壮大研究队伍，鼓励协同创新。大陆妈祖研究在发文量上已有很大的提高，但是作者论文产出能力差异较大，进行持续性研究者占少数，各高校研究机构需要不断培育稳定的研究队伍。妈祖研究涉猎的领域较广，这就需要研究者或研究机构之间进行更多的交流和互动，协同创新以弥补妈祖研究合作过少的不足。

第四，深入挖掘妈祖精神本质，赋予妈祖文化创新性的内涵。妈祖"海上女神"的形象在沿海地区具有较高的认可度，拥有较多信众，但地域局限性极大。从对研究热点演进的分析可知，近年来学者们力图打造更具影响力的妈祖文化，突破地域民间信仰的局限。要提高受众的文化认同度，不仅需要利用有效的传播工具，更重要的是挖掘妈祖文化的深层次内涵。未来的研究可以从原有的"海上女神"符号中提取出能为广大受众所认可并具有积极导向性的内容，如挖掘妈祖文化的普适价值，即妈祖精神中的"大爱""包容""勇敢"等内涵，超越政治和意识形态，扩大妈祖精神的社会影响力。

第五，从微观管理层面开发利用妈祖文化资源。作为世界非物质文化遗产，妈祖具有极高的社会、文化和经济价值，对此诸多学者已达成共识。近年来，学者们已陆续对妈祖这三方面的价值理论探索做出了贡献，并取得了一定成果。在价值利用方面，学者们多从旅游的视角对产品开发及产业发展等进行研究，大多数研究只是政策比较、发展模式等方面的定性分析，缺少从微观管理层面对妈祖资源利用进行实证分析。未来的研究不仅可以在产品开发方面突破旅游视角，打造多样化的文化创意产品，如动漫、影视等内容产品的开发；还可以从创意管理角度，通过消费者行为与认同差异的识别，采取合作创造的方式开发妈祖文化资源，满足消费者个性化的需求。

2.2 妈祖文化研究学术群体、热点演进及主题脉络

妈祖信仰自宋代以来流传于民间，历经千百年的发展，遍布世界 43 个国家和地区，拥有 3 亿多信众。妈祖文化已从莆田湄洲岛广泛传播到中华大地，并随着古丝绸之路和海上移民的脚步逐渐走向世界。由于历史原因，妈祖崇拜一度被认为是迷信行为，直到 20 世纪 80 年代以后，大陆妈祖研究得以重启，发展迅速，研究成果丰硕。

作为大陆唯一一家以妈祖文化为特色栏目的高校学报，《莆田学院学报》已成为妈祖文化学术研究与交流的重要阵地。"妈祖文化"栏目对培养妈祖文化后备科研力量，引导青年教师拓展妈祖文化研究领域以及培育凝练学校办学特色、打造学校办学品牌等都具有积极意义①。为了进一步厘清妈祖文化研究历史和现状，以《莆田学院学报》刊载的妈祖研究文献为研究对象，利用文献计量工具绘制知识图谱，分析妈祖文化研究的载文特征，展现学术群体状况、热点演进以及主题脉络，以及揭示妈祖研究的趋势，为学者们的研究提供一定的参考。

2.2.1 妈祖文化研究载文特征统计分析

1. 载文量分析

选取 CNKI 数据库作为主要的数据来源，检索条件设定为高级检索。具体检索规则是：主题词为"妈祖""天妃""天后"，文献来源类别不限，年限为 2001—2017 年，检索条件为精确，初步检索到 1601 篇妈祖文化研究文献。经过数据清洗，除去通讯报道、简介、总目录介绍等非学术性文献，获得 962 篇有效文献。按照上述检索规则，除将文献来源类别设为《莆田学院学报》外，共检索到 208 篇文献，其中 176 篇为有效文献，操作时间为 2018 年 3 月 5 日。

图 2-5 反映了 2001—2017 年间妈祖研究载文量总体情况以及《莆田学院学报》载文量个体情况。2001—2017 年间刊载在《莆田学院学报》的论文共

---

① 林锋. 高校学报综合学科特色栏目的多学科优势分析：以"妈祖文化"栏目为例 [J]. 中国科技期刊研究，2014，25（12）：1463-1465.

176 篇，占总载文量的 18%。特别是从 2004 年开始，《莆田学院学报》年度载文量占总载文量的 20% 以上，直至 2010 年，占比有所下降，但始终维持在 16% 左右。由此可见，《莆田学院学报》为妈祖研究者提供了一个重要的学术交流平台。以《莆田学院学报》刊载的妈祖研究文献为研究对象，具有较强代表性。

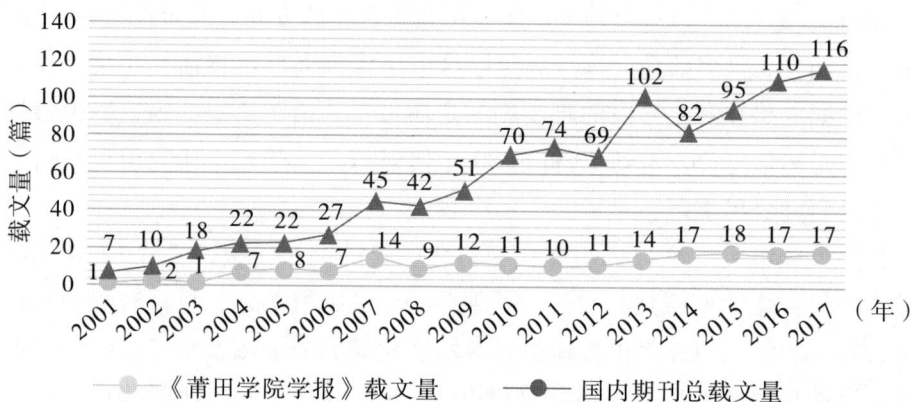

图 2 - 5　妈祖研究载文量年度分布（2001—2017 年）

如图 2 - 5 所示，近 20 年来妈祖研究载文量呈总体平稳上升的趋势。2004 年《莆田学院学报》开设"妈祖文化"栏目，专门刊载妈祖学术研究论文，载文量一度上升，有较大突破。2007 年、2009 年、2013 年、2014 年载文量均有较明显的增长，随后进入持续平稳发展的阶段。

2. 基金资助情况分析

论文获得基金资助在一定程度上反映了学术研究的背景和质量。176 篇文献中获得国家社会科学基金项目资助的有 14 篇，占全部文章的 8%；获得国际自然科学基金项目资助的有 10 篇，占全部文章的 5.7%；获得国家软科学研究计划资助的有 1 篇，占 0.6%；获得省部级资助的有 13 篇，占全部文章的 7.4%。尽管总体比例仍然较小，但说明国家和社会逐渐重视妈祖学术研究，加强了对妈祖学术研究的扶持力度。

3. 涉及的学科分析

176 篇文献共涉及 29 个学科领域，表 2 - 4 列出了发文量超过两篇的学科，主要分布在宗教学、文化学、体育学、高等教育、旅游、文化经济学等人文社科领域，同时也涉及自然科学领域，如水产和渔业、资源科学等。学报刊载的妈祖研究论文所涉及的学科较多，呈现多学科交叉化趋势，难以完全避免分类的交叉重复。因此，分类统计时，同一篇文献会重复出现在不同的学科。

表 2 - 4　《莆田学院学报》妈祖研究文献所属学科分布（2001—2017 年）

序号	学科	发文量	序号	学科	发文量
1	宗教学	115	11	中国文学	6
2	文化学	26	12	美术书法雕塑与摄影	4
3	体育学	16	13	中国语言文字	3
4	高等教育	14	14	音乐舞蹈	3
5	旅游	13	15	水产和渔业	2
6	文化经济学	9	16	中国政治与国际政治	2
7	中国古代史	6	17	考古	2
8	新闻与传媒	5	18	社会学及统计学	2
9	图书情报与数字图书馆	5	19	外国语言文字	2
10	出版	5	20	资源科学	2

2.2.2　学术群体状况统计分析

学科中具有天分的研究者是学科发展演进过程中十分重要的因素①。来自不同国家或地区、不同学科领域的学者是推动妈祖研究的内在力量，因此有必要关注研究者本身以及学术群体。

1. 作者发文分析

对作者信息数据进行统计，176 篇文献共包含 161 位作者记录，平均每篇文章由 1.09 位作者共同完成，学者们的研究成果多为独立完成，合作较少。在学报上发表 1 篇论文的作者有 118 人，占全部作者人数的 73.3%；发表 2 篇论文的有 23 人，占全部作者人数的 14.3%；发表 3 篇论文的有 10 人，占全部作者人数 6.2%；发表 4 篇论文的有 6 人，占全部作者人数 3.7%；发表 5 篇论文的仅 1 人，占全部作者人数 0.6%；发表 6 篇论文的有 3 人，占全部作者人数 1.9%。目前已经形成了一批持续性从事妈祖研究的学者，这对学科发展产生了重要影响，但作者间的论文产出能力差异较大。

作者在某一阶段持续性发文的数量反映其研究实力和水平。从表 2 - 5 可

---

① 谭力文，丁靖坤. 21 世纪以来战略管理理论的前沿与演进：基于 SMJ（2001—2012）文献的科学计量分析 [J]. 南开管理评论，2014（2）：84 - 94，106.

知，发文数量贡献最大的作者分别为莆田学院的程元郎、黄秀琳和李丽娟，均发文6篇。程元郎的文章发表时间集中于2009—2013年，研究主题为妈祖文化与集邮。黄秀琳则从旅游管理视角探讨妈祖文化资源在旅游中的开发和利用，发表时间集中于2005—2013年。李丽娟则基于语言学和社会符号学的视角对妈祖封号、雕像以及妈祖信俗仪式进行研究，从2009年开始持续至今。中华妈祖文化交流协会的蒋维锬先生在2004—2009年间贡献了5篇文章，研究聚焦于在史料文献中挖掘历代妈祖信息。华侨大学的李天锡在2008—2011年间发表了4篇文章，聚焦于海外华人华侨的妈祖信仰。莆田学院的刘福铸在2004—2013年间发表了4篇文章，侧重于妈祖文献史料的整理与搜集。这些高产作者不仅支撑着妈祖研究的发展，他们的研究主题也代表着不同阶段妈祖研究的热点，引领该领域的学术前沿。

表2-5　《莆田学院学报》妈祖研究发文量前10位的作者和研究机构（2001—2017年）

序号	作者	发文量	作者单位	序号	研究机构	发文量
1	程元郎	6	莆田学院	1	莆田学院	81
2	黄秀琳	6	莆田学院	2	华侨大学	12
3	李丽娟	6	莆田学院	3	福建师范大学	10
4	蒋维锬	5	中华妈祖文化交流协会	4	厦门大学	9
5	李天锡	4	华侨大学	5	中华妈祖文化交流协会	5
6	刘福铸	4	莆田学院	6	福建社会科学院	3
7	邱盛	4	莆田市集邮协会	7	湄洲湾职业技术学院	3
8	徐颖	4	莆田学院	8	山东大学	3
9	许元振	4	莆田学院	9	高雄海洋科技大学	3
10	詹金添	4	莆田学院	10	中国闽台缘博物馆研究部	3

2. 研究机构分析

从表2-5可知，发表文章最多的机构是莆田学院（81篇），华侨大学（12篇）次之，随后是福建师范大学（10篇）、厦门大学（9篇），中华妈祖文化交流协会（5篇）等。妈祖发祥于福建莆田，妈祖研究具有较强的区域特点，主要研究力量集中于福建省。此外，北京、天津、上海、江苏、浙江、广东、广西、山东以及台湾和香港地区等地的高校研究机构也是妈祖研究的生力军。随着莆田学院妈祖文化研究的影响力的扩大，吸引了来自日本和韩国等国家的学者发文交流，妈祖研究学术群体逐渐壮大。

3．作者和机构合作网络分析

学术群体的壮大不仅需要更多学者进行持续性研究，更需要形成一定规模的共同研究团队，互相合作、共同促成。从莆田学院作者与机构合作网络知识图谱（见图2-6）来看，最为突出的是，莆田学院内部已经形成了一个具有较高黏合度、规模庞大的妈祖学术研究共同体，华侨大学、福建师范大学、厦门大学等高校也形成了一定规模的妈祖研究团队。但总体而言跨区域间的团队分布离散，合作研究较少，联系较为松散。

图2-6　莆田学院作者与机构合作网络知识图谱（主体部分）

2.2.3　热点演进及研究主题脉络分析

1．热点演进分析

词频分析方法就是在文献信息中提取出能够表达文献核心内容的关键词或主题词频次的高低分布，用来分析该领域的发展动向和研究热点的方法[1]。对关键词进行统计，176篇文献共有448个关键词，总计出现723次，平均每个关键词出现1.61次，仅出现1次的关键词有377个，占84.2%，这说明2001年至2017年学者们的研究关注点较为分散，涌现出不同的研究方向。表2-6列

---

① 李杰，陈超美. CiteSpace：科技文本挖掘及可视化［M］. 北京：首都经济贸易大学出版社，2016.

举出了频次超过 2 的关键词，其中"妈祖信仰""妈祖文化"出现的频次最高，均为 51 次，中心度分别为 0.58 和 0.8，远远高于其他关键词。结合关键词共现网络知识图谱（见图 2-7）来看，"妈祖信仰""妈祖文化"两个关键词，不仅节点圆圈最大，而且位于网络的中心位置，其他节点紧密地围绕这两个节点向四周延伸，形成了一张关联度强的共现网络。

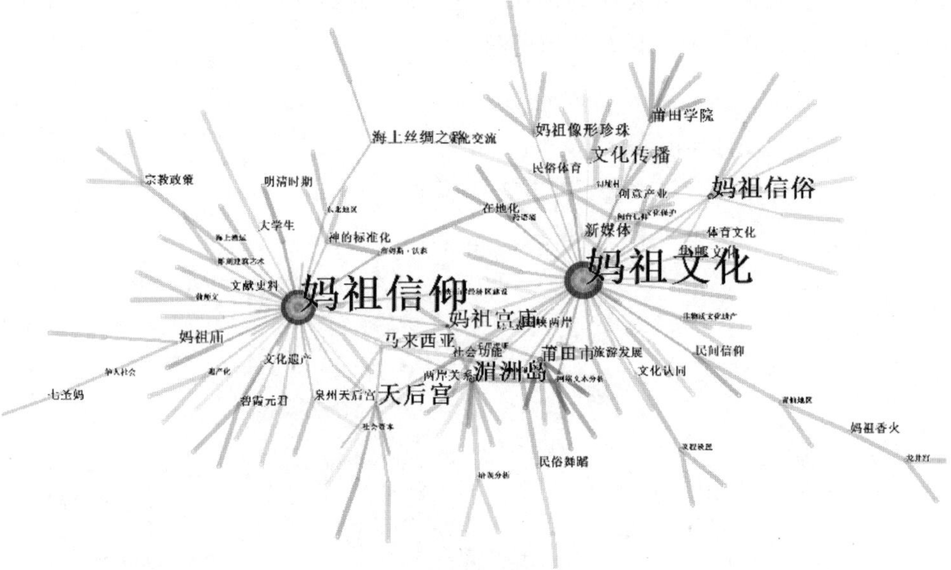

图 2-7　《莆田学院学报》妈祖研究关键词共现网络知识图谱（2001—2017 年）

关键词出现的时间可以反映研究热点的演进情况。高频关键词的集中出现意味着研究热点的动态演进。由表 2-6 可知，高频关键词相对集中于 2004 年、2005 年、2007 年、2008 年、2013 年等年份。因此可将妈祖研究分为三个阶段，并结合各个阶段的具体社会背景来追踪研究热点的演进。

2001—2005 年，大陆妈祖研究处于起步成长期。从 1980 年开始，大陆妈祖研究得以重新起步，早期的妈祖研究工作围绕着妈祖文献资料的搜集整理展开，期刊论文数量总体偏少，但这些研究成果为后续研究奠定了厚实的基础。2000 年以后，受到政府推动以及澳门回归的影响，海内外掀起了一股妈祖研究热潮，不仅发文数量有新突破，而且高频关键词大量涌现，如"妈祖信仰""湄洲岛""妈祖文化""天后宫"等。"妈祖信仰"和"妈祖文化"一经出现，就成为核心的研究热点，后续研究从这两个中心节点延伸出更多前沿分支。

2006—2012 年，大陆妈祖研究处于活跃期。2006 年"妈祖祭典"被列为国家非物质文化遗产名录以及 2009 年妈祖信仰及习俗被列为世界人类非物质文化遗产名录,更多新研究热点也因此出现,如"妈祖信俗""妈祖宫庙""妈祖像形珍珠""集邮文化""文化认同"等。从这些热点关键词可知,妈祖研究逐步拓展了自身的研究网络,延伸出不同研究分支,呈现多样化的态势。研究视野不再局限于宗教学、历史、文化学等人文社科领域,开始探索与环境生物工程、建筑等跨学科的融合发展。

2013—2017 年,大陆妈祖研究进入繁荣期。2013 年"一带一路"倡议的提出,使得在海上丝绸之路上具有重要作用的妈祖再次受到众人关注。2016 年"发挥妈祖文化等民间文化的积极作用"被正式写入"十三五"规划纲要。2017 年习近平总书记嘱托"切实把湄洲岛保护好",加大对湄洲岛的保护和开发力度,推动妈祖文化更好地走向世界。妈祖研究进入前所未有的繁荣期。这一时期"在地化""马来西亚""新媒体""海上丝绸之路"等高频关键词的出现也印证了研究热点转向了妈祖文化的海外传播路径以及新型的传播媒介。

表 2－6 2001—2017 年国内妈祖研究热点关键词中心度排序列表

关键词	中心度	频次	年份	关键词	中心度	频次	年份
妈祖信仰	0.58	51	2004	妈祖像形珍珠	0.06	3	2007
妈祖文化	0.80	51	2005	妈祖庙	0.06	3	2006
妈祖信俗	0.13	10	2010	海上丝绸之路	0.02	3	2016
天后宫	0.05	9	2005	新媒体	0.01	3	2013
湄洲岛	0.21	8	2004	集邮文化	0.01	3	2007
妈祖宫庙	0.16	6	2008	神的标准化	0.02	2	2011
文化传播	0.04	5	2009	民俗舞蹈	0.02	2	2010
马来西亚	0.02	4	2013	在地化	0.02	2	2015
莆田市	0.05	4	2002	民俗体育	0.01	2	2011
莆田学院	0.03	3	2008	文化认同	0.03	2	2010

2. 研究主题脉络分析

为了进一步展现妈祖研究主题脉络,利用文献计量工具对关键词共现网络进行聚类分析。从共现聚类网络图谱(见图 2－8)来看,研究网络集中强,网络重叠度较高,研究围绕"妈祖信仰"和"妈祖文化"这两个关键节点形成了52 个聚类。根据聚类大小和研究的相关度,基于对数似然率算法的高频关键词可以凝练为 5 大聚类,参照 TF * IDF 和 LLR 算法抽取的标识词,得到 5 个聚类标识词,分别为#0"天妃"、#1"旅游"、#2"湄洲岛"、#3"妈祖信俗"和#4

"海上丝绸之路"。从聚类群组大小来看，聚类越大说明这一群组内的共现关键词越多，是学者们关注的热点主题。结合对关键文献摘要以及正文内容的研读，分别从这五大聚类来梳理近 17 年来妈祖研究主题脉络，并试图探索未来发展趋势。

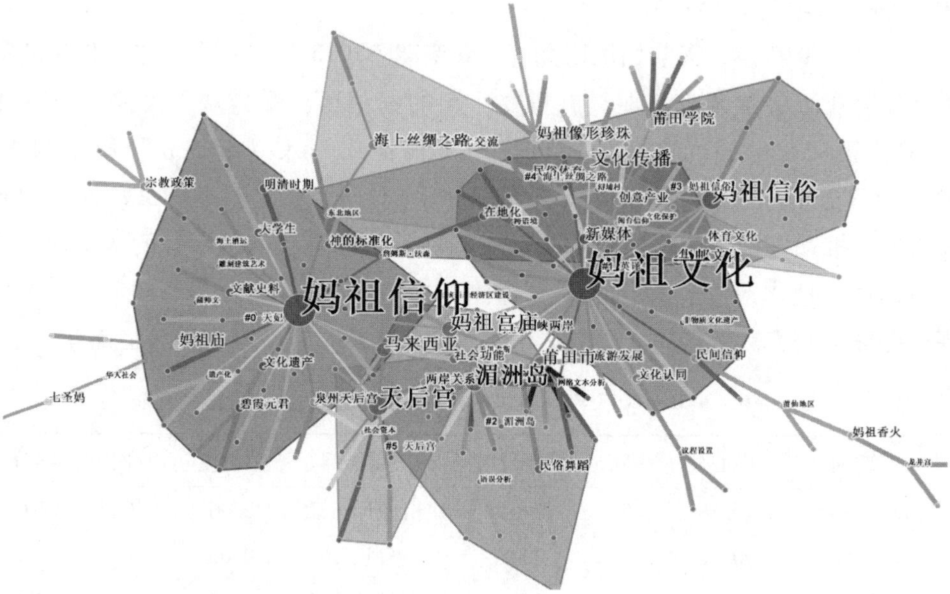

图 2 - 8　《莆田学院学报》妈祖研究关键词共现聚类网络知识图谱（2001—2017 年）

（1）#0"天妃"聚类。这是图谱中最大的聚类群组，由 44 个关键词组成，包括妈祖信仰、明清时期、碧霞元君、文化遗产、神的标准化、文献史料、传播策略等热点关键词，形成了以"妈祖信仰"为中心的共现聚类网络知识图谱（见图 2 - 8）。通过研读文献，发现以蒋维锬、刘福铸为代表的学者们做出了巨大贡献，他们从档案、碑文、诗词、地方志、画册等文献资料中搜集和整理妈祖文献资料。这些文献资料不仅是大陆妈祖研究萌芽与成型时期的重要组成部分，也为后续研究奠定了基础。

妈祖各个时期的职能、封号以及宗教属性，是早期学者们关注的重点。蒋维锬（2004）通过引证相关档案和文献史料对妈祖的"天后"以及"天上圣母"等称号进行溯源，他发现这两种称号实际上均源自民间。前者最终获得清廷的认可，而后者一直在民间自发传播①。而后郑丽航（2005）考证了混淆

① 蒋维锬."天后"、"天上圣母"称号溯源［J］. 莆田学院学报，2004，11（1）：74 - 78.

"天妃"与"碧霞元君"称号的原因①。徐晓望（2007）分析蒲师文与天妃封号的降赐关系，考证元代妈祖"泉州神女"称号的由来，指出湄洲祖庙自元代始成为妈祖信仰的中心②。张富春（2009）从明人管绍宁文集中新发现南明朝天妃加封安定慈惠之号③，2012 年他又撰文指出妈祖"天上圣母"之称仅是民间流传，始终未能被朝廷认可④，与蒋维锬之前提出的观点一致。

妈祖信仰在不同时期不同地区的传播各具特点。徐心希（2004）指出明清时期福建地区自然灾害频发加快了妈祖信仰的传播，自然灾害的突发性、严重性影响着妈祖信仰的传播速度和属性⑤。王海冬（2016）提出元朝能推进妈祖信仰的原因在于蒙古族萨满教也信奉女神以及元朝统治者对多元宗教采取兼容并蓄政策的观点⑥。早期妈祖信仰的传播受到自然环境、国家政策等因素的影响。学者们通过研究国内各地妈祖宫庙来分析妈祖信仰传播的区域性特点，如闽北地区、粤琼地区、粤西地区、香港和澳门、河北省等。由于地理位置临近，泰国、越南、马来西亚等东南亚国家都是妈祖信仰海外传播的重要阵地。李金明（2008）指出妈祖信仰的早期海外传播依靠福建、广东、海南等沿海地区移民的力量。当他们抵达海外移居地时，便将妈祖信仰带到了新的地方⑦。巫秋玉（2008）指出闽潮琼等地的人们在移民时将妈祖信仰带入了泰国，在泰国的华人社区修建妈祖宫庙。⑧ 李天锡（2008）进一步论证妈祖信仰开始在泰国传播的时间至迟在清乾隆年间，以及根据潮汕华侨称所崇拜的妈祖为"七圣妈"，妈祖信仰体现出既保留中国宗教传统又部分与当地宗教文化融合的特色⑨。他通过对越南二方碑记的解读，分析越南华侨华人妈祖信仰的传播情况；通过对胡志明市的穗城会馆天后庙的研究，揭示了越南华侨华人的妈祖信仰已经融入

---

① 郑丽航．天妃附会碧霞元君封号考 ［J］．莆田学院学报，2005（6）：78－82．
② 徐晓望．论元代的湄洲庙与妈祖信仰 ［J］．莆田学院学报，2007（3）：79－84．
③ 张富春．新发现的南明天妃封号 ［J］．莆田学院学报，2009（6）：76－78．
④ 张富春．论妈祖"天上圣母"之名号 ［J］．莆田学院学报，2012（3）：8－12．
⑤ 徐心希．明清时期闽台自然灾害对妈祖信仰的影响 ［J］．莆田学院学报，2004（2）：68－71．
⑥ 王海冬．元代海上漕运与妈祖信仰的发展 ［J］．莆田学院学报，2016，23（4）：1－5．
⑦ 李金明．早期福建的海外移民与妈祖信仰 ［J］．莆田学院学报，2008（4）：78－83．
⑧ 巫秋玉．论泰国华人社会中的妈祖信仰 ［J］．莆田学院学报，2008（4）：84－90．
⑨ 李天锡．潮汕籍华侨与泰国华侨华人的妈祖信仰 ［J］．莆田学院学报，2008（1）：78－82．

了当地民族文化①。这正说明妈祖神像、称呼、仪式、信仰功能等在海外传播过程中受到自然环境影响、社会环境推动和风俗文化助力等因素的影响出现在地化现象②。很明显，妈祖信仰传播具有较强的地理特征，特别是妈祖信仰在地化现象凸显。妈祖信仰的传统与不同地域文化的融合渗透，呈现出丰富而独特的宗教文化形式，这将是未来学者们深入研究的方向。

闽台妈祖信仰的渊源。大陆学者多从台湾妈祖信仰与大陆妈祖信仰的对比来探寻两地妈祖信仰之间的关系。蒋维锬（2005）借助史料论证了台湾妈祖信仰起源于大陆移民③。陈启庆（2005）指出福建妈祖信仰新特点给台湾民众和社会带来的影响④。林震（2005）则对比分析闽台妈祖信仰的不同特点，认为妈祖信仰的本质体现了中国文化的特性⑤。随着两岸学术交流频繁，一批台湾学者通过《莆田学院学报》的"妈祖文化"专栏介绍台湾妈祖的研究现状。王见川（2006）分析了1946—1987年间台湾相关宗教政策对民间信仰的影响，以及这一时期台湾妈祖信仰的主要特征，并以北港朝天宫的转型和妈祖电影、戏剧的出现为考察中心，探讨现代台湾妈祖信仰的多元发展情况⑥。张珣（2012）从人类学的视角以台湾嘉义县新港乡奉天宫妈祖庙作为个案，分析妈祖信仰与文化产业创新和结合的经验⑦。杨淑雅（2015）以屏东县万丹乡万惠宫为例，发现妈祖在当地的乡村神职也产生了一定的转变，以此可窥见妈祖信仰对当代台湾乡村的文化影响⑧。

妈祖信仰这一研究主题最早引起学者们的关注，而且研究热度持续时间较

---

① 李天锡. 越南华侨华人妈祖信仰初探：以胡志明市穗城会馆天后庙为重点 [J]. 莆田学院学报，2011，18（1）：1-7.
② 周丽妃. 从沃森"神的标准化"看妈祖信仰的在地化 [J]. 莆田学院学报，2017，24（1）：14-19.
③ 蒋维锬. 台湾妈祖信仰起源新探 [J]. 莆田学院学报，2005（1）：74-78.
④ 陈启庆. 福建妈祖信仰的新特点及对台湾的影响 [J]. 莆田学院学报，2005（3）：85-88.
⑤ 林震. 论台湾妈祖信仰特点及与祖国统一大业的关系 [J]. 莆田学院学报，2005（6）：83-86.
⑥ 王见川. 1946—1987年的台湾妈祖信仰初探：以北港朝天宫转型和妈祖电影、戏剧为考察中心 [J]. 莆田学院学报，2006（1）：76-79，89.
⑦ 张珣. 妈祖信仰与文化产业：人类学的个案研究：以台湾嘉义新港奉天宫为例 [J]. 莆田学院学报，2012，19（3）：1-7.
⑧ 杨淑雅. 台湾屏东乡村的妈祖信仰：以万丹乡万惠宫为例 [J]. 莆田学院学报，2015，22（1）：1-5，21.

长。从 2004 年"妈祖信仰"这一核心关键词出现，随后每一年均有新的关键词出现，围绕妈祖信仰展开的新主题频出，研究从宗教学、历史学逐步向社会学、文化学、传播学等学科延伸。但就研究方法而言，学者们多采用了基于史料和文献资料的文本分析法。

（2）#1"旅游"聚类。这一聚类由 41 个关键词组成，包括妈祖文化、旅游产品、创意文化产业、新媒体、旅游目的地形象等热点关键词，形成了以妈祖文化为核心的共现聚类网络知识图谱（见图 2－8）。"妈祖文化"这一关键词具有最高中心度，处于整个共现图谱的枢纽位置，连接着各个聚类群。从民间信仰演化成区域文化，妈祖文化研究范围进一步拓宽，延伸出更多的研究主题分支。

如何合理利用和开发妈祖文化资源引起了学者们的关注，特别是妈祖文化与产业的融合发展这一方面。通过分析聚类高被引文献发现，学者们的研究主要集中在旅游、体育、服饰、养殖等领域。其中，妈祖文化与旅游产业的融合发展研究较为成熟，以莆田学院林明太、黄秀琳等为代表。林明太（2002）较早提出利用妈祖文化开发莆田市的宗教旅游①。黄秀琳、林剑华（2005）指出妈祖文化在旅游业的价值，并在后续研究中聚焦于妈祖文化旅游产品的开发设计，以及妈祖文化景观的解读②。妈祖文化旅游研究热度持续，不断有新的研究力量加入，如程元郎、李斌、邱盛（2011）提出开发妈祖邮戳资源，丰富妈祖文化旅游产品③。吴慧娟（2013）从语言和文化角度分析影响旅游文本外宣英译的因素，提升湄洲妈祖景点的英译质量④。王梦茵、陈金华（2017）则采取内容分析法从网络文本对湄洲岛游客 TDI 感知的重要组成部分进行分析，认为妈祖体育文化也是妈祖文化的重要组成部分。⑤ 詹金添、黄瑞国（2010）提出民俗体育和民族传统体育更能生动地表达出妈祖的文化内涵⑥。沿着这一思

---

① 林明太. 莆田市宗教旅游开发研究 [J]. 莆田学院学报，2002（4）：68－72.

② 黄秀琳，林剑华. 妈祖文化在福建旅游业中的价值 [J]. 莆田学院学报，2005（4）：87－90.

③ 程元郎，李斌，邱盛. 论妈祖邮戳及对传播妈祖文化的作用 [J]. 莆田学院学报，2011（1）：8－12.

④ 吴慧娟. 从文化角度看旅游文本的外宣英译——以湄洲妈祖景点英译资料为例 [J]. 莆田学院学报，2013，20（3）：11－15.

⑤ 王梦茵，陈金华. 基于网络文本分析的妈祖旅游地 TDI 感知探析：以湄洲岛为例 [J]. 莆田学院学报，2017，24（3）：24－30.

⑥ 詹金添，黄瑞国. 论闽台妈祖体育文化 [J]. 莆田学院学报，2010（1）：11－15.

路，学者们积极探寻妈祖体育文化的形成与资源开发。妈祖文化资源的应用研究延伸至湄洲妈祖服饰设计、妈祖像形珍珠养殖等行业，这也为弘扬妈祖文化提供了新途径。

非物质文化遗产的传承不能单靠政府的文化保护措施，更要注重资源的开发利用。沿着这一思路，学者们积极探寻妈祖文化资源与产业融合发展。现有研究讨论了妈祖文化资源如何应用于服饰设计、珍珠养殖等行业，未来研究可以考虑拓展至更多行业。现有研究多聚焦于产业融合发展，但缺少从产业经济学视角对妈祖文化创意产业进行研究，妈祖文化创意产品开发、品牌塑造及推广，打造妈祖文化创意产业集群。同时，"海上丝绸之路"利用了妈祖文化促进沿线国家的文化交流和经贸合作，妈祖文化产品贸易与文化服务贸易也可以作为未来的研究方向。

（3）#2"湄洲岛"聚类。这一聚类由 18 个关键词组成，主要包括湄洲岛、妈祖宫庙、马来西亚等热点关键词。妈祖宫庙是妈祖信俗最重要的基本载体，也是妈祖信众最重要的活动场所①。蒋维锬（2006）通过对元、明、清三个朝代敕建妈祖庙的史实考证，探析妈祖信仰在不同历史时期所承担的重任及其所具有的一些共性②。学者们分析不同时期妈祖宫庙的空间分布特点、建筑雕刻特色以及文化遗产的保护和利用，同时也将研究范围扩展至境外，如毛里求斯、马来西亚等沿海国家的妈祖宫庙，基于此进一步了解妈祖信仰的传播和发展。

（4）#3"妈祖信俗"聚类。这一聚类由 17 个关键词组成，主要包括妈祖信俗、湄洲妈祖祭典等热点关键词。2009 年妈祖信俗申遗成功之后，学者们不仅致力于妈祖信俗活动的内容形式和特点的研究，而且积极探索妈祖信俗这一非物质文化遗产的保护和利用途径。陈育燕（2010）关注湄洲岛元宵"闹妈祖"习俗活动中的舞蹈活动形式③。詹金添（2012）对皂隶舞（傩舞）的表现形式、表演程序和动作特点进行了研究④。陈静青、周金琰、陈空清（2013）

---

① 周金琰. 妈祖宫庙管理模式探论［J］. 莆田学院学报，2012（4）：6 - 11.
② 蒋维锬. 历代敕建妈祖庙考略［J］. 莆田学院学报，2006（6）：84 - 88.
③ 陈育燕. 湄洲岛"闹妈祖"民俗舞蹈的社会功能探析［J］. 莆田学院学报，2010（4）：10 - 13.
④ 詹金添. 妈祖民俗舞蹈皂隶舞探究：以莆田市灵川镇东汾皂隶舞为例［J］. 莆田学院学报，2012（5）：93 - 97.

对妈祖信俗花式凉伞的特点和竞赛活动的创编原则进行了探讨①。黄秀琳、黄新丰（2010）从建筑、哲学、宗教、艺术和礼仪五大文化元素方面挖掘湄洲妈祖祭典的文化元素并培植创新性现代文化元素，这些将有助于妈祖信俗文化遗产的保护与持续传承②。古明君等（2015）根据 2012 年莆田港里村的妈祖回娘家祭仪形式与内容的描述，分析仪式经济及妈祖信仰遗产化中祭典仪式的道德含义以及相应的品牌效应③。

（5）#4"海上丝绸之路"聚类。这一聚类由 11 个关键词组成，包括海上丝绸之路、文化交流等热点关键词。自 2013 年"一带一路"的提出，"海上丝绸之路"再次引发了妈祖研究热。学者们通过文献史料论述古代丝绸之路与妈祖信仰的重要关系④，提出妈祖精神为海上丝绸之路的繁荣发展提供了精神支柱，打造妈祖文化品牌，加强与海上丝绸之路沿线国家和地区的文化交流⑤。此外，妈祖文化传播这一议题也是近年来学者们研究的焦点。帅志强（2010）提出采取整合营销传播策略增强妈祖文化品牌传播的效果⑥。许元振、帅志强（2013）针对新媒体传播的形态特点推动妈祖文化表现形态和内容本体的转型⑦。年轻人是妈祖文化传播的生力军，如何利用新型社交网络向年轻受众传播，提高其对妈祖文化的认同，值得学者们深入探索。

纵观 17 年来《莆田学院学报》的妈祖研究主题，形成了#0"天妃"、#1"旅游"、#2"湄洲岛"、#3"妈祖信俗"、#4"海上丝绸之路"五大聚类主题。群组中共现关键词出现的时间可以反映研究主题热度的持续性。从聚类群组中关键词的共现时间发现：#0"天妃"、#1"旅游"的关键词共现平均年份分别

---

① 陈静青，周金琰，陈空清. 妈祖信俗花式凉伞的特点与竞赛活动创编原则 [J]. 莆田学院学报，2013（2）：90 - 93.

② 黄秀琳，黄新丰. 妈祖祭典文化元素的构成与再造：以湄洲妈祖祭典为例 [J]. 莆田学院学报，2010（4）：5 - 9.

③ 古明君，宋振宇，曾伟，等. 妈祖信仰遗产化的仪式经济与在地重建：以港里村妈祖祭仪为例 [J]. 莆田学院学报，2015（6）：13 - 17.

④ 牟艳旗，牟艳涛. 清代的东北妈祖信仰与东北亚海上丝绸之路 [J]. 莆田学院学报，2016（1）：13 - 17.

⑤ 王成良. 妈祖文化在海上丝绸之路的历史和现实作用 [J]. 莆田学院学报，2016（6）：11 - 14.

⑥ 帅志强. 打造世界妈祖文化品牌的传播策略 [J]. 莆田学院学报，2010（6）：6 - 9，14.

⑦ 许元振，帅志强. 妈祖文化在新媒体传播中的内容形态转型策略 [J]. 莆田学院学报，2013（1）：7 - 12.

为 2010 年和 2012 年,这两大研究主题自始至终是学者们关注的重点,研究持续性高,成果丰富,研究相对成熟;#2"湄洲岛"的关键词共现平均年份为 2009 年,学者们对这一主题的关注较早,但研究热度逐渐减退;#3"妈祖信俗"、#4"海上丝绸之路"的关键词共现平均年份分别为 2012 年和 2013 年,属于新兴出现的研究主题,受到来自外部的政治因素与经济环境影响,研究热度未减。从各个聚类主题的关联性来看,整个共现网络密度高,聚类效果好,各个聚类主题具有一定的承袭性和关联度,#2"湄洲岛"聚类中湄洲岛及妈祖宫庙的研究为妈祖信仰研究提供了宝贵的资料,而#0"天妃"聚类中妈祖信仰的研究成果为其他聚类的主题研究奠定了基础。

2.2.4 结论与展望

对 2001—2017 年《莆田学院学报》发表的 176 篇妈祖研究方面的文献进行了可视化分析。主要结论为:①妈祖研究文献产出量持续增长,研究范围广,获得了国家、省部级的基金项目支持。②学术研究力量不断壮大。妈祖研究受到来自海内外学者的密切关注,研究力量不断壮大,特别是莆田学院已经形成了具有较高黏合度、规模庞大的妈祖学术研究共同体,有力地推动了妈祖学术研究的发展。③"妈祖信仰"和"妈祖文化"是这 17 年间出现频次与中心度最高的热点关键词。研究关注点以妈祖信仰和妈祖文化为中心,向外延伸扩散,涌现出不同的研究方向,形成了五大研究聚类主题,分别为#0"天妃"、#1"旅游"、#2"湄洲岛"、#3"妈祖信俗"、#4"海上丝绸之路"等。各聚类主题之间有较强的承袭性和关联度。

妈祖研究取得了一定的成果,但也存在一些不足,如海内外学者及研究机构间的合作较少,研究方法单一等。后续研究可从以下方面着手:①研究力量上要突破"小世界"研究,鼓励跨学科领域的学者和研究机构间加强交流与合作。②研究方法上,早期研究基于文献史料分析居多,缺少实证调查研究。随着妈祖研究逐步渗透到经济学、社会学、管理学、传播学等领域,如何突破宗教学、历史学等研究范式,结合交叉学科理论与研究方法,通过定量研究达到研究的规范性和实证性是下一步继续深入研究的课题。③研究内容上,各大主题虽有一定的积累,但仍有一些与之相关的重要议题需要深入研究。不同区域间的妈祖信仰传播特征及在地化现象、妈祖宫庙的管理模式等方面值得学者们进一步关注。妈祖文化创意产业集群的打造以及妈祖文化产品贸易与文化服务贸易也可以作为未来研究方向。此外,如何利用新型社交网络准确向年轻受众传播，提高年轻群体对妈祖文化的认同，进而推动妈祖文化的传播，也值得学者们关注。

2.3　海内外妈祖文化研究现状及比较

妈祖既是海内外华人共同的信仰认同标志，又是两岸重要的文化交流纽带①。妈祖信仰起源于福建莆田，传播至世界各地。信仰上的源流使各地妈祖信仰保持一定正统性，但在传播过程中，妈祖信仰与当地文化融合、变迁，呈现出在地化的特点。近年来，海内外学者们基于不同学科领域、不同知识视角进行了研究，并取得了丰硕成果。但是各地学者的研究领域是否一致？他们关注的研究热点以及研究内容有何差异？哪些是未来研究方向？这些问题都值得深入思考。目前仅有黄国华于 2010 年发表的《20 世纪以来妈祖研究的回顾与评述》一文中，对大陆、台湾、香港、澳门、马来西亚、新加坡等地的妈祖文化研究文献进行了述评②，但是历时已久，近年来妈祖研究文献数量增长较快，不断有新的研究主题涌现。另外，妈祖文化研究也逐步走向国际学术界，外文文献数量相应增加。鉴于此，需要对海内外妈祖研究的整体状况进行梳理和比较，以便于学者们进行下一步研究。

本研究运用科学计量方法对中英文文献数据进行数据统计分析，客观地展现中英文文献的发文数量、发文作者、研究领域、研究主题聚类的特征，这将有助于文献回顾中避免过度受到主观思想和知识盲区的影响。之后，利用传统的文献综述法对热点文献进行阅读，分析不同区域学者们研究内容的差异，总结海内外妈祖文化研究中极具争议的主题、研究热点以及未来研究方向，期望为妈祖文化研究作出贡献。

2.3.1　海内外妈祖文化研究产出基本情况

为了构建权威、完整的文献数据池，本研究主要对中英文文献进行比较分析。尽管日本、泰国、马来西亚、新加坡等国家也有相关文献，但是考虑到数据的可获得性，妈祖文化学术研究以大陆和台湾为主力，中文文献主要从中文 CSSCI 数据库、台湾学术文献数据库获取。而外文文献则从具有学术权威的

---

① 王英暎.《妈祖图像研究》述评［J］. 世界宗教研究，2017（5）：172 – 173.
② 黄国华. 20 世纪以来妈祖研究的回顾与评述［J］. 南方学院学报，2010（6）：117.

WOS 核心数据库获取，WOS 核心数据收录了 SCI 和 SSCI 核心期刊，体现了国际研究的前沿水平。鉴于 WOS 核心数据库中妈祖研究的英文文献占多数，因此仅选取英文文献作为研究对象。

具体检索规则：中文检索主题词为"妈祖"或"天妃"，英文检索主题词为"mazu"，文献来源类别为学术期刊，文献来源年限为不限—2017 年，检索条件为精确。通过数据清洗，从三大数据库共获取 413 篇有效文献，其中英文文献 44 篇，大陆中文文献 228 篇，台湾中文文献 141 篇，操作时间为 2017 年 10 月 10 日。

1. 发文量统计分析

从总体发文数量及增幅来看，1966—1997 年这 32 年间共检索到 19 篇文献，发文量较少，间隔时间较长，部分年份未有任何论文发表。这里主要呈现 1998—2017 年这二十年间发文量情况（如图 2-9），三大数据库总体发文量不断增加，增幅具有一定波动性。2004 年以后，总体呈现出快速增长的趋势，具有较高影响力的学术文献越来越多。

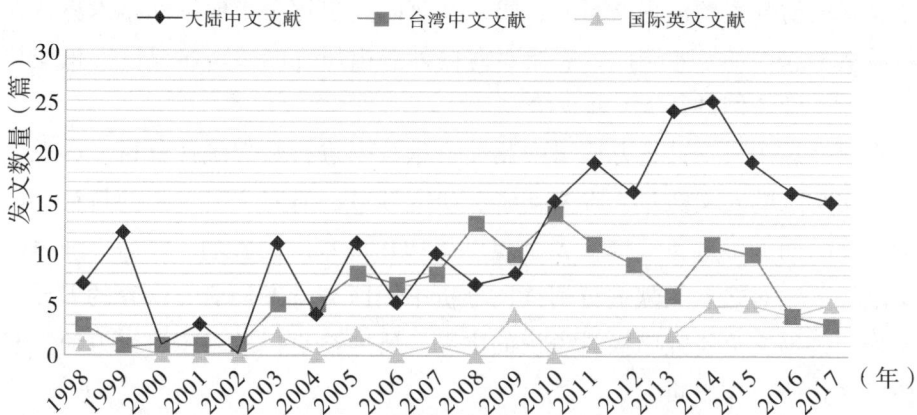

图 2-9　妈祖文化研究的中英文文献发表情况（1998—2017 年）

数据来源：根据三大数据库发文量数据绘制。

从各数据库发文量具体情况来看，WOS 核心数据库收录的国际英文文献数量远远少于大陆和台湾的中文文献数量，并且增幅缓慢。台湾学术文献数据库检索到最早的文献是 1966 年刘枝万撰写的《台湾之瘟神庙》，台湾的妈祖文化研究起步早，研究持续，产出成果丰硕。大陆的妈祖文化研究由于政治原因一度中断，直至 20 世纪 80 年代才恢复正常。从 20 世纪 90 年代开始，大陆妈祖文化研究发文量突增，特别是 2010 年之后进入突破性增长阶段，发文量领先于台湾地区，并保持快速增长趋势。大陆妈祖文化研究成为妈祖文化研究的主要力量。

从发文量的发展周期来看，中英文文献数量变化时间节点大致保持一致，如在 1999 年、2003 年、2005 年、2009 年、2014 年等时间节点发文量增加。通过对上述时间节点的分析，发现妈祖文化研究受到外在环境因素影响，特别是政治因素的影响。1999 年澳门回归，妈祖崇拜在澳门民间盛行，学者们更为关注澳门妈祖阁与妈祖信仰，发文量随之增加。在两岸妈祖庙团体的共同努力下，2001 年宗教直航正式开通，促进了两岸妈祖文化的交流。直至 2008 年两岸全面实现双向"三通"，两岸妈祖文化交流有了质的飞跃，这一时期，大陆和台湾的妈祖文化研究发文量增长明显。随着 2009 年妈祖信俗被列为世界人类非物质文化遗产名录以及 2013 年"一带一路"倡议的提出，大陆妈祖文化研究发文量激增。2016 年台湾政局变化，对两岸关系产生了微妙的影响，同样也影响着妈祖文化的研究走向，大陆和台湾的发文量普遍降低。但是发表于国际期刊的英文文献数量却呈上涨趋势，这说明国际上较为关注两岸关系变化影响下的妈祖文化研究动向。

2. 作者统计分析

在一段时期内发文数量较多的学者对学科研究的影响更大。[1] 笔者对 413 篇文献的高产作者进行统计，共包括 461 位作者，发文量为 1 篇的作者有 401 人，占全部作者人数的 87%，其中大陆有 199 人，台湾有 160 人，而国际英文作者有 42 人；发文量为 2 篇的作者有 43 人，占总作者人数的 9.3%，大陆有 23 人，台湾有 12 人，国际英文作者有 8 人；发文量为 3 篇以上的作者仅有 17 人，占总人数的 3.7%，大陆有 12 人，台湾有 5 人。由此可见妈祖文化研究逐渐吸引学者们的关注，但总体而言，学者的文献产出能力有限，持续研究的学者甚少。从高产作者分布情况来看，大陆和台湾已经形成了一批妈祖文化研究的核心学术力量。而英文文献数量本身较少，其高频作者远远少于大陆和台湾。

知识域的发展离不开研究团队的合作和知识共享。WOS 核心数据库的 44 篇英文文献中包含了 50 位作者记录，平均每篇文章由 1.14 位作者完成。大陆 CSSCI 数据库的 228 篇中文文献中包含了 234 位作者记录，平均每篇文章由 1.03 位作者完成。台湾学术文献数据库的 141 篇中文文献中包含了 177 位作者记录，平均每篇文章由 1.26 位作者完成。经过近半个世纪，妈祖文化研究领域

---

① BERGH D D, PERRY J, HANKE R. Some predictors of SMJ articles impact [J]. Strategic management journal, 2006, 27 (1): 81 – 100.

已经形成了一些共同研究的学术团队。但团队规模较小，学者之间的联系不紧密，合作较少。

3. 学科分布特征统计分析

根据文献数据统计，发表于 WOS 核心数据库的国际英文文献涉及 27 大学科领域，CSSCI 数据库及台湾学术文献数据库中的中文文献涉及 39 类，妈祖文化研究涉猎的学科领域较广。总体而言，研究聚焦于宗教学、社会学、人类学等人文社会科学领域，也涉及生态环境科学、地质学、医药卫生、生物农学等自然科学领域。妈祖文化研究的领域不断拓展，研究呈现出多样化的趋势。

对比中英文文献所属学科分布情况，了解到国际与大陆及台湾的妈祖文化研究兴趣点有所差异。WOS 核心数据库中区域研究、亚洲研究等占据重要地位。中文文献数量较多，学科分布更为广泛，大陆妈祖文化研究主要集中于宗教学，并不断向文化学、历史学、旅游、民族学、艺术学等学科延伸。

表2-7 中英文文献所属学科的分布情况

	大陆中文文献	台湾中文文献	国际英文文献
1	宗教学	艺术	区域研究
2	文化学	人类学	宗教学
3	中国古代史	历史学	社会学
4	旅游	宗教学	政治地理
5	中国文学	中国文学	亚洲研究
6	美术书法雕塑与摄影	社会学	生态环境科学
7	中国民族与地方史志	地理及区域研究	人类学
8	考古	管理学	国际关系
9	新闻与传媒	传播学	政府法律
10	戏剧电影与电视艺术	外国文学	地质学

数据来源：根据三大数据库文献所属学科数据统计绘制而成。

4. 关键词统计分析

关键词体现了文章的核心内容，以及作者集中关注的研究主题，适用于分析这一知识领域的前沿热点。对国际英文文献数据池的关键词进行统计，形成了 164 个关键词，共出现 190 次，平均每个关键词出现 1.2 次。对大陆中文文献数据池进行分析，形成了 276 个关键词，共出现 481 次，平均每个关键词出现 1.7 次。对台湾中文文献数据池进行统计，形成了 263 个关键词，共出现 295

次，平均每个关键词出现 1.1 次。显而易见，仅出现一次的关键词普遍存在，说明学者们的研究主题和聚焦点较为分散。

通过对关键词共现的聚类分析，可以发现研究主题的演进规律和聚类变化。为了进一步展现妈祖文化研究的主题分布，借助 CiteSpace 软件分别对中英文文献关键词共现网络进行聚类分析。从整体图谱（见图 2－10、图2－11、图 2－12）来看，大陆中文文献关键词共现核心网络非常集中，连接紧密，围绕"妈祖信仰"和"妈祖文化"这两个关键节点共形成了 72 个聚类群，其中 5 个具有较大规模的关键词聚类群。台湾中文文献关键词共现核心网络较为集中，共形成了 58 个聚类群，具有一定规模的关键词聚类群主要有 4 个。国际英文文献关键词形成了 23 个聚类群，具有一定规模的关键词聚类群主要有 6 个，聚类群内部关联度较强，聚类群间的联系较为分散。

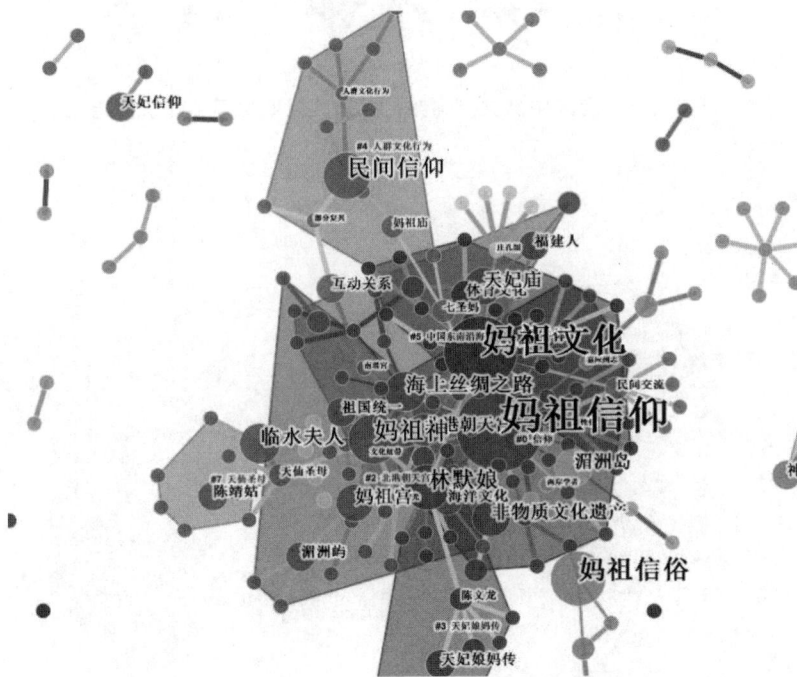

图 2－10　大陆中文文献高频关键词共现聚类网络知识图谱

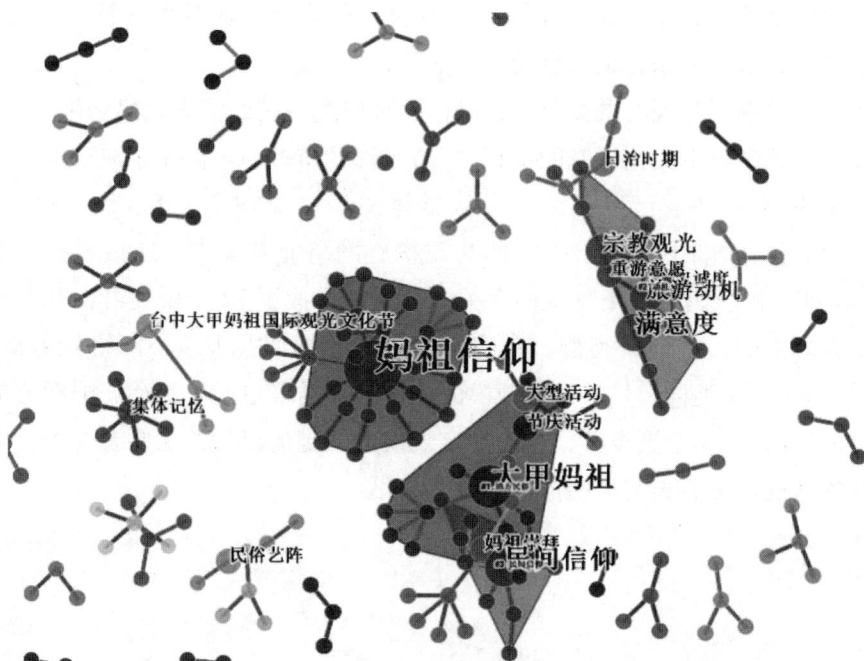

图 2 - 11　台湾中文文献高频关键词共现聚类网络知识图谱

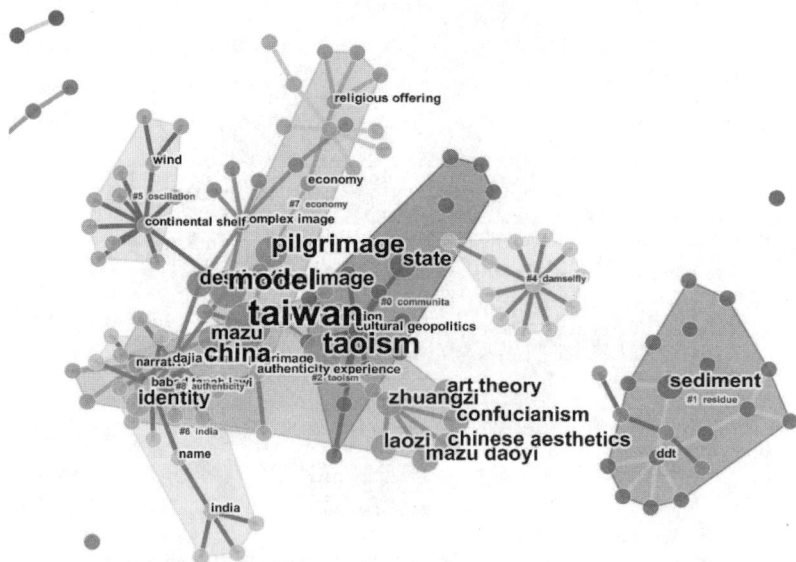

图 2 - 12　国际英文文献高频关键词共现聚类网络知识图谱

　　为了更进一步了解聚类群，选取具有较大规模的聚类群进行热点主题分析。从表 2 - 8 可知，中英文文献研究热点主题大致相同，主要集中于妈祖信仰的宗教归属、妈祖文化与旅游、妈祖文化传播、妈祖与两岸关系四个热点主题。具体来看，大陆中文文献研究热点集中于宗教、文化等领域；台湾中文文献研究更关注旅游管理；而国际英文文献研究热点侧重于两岸关系与区域研究，这与之前学科领域的分布研究相一致。

表 2-8　中英文文献聚类群核心关键词及主题分布情况

文献来源	序号	聚类群核心关键词（频次，中心度）	关键词数量	主题分布
大陆中文文献	1	妈祖信仰（59，0.3）、非物质文化遗产（5，0.01）、文化认同（2，0）	32	①
	2	妈祖文化（31，0.39）、体育文化（3，0.01）、创意文化产业（1，0.01）	29	②
	3	林默娘（8，0.52）、海上丝绸之路（6，0.05）、东南亚地区（1，0）	18	③
	4	妈祖神（10，0.36）、祖国统一（3，0）、两岸关系（2，0.01）	16	④
台湾中文文献	1	妈祖信仰（10，0.02）、自我认同（1，0）、宗教属性（1，0）	26	①
	2	大甲妈祖（5，0）、满意度（4，0）、旅游动机（3，0）、宗教观光（3，0）	15	②
	3	民间信仰（4，0）、乡村社会（1，0）、仪式改变（1，0）	14	③
	4	妈祖崇拜（2，0）、湄洲祖庙（1，0）、回娘家（1，0）	10	④
国际英文文献	1	China（3，0.09）、cultural geopolitics（1，0.02）、communitas（1，0）	17	④
	2	Taiwan（76，0.16）、destination image（2，0.06）、pilgrimage and festival tourism（1，0.01）	14	②
	3	Taoism（4，0.16）、Mazu belief（1，0）、confucianism（2，0）	10	①
	4	identity（2，0.17）、folk belief（1，0）、social media（1，0）	8	③

数据来源：根据 CiteSpace 软件生成数据绘制而成。

注：主题类别有：①妈祖信仰的宗教归属；②妈祖文化与旅游；③妈祖文化传播；④妈祖与两岸关系。频次是指关键词在文献中出现的次数；中心度是指测度节点在网络中重要性的一个指标，具有较高的中心度的节点通常是连接不同领域的关键枢纽。

2.3.2　海内外妈祖文化研究内容比较分析

根据表 2-8 整理的研究热点主题，对关键文献的摘要和正文进行阅读分析，对比中英文文献研究内容差别，深入挖掘海内外妈祖文化研究主题的差异，试图找到下一步的研究方向。

1. 妈祖信仰与宗教归属

"妈祖信仰"这一热点关键词在大陆和台湾中文文献中分别出现 59 次、10 次，频次最高，同时也是聚类分析结果中最为显著的研究主题。在中文文献中，妈祖信仰方面的研究起步最早、研究主题广泛、研究热度持续性强、研究成果最为丰富。从"妈祖信仰"同一聚类的关键词内容来看，妈祖信仰的宗教归属成为海内外妈祖学者关注的焦点之一。

由于妈祖信仰来自民间，没有明确宗教属性，儒释道三教甚至摩尼教都争相将其纳入神祇。大陆学者对其宗教属性大致有四种观点：第一，妈祖崇拜的宗教类型既非道也非佛，应归入宗法性传统宗教①。第二，妈祖由儒家塑造为符合儒家道德的林孝女②。第三，妈祖与道教密切相关。叶明生（2009）根据田野调查所收集的有关妈祖信仰在道法科仪及民众生命礼俗的相关资料，说明了妈祖信仰文化是通过道教文化的传播及融合作用而产生的③。第四，妈祖信仰的佛教化。王荣国、汪文娟（2012）认为妈祖寺庙往往延请佛教僧人居住并担任住持，妈祖信仰被赋予佛教的内涵与色彩④。

与大陆学者观点相似，台湾学者认为妈祖与儒释道关系密切。台湾学者戴文锋（2011）在辨析妈祖名称时认为"妈祖"背后隐含着"观音（妈）化身""观音佛（祖）转世"的佛教诞降传奇色彩，妈祖信仰中体现"神佛同体"的色彩⑤。杨淑雅（2015）指出，妈祖传说故事常与儒释道三教有所关联，妈祖信仰应归属于民间宗教⑥。高致华（2010）提出妈祖神德是儒家"仁爱德行"的另类呈现，同时妈祖的信仰结构体系也反映着儒家思想的等级伦理⑦。

① 谢重光. 妈祖崇拜宗教类型之我见 [J]. 福建论坛（文史哲版），1990（4）：38 – 43.
② 徐晓望. 论明清以来儒者关于妈祖神性的定位 [J]. 福州大学学报（哲学社会科学版），2007（2）：5 – 10，73，112.
③ 叶明生. 妈祖信仰与道教文化：民间道坛之妈祖信仰相关科仪及文化形态考探 [J]. 福建师范大学学报（哲学社会科学版），2009（3）：143 – 150.
④ 王荣国，汪文娟. 台湾妈祖信仰"佛教化"探讨：以清代台南大天后宫为考察对象 [J]. 厦门大学学报（哲学社会科学版），2012（6）：71 – 77.
⑤ 戴文锋. "妈祖"名称由来试析 [J]. 庶民文化研究，2011（3）：40 – 91.
⑥ 杨淑雅. 从妈祖生平传说故事探论妈祖信仰之宗教属性 [J]. 高雄海洋科技大学学报，2015（29）：165 – 173.
⑦ 高致华. 藉妈祖信仰论儒家精神的体现与传承 [J]. 海洋文化学刊，2010（8）：121 – 145.

　　国际上学者们也关注妈祖信仰的宗教属性。Yeh Shih Shuo、Chris Ryan、Ge Liu（2009）指出妈祖信仰在台湾是官方认定的民间信仰，它受到了佛教和儒家思想的影响，但与道教有着更加密切的联系①。

　　由此可见，尽管学者们根据史料、田野调查等提出了妈祖信仰与儒释道的关系，但难以对妈祖信仰进行明确的宗教属性定位。正如马伯乐和胡锐（2010）在《中国的民间宗教与儒释道三教》一文中中提到，人们对三教既不全信也不独尊，而是逐渐形成了一种带有三教痕迹，但又与三教不相混同的拥有独立体系的民间宗教②。作为一种民间信仰，妈祖信仰发展到一定程度时，需要融入儒释道三教文化，主动依附封建政权，争取朝廷的封赐，走正统化的道路，这样才能获得更大的发展空间③。因此，妈祖信仰在发展过程中与时俱进、兼容并蓄，不能简单地以"制度化宗教"来定义，已经演变成为一种多元性和广博性的民间文化。它不仅是维系海峡两岸的精神纽带，也是促进海内外友好往来的桥梁。

　　2. 妈祖文化与旅游

　　妈祖信仰逾经千年，形成了独具特色的"妈祖文化"体系④，成为一种重要的文化资源。大陆和台湾都关注妈祖文化资源的开发和利用，注重妈祖文化产业的发展，利用妈祖文化旅游推动区域经济的发展。

　　2000 年以来，妈祖文化旅游在大陆沿海区域不断升温。大陆学者对妈祖文化旅游行业表现出浓厚的兴趣，分别从产业发展的角度探讨湄洲岛妈祖文化旅游发展的战略路径⑤、文化产业与旅游产业的融合机制⑥，以及妈祖文化旅游产

---

　　① SHUO Y S, RYAN C, LIU G. Taoism, temples and tourists：the case of Mazu pilgrimage tourism [J]. Tourism management, 2009, 30 (4)：581 – 588.

　　② 马伯乐, 胡锐. 中国的民间宗教与儒释道三教 [J]. 世界宗教文化, 2010 (1)：78 – 82.

　　③ 林国平. 去巫化与正统化：民间信仰的生存和发展之路：以福建民间信仰为例 [J]. 世界宗教研究, 2013 (1)：31 – 38.

　　④ 胡荔香. 试论闽台地区妈祖信仰文化旅游资源开发 [J]. 亚太经济, 2003 (3)：76 – 78.

　　⑤ 董厚保, 洪文艺. 文化型海岛善行旅游发展的战略路径选择：以福建湄洲岛为例 [J]. 资源开发与市场, 2014 (12)：1529 – 1532.

　　⑥ 蒋长春, 黄丹凤. 区域"非遗"与旅游深度融合的机制与模式研究：以莆田湄洲妈祖信俗为例 [J]. 资源开发与市场, 2015 (4)：504 – 508.

品资源的开发和设计①等问题。

台湾学者侧重于宗教文化观光及妈祖民俗庆典活动，特别是妈祖绕境进香活动的研究。关注游客的参与体验、旅游动机②、认知价值与忠诚度的相关性③以及民俗庆典徒步参与者的行为体验④。除此之外，台湾学者致力于将妈祖文化与产业结合起来⑤，充分利用和开发妈祖文化资源，创造妈祖庙的经济产业契机，活络地方经济的发展。台湾在利用妈祖文化元素进行文化创意产品开发研究方面颇有成就，如妈祖舞台剧、妈祖平安符的设计、妈祖文化意象与刺绣服饰设计等⑥。

英文文献的作者多来自台湾，因此，国际上对台湾的妈祖文化旅游关注度较高。Yeh Shih Shuo、Chris Ryan、Ge Liu（2009）利用因子分析法验证了朝圣地与其他旅游目的地一样，是一种多层面产品，能同时满足信众和一般游客的不同旅行动机⑦。Tsung Hung Lee、Chung-Jen Fu、Pei-Shiang Chang（2015）研究了台湾妈祖朝圣活动中游客参与的体验和动机⑧。

台湾地区及国际上多采用质性、定量的方法对台湾的妈祖民俗庆典活动进行研究，关注微观消费者的行为动机。但大陆学者倾向于理论化产业层面的研究，实践启示较为有限。大陆妈祖文化旅游资源更加丰富，湄洲岛的游客数量与年俱增，大陆学者可以利用自身优势作进一步研究。台湾妈祖文化创意产品的开发设计以及妈祖文化创意产业的发展和管理经验值得大陆学习与借鉴。

---

① 严艳，连丽娟，林明太，等. 基于 ASEB 栅格分析法的旅游产品开发研究：以福建省湄洲岛为例 [J]. 资源开发与市场，2009（8）：757 – 759.

② 张鸣珊，王怜雅. 由游客观点探讨妈祖绕境文化与休闲之研究 [J]. 嘉南学报（人文类），2006（32）：744 – 757.

③ 刘泳伦，邹哲宗，罗苑菱. 宗教观光游客旅游动机、认知价值与忠诚度之研究：以北港朝天宫为例 [J]. 人文暨社会科学期刊，2012（2）：1 – 17.

④ 赖文仁. 台湾民俗庆典活动参与者过渡仪式之行为体验研究：以大甲妈祖绕境进香活动徒步参与者为例 [J]. 中华科技大学学报，2013（10）：117 – 129.

⑤ 蔡泰山. 妈祖文化遗产对妈祖文化产业发展之重要启示 [J]. 中国地方自治，2006（10）：15 – 19.

⑥ 杨淑雅. 妈祖文化影响下的艺术作品：以《妈祖林默娘》舞剧为例 [J]. 高雄海洋科技大学学报，2014（28）：183 – 197.

⑦ SHUO Y S, RYAN C, LIU G. Taoism, temples and tourists：the case of Mazu pilgrimage tourism [J]. Tourism management，2009，30（4）：581 – 588.

⑧ LEE T H, FU C-J, CHANG P-S. The support of attendees for tourism development：evidence from religious festivals, Taiwan [J]. Tourism geographies，2015（2）：223 – 243.

3．妈祖文化传播

早期的妈祖信仰没有固定的教义、教仪，在发展过程中不可避免地受到各种社会意识和当地文化的影响或渗透，以至于妈祖信仰具有较强的地理特征，因此妈祖信仰在不同地域的传播特点是大陆学者关注的焦点。

庙宇是民间信仰的载体和表征之一。它的分布和扩散过程告诉我们关于这个信仰的传播区域与传播过程的某些信息。在中国大陆，妈祖庙分布在福建、广东、海南、浙江、江苏、山东、河北、辽宁各省沿海一带及海中岛屿。另外，在中国台湾、香港、澳门以及日本、新加坡、马来西亚、印度尼西亚、越南、美国、巴西，甚至南非等地区都有妈祖庙的分布①。大陆学者们根据当地的妈祖庙来探讨各个地区妈祖信仰的形成、传播形式以及在地化特点等。其中，澳门的妈祖阁以及澳门妈祖信仰研究引起了大陆学者的热议和争论。

作为古代海上丝绸之路上标志性的精神力量，妈祖信仰随着航海者的海上贸易活动路径传播，遍及亚洲、非洲等多个国家和地区。古代海上活动痕迹难以留存，单靠留存的史料和妈祖宫庙遗址进行推断容易产生分歧，研究具有较大的难度。古代海上丝绸之路途经 100 多个国家和地区，贸易交往频繁，不同国家和地区都有妈祖相关的文献史料或宫庙遗址，应该考虑学者间的跨地域合作，借助本土语言优势以及资料获取的便利性，研究妈祖信仰传播路径以及在地化特点。

外国学者和台湾学者们更关注宗教信仰的新型传播方式。泰国博仁大学的 Kuo-Yan Wang（2015）测量了妈祖祭典参与者对社交媒体影响民间宗教的态度，探讨如何利用社交媒体驱动民间宗教的转型，如何利用社交媒体保护文化价值，以及民间寺庙与地方企业之间的跨行业联盟②。台湾淡江大学的 Jia-Jane Shuai、Hsin-Chih Chen（2015）基于文本挖掘和内容分析理论对台湾妈祖寺庙在线发布的帖子以及评论进行分析，对比不同宗教网站的差别，特别是成功的宗教社交网站，分析年轻用户接受新型宗教媒介的原因③。新型社交网络广泛应用于世界各地的主要宗教，用以增强信徒之间的凝聚力。

---

① 郑衡泌，俞黎媛. 妈祖信仰分布的地理特征分析［J］. 福建师范大学学报（哲学社会科学版），2007（2）：19 – 27.

② WANG K-Y. Invitation to a Deity's celebration：how social media influences participation in the activities of Chinese folk temples［J］. Journal for the study of religions and ideologies，2015，14（42）：231 – 251.

③ SHUAI J-J, CHEN H-C. Mining social media data for online religion［J］. Proceedings of 2015 SSR International Conference on Social Sciences and Information，2015（10）：273 – 278.

妈祖文化是中国海洋文化的重要精神与社会文化现象。从宋朝开始,沿海地区的移民将妈祖文化传播到世界各地。大陆学者们密切关注妈祖文化的核心精神以及传播路径。特别是"一带一路"倡议的提出,"海上丝绸之路"再次引起大陆学者的关注。如何利用这些新兴的媒介手段推动妈祖文化在全世界的传播,值得大陆学者深入研究。

4. 妈祖信仰与两岸关系

福建与台湾同属妈祖信仰的基本海洋文化圈。妈祖信仰不仅体现了两岸的神缘关系,也是两岸民间血缘、族缘、乡缘的载体。民间信仰是推动海峡两岸沟通的桥梁①。

大陆学者在妈祖信仰和两岸关系上具有较为鲜明的政治主张。厦门大学的朱天顺在1998年对台海两岸在政治上利用妈祖信仰的情况加以分析,特别对比了台湾"统一派"和"台独派"在政治上利用妈祖信仰的差别②。陈宜安(2003)分析妈祖祭典仪式,论述台湾同胞对祖国文化的认同,证明两岸同根同源的血肉关系③。

台湾学者蔡相辉(1994)认为,民间信仰的兴衰,除信徒努力经营外,受政府政策的影响甚大。至现代,妈祖信仰与两岸政治局势关系密切④。张家麟(2002)回顾了自1988年以来两岸宗教交流活动,特别是以台湾大甲镇澜宫、南天宫等为代表的妈祖庙团体如何利用民间宗教力量突破政治的藩篱,达到宗教直航的目的。他认为两岸的政治关系影响两岸妈祖庙团体的交流,其中两岸政治情势的和解尤为关键⑤。虽然受到多种复杂因素的影响,两岸政治互动微妙,但妈祖信仰有助于两岸消除误解,增进互信,这一点是学界共识。

2.3.3 海内外妈祖文化研究总结与展望

传统的文献梳理多基于作者主观观点的分析和总结。鉴于此,本研究运用科学计量方法对 WOS 核心数据库、CSSCI 数据库以及台湾学术文献数据库中妈

---

① 黄建铭. 闽台民间信仰在海峡两岸交流中的作用 [J]. 中国宗教, 2003 (5): 39 – 41.

② 朱天顺. 妈祖信仰与两岸关系 [J]. 台湾研究集刊, 1998 (1): 44 – 53.

③ 陈宜安. 从妈祖祭典仪式看两岸文化关系 [J]. 中国宗教, 2003 (1): 47 – 49.

④ 蔡相辉. 以妈祖信仰为例: 论政府与民间信仰的关系 [C] //民间信仰与中国文化国际研讨会. 民间信仰与中国文化国际研讨会论文集. 台湾: 汉学研究中心, 1994: 436 – 454.

⑤ 张家麟. 政教关系与两岸宗教交流: 以两岸妈祖庙团体为焦点 [J]. 新世纪宗教研究, 2002 (1): 33 – 76.

祖文化研究文献进行定量分析,梳理海内外妈祖文化研究现状以及研究热点主题,再使用内容分析对关键文献进行深入剖析,对比大陆、台湾以及国际上妈祖文化研究的差异,总结出未来的研究方向,为大陆妈祖文化研究者提供一定的启示。

1. 结论

妈祖文化研究文章总体数量不断增加。中文文献数量远远多于英文文献,特别是大陆的妈祖文化研究在 2010 年以后有较大发展,文献数量增长迅猛,学术影响力扩大。妈祖文化研究的核心学术力量仍以大陆和台湾的学者为主。

妈祖文化研究涉及学科较广,研究呈现多样化趋势。主要涉及宗教学、历史学、社会学等人文社会科学领域,还不断延伸至生态环境科学、地质学等自然科学领域。国际英文文献的妈祖文化研究更侧重于区域关系研究,与大陆和台湾的研究区域有所差异。

妈祖文化研究主题和聚焦点较为分散,中英文文献研究热点主题大致相同,但各自的研究方向有所不同。妈祖信仰是海内外妈祖文化研究的共同热点,围绕妈祖信仰展开的研究颇丰。妈祖信仰的宗教属性及妈祖文化旅游是中英文文献普遍关注的热点主题。此外,大陆学者关注妈祖文化传播、妈祖文化产业发展;台湾学者对妈祖文化与旅游等主题更感兴趣;而国际上的学者们对妈祖信仰和两岸关系这一主题关注密切。

2. 展望

在对比海内外妈祖文化研究内容的基础之上,本研究对未来研究方向进行总结。

妈祖信仰的新型传播方式的研究。信息技术的发展日新月异,新兴媒介手段层出不穷。如何借助新兴媒介手段构建妈祖故事,塑造妈祖文化品牌,推动妈祖信仰在"一带一路"沿途国家和地区的传播,特别是如何利用新型社交网络提高年轻群体对妈祖文化的认同,值得学者们深入探索。

妈祖文化在海洋文化中占据重要地位,尽管古代海上活动遗留下来的痕迹较少,但古代海上丝绸之路涉及的 100 多个国家和地区仍存有妈祖相关的文献史料或宫庙遗址。学者和研究机构要采取跨地域跨国界合作,借助本土语言优势以及资料获取的便利性,研究海内外妈祖信仰传播路径以及在地化特点。

在政教关系中,政治居于主导地位。两岸微妙的政治局势变化需要借助妈祖信仰搭建两岸沟通的桥梁。要采取何种方式和形式有效地推动两岸妈祖学者深入交流,如何降低两岸政治、文化及社会的误解,增加彼此间的互信及认同感,值得进一步商榷。

大陆妈祖文化研究已经取得了一定的成果，但与台湾和国外相比还存在不足。大陆妈祖文化研究要与国际接轨，提高其在国际上的学术影响力，还要不断改进研究思路等。

（1）学术交流与合作的加强。对比研究内容可知，大陆与台湾学者间的交流愈加密切，会对同一个议题进行辨析。但大陆学者之间合作较少，彼此的联系不紧密。大陆学者要与海内外妈祖学者增强交流互动，加强合作，同时进行知识共享、协同创新。

（2）研究思路的改进。台湾的妈祖宗教旅游及妈祖文化创意产业不仅理论研究成熟，而且具有丰富的商业实践经验，值得大陆学习和借鉴。大陆拥有得天独厚的妈祖文化资源优势，要着眼于微观层面，基于大陆妈祖文化创意产业发展的实际情况，从消费者视角开发和利用妈祖文化资源，满足多层次消费者的需求，带动区域经济的发展。

由于作者语言水平的限制以及软件的客观要求，本研究也存在一些不足：第一，本研究选择英语文献作为比较研究对象，但是日本、韩国、马来西亚等国家也有较多非英语文献，难以全面展现海内外妈祖文化研究的全貌，因此需要加强与其他国家或者精通其他语言的学者合作，扩展研究数据范围；第二，考虑到软件对数据格式的要求以及数据获取的便利性，本研究所选取的数据均来自学术期刊。妈祖文化研究专著成果颇多，未来可以尝试对著作进行分析。

2.4　创意旅游研究现状与趋势

2.4.1　创意旅游文献计量分析

科学知识图谱是以知识域为对象，显示科学知识的发展进程与结构关系的一种图像。[①] 学者们通过对文献数据信息绘制科学知识图谱来实现学科知识的可视化，借此进行研究理论增长、研究范式转换、学科领域演进以及学科结构辨识等方面的研究[②]。如美国德雷塞尔大学的陈超美开发的 CiteSpace 软件，能在 Java 应用程序基础上对科学文献进行可视化分析，跟踪研究热点和探测学科

---

① 陈悦，陈超美，刘则渊，等. CiteSpace 知识图谱的方法论功能［J］. 科学学研究，2015（2）：242 – 253.

② 秦晓楠，卢小丽，武春友. 国内生态安全研究知识图谱：基于 CiteSpace 的计量分析［J］. 生态学报，2014（13）：3693 – 3703.

研究新趋势①。

　　本研究以创意旅游相关文献数据为研究对象，对发文数、发文作者、载文期刊、发文作者机构等进行相应的数据挖掘和文献计量分析，利用 CiteSpace 软件，采用共词分析、时区分布等方法，对国内文化旅游以及创意旅游研究热点主题、发展历程以及演进趋势进行可视化分析，为未来研究提供一定依据。

　　尽管 CNKI 数据库不提供引文数据，但其收录面最全。因此，为了更全面地了解国内创意旅游学术研究的整体进展，本研究选择 CNKI 数据库作为数据来源。检索主题词为"创意旅游"，文献来源类别为全部期刊，文献来源年限为 1998—2019 年，检索条件为精确，检索到"创意旅游"相关文献 453 条记录。在 CSSCI 数据库进行检索，检索到"创意旅游"相关文献 55 条记录。经过对比筛选，除去无作者、通讯报道、简介、会议通知等非学术性文献，获得有效文献 53 篇，操作时间为 2020 年 2 月 17 日。但发表于核心期刊的创意旅游方面的论文数量有限。

　　从图 2-13 文献年度分布情况可见，创意旅游发文数量甚少。从 2007 年开始，每年平均增长 4 篇，增速较缓，上下波动，2016 年到达顶峰。2007 年我国引入创意产业这一概念，而后的十年内创意旅游的研究增多。随着社会创新创意思维的传播，创意旅游在创意要素方面有了更多的拓展，展现出强劲的发展势头。

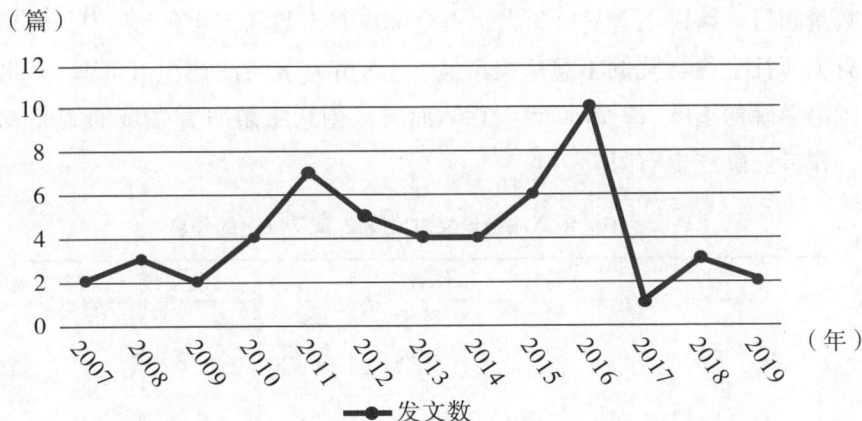

图 2-13　创意旅游研究文献的年度分布（1998—2019 年）

---

　　①　CHEN C M, SONG I1-Y, YUAN X J, et al. The thematic and citation landscape of data and knowledge engineering（1985—2007）［J］. Data and knowledge engineering, 2008, 67（2）: 234-259.

对 53 篇论文所发表的期刊分布情况进行分析（见表 2 - 9），其中刊载 2 篇及以上创意旅游论文的期刊数量仅有 7 本，刊载 1 篇的期刊有 32 本。说明研究较为分散，并未形成规模。《旅游学刊》排名第一，其载文量为 6 篇；《资源开发与市场》次之，载文量为 5 篇；《世界地理研究》《四川师范大学学报（社会科学版）》《旅游科学》《经济地理》《西南民族大学学报（人文社科版）》并列第三，载文量皆为 2 篇。

表 2 - 9　创意旅游研究载文量前 7 位的期刊（1998—2019 年）

序号	期刊名称	载文量（篇）	载文百分比（%）
1	旅游学刊	6	11.32
2	资源开发与市场	5	9.43
3	世界地理研究	2	3.77
4	四川师范大学学报（社会科学版）	2	3.77
5	旅游科学	2	3.77
6	经济地理	2	3.77
7	西南民族大学学报（人文社科版）	2	3.77

89 位作者关注创意旅游，但是在本领域进行持续性研究的学者甚少。对 53 篇文献的作者信息进行统计，共涉及 89 位作者，发文量仅 1 篇的作者有 78 人，占全部作者人数的 87.6%；发文量 2 篇的作者有 8 人，占全部作者人数的 9%；发文数量超过 3 篇以上者只有 3 人，占全部作者人数的 3.4%。其中，较高产出作者有上海社会科学院的王慧敏（5 篇）、苏州大学的汪德根（3 篇），北京第二外国语学院的王欣（3 篇）等。总体而言，创意旅游研究领域的研究者人数较少，作者文献产出有限。

表 2 - 10　创意旅游论文发文量 2 篇及以上的作者

序号	作者	发文量（篇）
1	王慧敏	5
2	汪德根	3
3	王欣	3
4	厉无畏	2
5	孙洁	2
6	宋河有	2
7	尹贻梅	2
8	张玉玲	2
9	张玉蓉	2
10	袁俊	2
11	钱佳	2

关键词提供了文章核心内容信息，因此关键词共现分析可用于发现研究主题，以及分析某一知识领域研究的前沿演进。① 时间跨度为 2007—2019 年，时间切片为 1 年，阈值选择 TOP50，运行 CiteSpace，采用寻径剪枝方式进行修剪得到由 148 节点和 274 条连线组成的关键词共现网络知识图谱。从整体图谱（见图 2 - 14）来看，整个共现核心网络比较集中，出现了"创意旅游""旅游""旅游产业""旅游资源""文化创意产业"等核心节点，而且节点之间的联系紧密，"创意旅游""旅游业""可持续性发展""旅游""文化创意"等词位于共现网络的中心位置，连线围绕这些节点朝四周延伸出去。

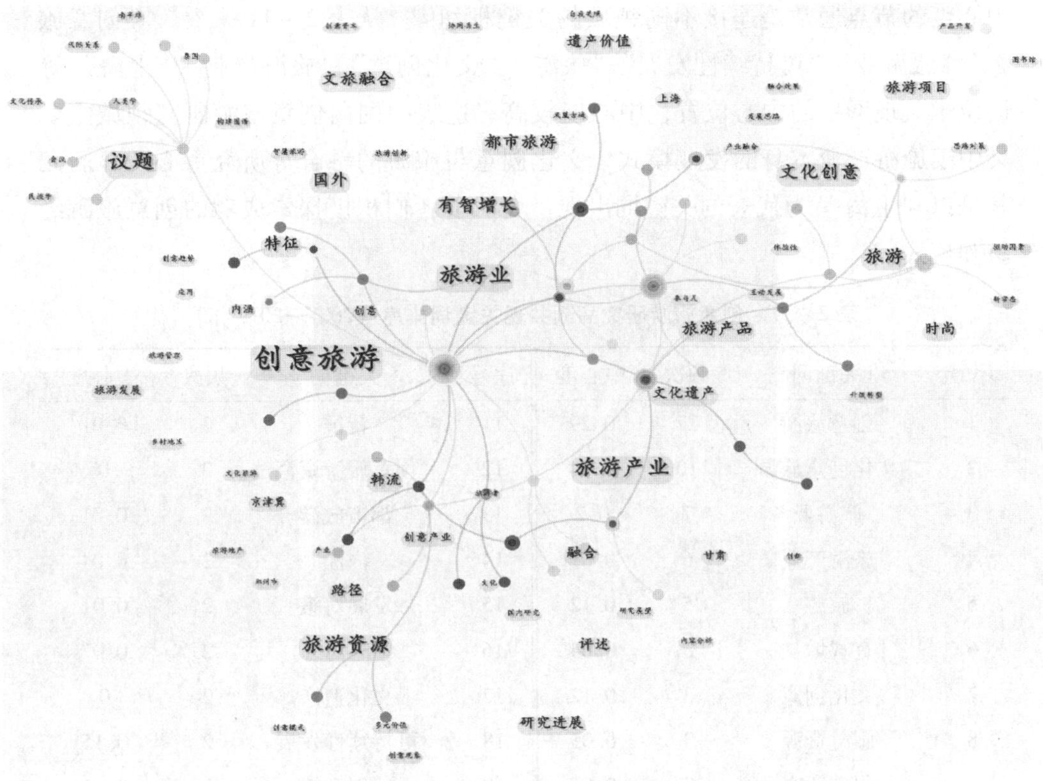

图 2 - 14　创意旅游研究关键词共现网络知识图谱（2007—2019 年）

① CALLON M，COURTIAL J P，LAVILLE F. Co-word analysis as a tool for describing the network of interactions between basic and technological research：the case of polymer chemistry［J］. Scientometrics，1991，22（1）：155 - 205.

　　根据 CiteSpace 运行的结果进行统计，将共现频次大于或等于 11 的关键词进行排序（见表 2 - 11）。从关键词共现频次来看，频次越高，表示该词是学者们关注的热点。共现频次最高的是"创意旅游"，达到 22 次；"文化创意旅游"次之，达 10 次；"旅游业"7 次，"旅游产业"6 次，"旅游"5 次，这些核心关键词都与旅游密不可分。虽然"有智增长""文化创意""创意产业""创意旅游资源""可持续性发展""文化遗产"等关键词频次较低，但反映出国内创意旅游的关注点逐渐转移到了文化遗产以及创意旅游资源的发掘，更加强调创意，特别是文化创意才能为文化旅游带来可持续性发展。

　　从中心度来看，中心度是测度节点在网络中重要性的一个指标，具有较高中心度的节点通常是连接不同领域的关键枢纽[①]。从表 2 - 11 来看，"创意旅游""旅游业""可持续性发展""旅游""文化创意""旅游产业""上海"等词位于共现网络的中心位置，中心度较高。这表明国内创意旅游研究领域主要集中于旅游产业本身的发展模式，文化创意与旅游的融合等研究重心明显。尤其是以"上海"为代表的关键词出现，表明学者们积极探索成功的创意旅游经验和模式。

表 2 - 11　创意旅游研究高频共现关键词排序（2007—2019 年）

序号	关键词	频次	中心度	序号	关键词	频次	中心度
1	创意旅游	22	0.29	11	特征	2	0.01
2	文化创意旅游	10	0.04	12	创意旅游资源	2	0
3	旅游业	7	0.2	13	都市旅游	2	0.01
4	旅游产业	6	0.09	14	内涵	2	0.04
5	旅游	5	0.12	15	发展对策	2	0.01
6	有智增长	3	0.04	16	上海	2	0.07
7	文化创意	3	0.12	17	文化遗产	2	0
8	旅游资源	3	0.05	18	可持续性发展	2	0.15
9	文化创意产业	3	0.06	19	创意	2	0.01
10	创意产业	2	0	20	产业发展	2	0.03

---

① 李杰，陈超美. CiteSpace：科技文本挖掘及可视化［M］. 北京：首都经济贸易大学出版社，2016：89.

2.4.2　研究趋势的整体判断

结合文献计量分析以及对文献内容的详细阅读，可见创意旅游研究呈现多视角化。

（1）创意旅游的研究热度呈上升趋势，研究力量不断扩大。从文化旅游和创意旅游发文量的总体情况来看，创意旅游已经形成一个具有一定规模的聚类，说明创意旅游引起了诸多学者的关注和兴趣。但是从年发文总体数量来看，整体研究尚处于起步阶段。从载文刊物情况来看，近年来在《旅游学刊》等核心期刊上屡屡出现讨论创意旅游的文章，这说明创意旅游具有一定的研究和实践发展空间，是国内旅游行业研究的重点问题。从主题词聚类网络来看，学者们讨论的问题还不够聚焦，研究问题的框架还不够明确。

（2）创意旅游的研究从基础概念理论转向实践发展模式。从关键词共现网络知识图谱来看，"创意旅游""文化创意旅游""旅游业""旅游产业"等关键词不仅是高频词，也是中心词，可以说明这些都是目前创意旅游领域的学者们聚焦的关键主题。但是从关键词以及对文献内容的研读来看，目前研究仍处于对关键名词和术语的辨析阶段，如创意旅游的内涵，创意旅游、文化创意旅游两个概念之间的差别，创意旅游和文化旅游的关系，以及创意旅游的整体作用，对旅游业可持续性发展的影响。创意旅游沿用了创意产业的理论和发展逻辑，创意产业本身就属于一个新兴产业，创意实践发展超过理论研究，理论基础体系尚不完全成熟。因此，国内关于创意旅游的研究多停留于对概念的界定、辨析和比较，探讨创意旅游的基本特征、作用以及发展的潜力和前景。随着创意旅游实践更加丰富，对创意旅游的研究也将逐步深入，创意旅游的实施路径以及对策将得到更多的关注。从"有智增长""发展模式""路径"等关键词可见，"文化创意产业＋旅游融合发展"的模式逐渐成为学者们研究的方向。

（3）创意旅游的研究从宏观的产业发展转向微观的旅游产品和消费者层面。旅游产业的发展终归要落脚到具体的旅游发展实践上，学者们的研究会从微观层面着手，进一步研究创意旅游中个体消费者的行为特点。旅游产品的开发和游客的旅游体验都会成为研究的切入点，特别是创意旅游中如何根据消费者需求来设计开发文化创意旅游产品，如何增强创意旅游中游客的旅游体验，包括创意游客的特征与类型、行为与需求、体验与互动、地方认同与情感依恋等。① 这些都是更加微观、具体的研究问题，能更好地指导旅游企业展开创意旅游实践活动。

2.5 价值共创研究现状与趋势

2.5.1 价值共创理论的发展

价值共创思想最早可以追溯到 19 世纪，主要见于服务经济学的研究文献中。Storch（1823）在研究服务业对经济的贡献时曾经指出"服务过程需要生产者和消费者的合作"，这一观点暗含了服务结果和服务价值创造是由生产者和消费者共同决定的思想（Ramirez，1999）。Fuchs（1968）在研究服务经济和服务产业的重要性时明确指出，消费者是一种生产要素，其作为生产过程的合作因素，会对服务行业的生产效率产生重要的影响。许多服务行业的生产效率在一定程度上取决于消费者的知识、经验、动机和诚实程度（Fuchs，1987）。20世纪60年代，经济学的一个理论分支——消费者生产理论，突破了消费者对价值创造贡献仅局限于服务经济领域的观点，以经济学的方式阐述了消费者的价值创造作用。根据消费者生产理论，厂商提供给消费者的任何产品都不能直接满足消费者的需要。消费者的需要是通过消费者的"生产"来得到满足的，即消费者利用生产者提供的产品或服务以及消费者自己的时间、知识和能力等"消费资本"来创造能够满足自己需要的价值。生产者在这一过程中的首要任务就是帮助消费者完成他们的"生产过程"，生产者在消费者生产过程中所起作用的大小和独特性直接决定生产者的竞争优势与利润（Becker，1965）。在消费者生产理论中，消费者已经扮演了价值创造者的角色。但消费者的生产过程离不开一个基本前提，即消费者生产过程建立在生产者提供物的基础之上，且生产者与消费者之间存在互动。从这个角度讲，价值是由生产者与消费者共同创造的。早期的价值共创思想表明，在价值创造过程中，消费者具有一定的生产性，他们以自己的特定方式与生产者进行合作，并对服务效率和价值创造产生影响。

"共同创造"一词首先是作为营销领域的一个战略被提出来，即企业应该鼓励顾客参与共同设计、开发及生产。后来这一术语被应用于价值创造领域，

---

① 张舒宁，李勇泉. 文化创意旅游：一个亟待学术关照的研究领域——基于 2001—2017 年文献回顾与探讨［J］. 旅游论坛，2019，12（2）：95 – 106.

有了对价值共创的研究。价值共创作为一个较新的概念，近十年才引起管理学界对该研究领域的关注。目前学术界对价值共创概念的理解还没有达成统一，目前主要有以下三种理解：

（1）价值是共同生产的，顾客是共同生产者。有些学者对价值共创概念的理解还仅仅停留在"价值共同生产"的范畴，即顾客参与企业生产领域的一系列活动，从而与企业共同创造价值。如 Kambil 等（1996）将价值共创界定为一个企业与其顾客实现价值的联合生产的过程。Ramirez（1999）认为，除了企业，顾客也可以参与价值的生产，价值是企业与顾客共同生产的，提出了价值共同生产（value co-production）的概念。

（2）价值是共同创造的，顾客通常是价值的共同创造者。随着环境的发展，消费者对价值创造的影响力越来越大，企业应接受以消费者为中心的观点，进入全新的价值创造模式：从顾客的角度出发，让顾客参与价值链的每个环节，在共同创造的体验中，消费者与企业共同创造价值（Prahalad，2004）。Lusch 等（2008）提出的服务主导逻辑（service-dominant logic）也包含了价值共创的思想。服务主导逻辑认为，价值的聚焦已经从交换价值转换到使用价值，企业不能传递价值，只能提供价值主张，价值往往由利益相关者共同决定，顾客通常是价值的共同创造者。我国学者安静（2010）在博士论文中提出，服务系统价值共创强调价值不仅仅是由服务提供者创造的，更是与顾客共同创造的。持该种理解的学者认为，共创的价值是使用价值或体验价值，企业应该设法鼓励顾客参与价值链的各个环节，成为价值的共同创造者。

（3）价值是共同创造的，企业通常是价值的共同创造者。Gronroos（2008）提出，在价值共创过程中，不是顾客获得了参与企业创造价值的机会，而是企业获得了参与顾客价值创造过程的机会，成为价值促进者或者价值共创者，价值共创发生在企业可以积极参与顾客价值产生和直接影响顾客价值创造的过程中。Heinonen 等（2010）提出了顾客主导逻辑（customer-dominant logic）的思想，认为服务主导逻辑仍旧是以企业为主导的逻辑，而顾客主导逻辑通过将关注点从企业过程转向顾客的生活实践而将顾客至于中心位置。顾客主导逻辑认为，价值创造产生于顾客的日常生活实践，即顾客通过企业提供的产品或服务结合自身可利用的其他资源和技能，通过日常生活实践为自己创造价值。持该种理解的学者认为，共创的价值是生活价值（value in life）或者情境价值（value in context），企业不再以顾客提供产品和服务为目标导向，而是以顾客如何利用产品或服务达到自己的目的为目标导向，企业生产营销活动的重点是顾客的消费活动、消费实践、消费体验和消费场景。

从以上三种不同的理解可以看出，价值是共同生产的，顾客是共同生产者。上述看法主要强调生产领域的价值创造，企业可以引导消费者进入生产领域，使其帮助企业设计、开发、生产出更加适合消费者需要的产品，从而给顾客和企业带来利益；价值是共同创造的，企业通常是价值的共同创造者，强调的是消费领域的价值创造，该领域的价值创造是消费者主导的，企业可以通过提供价值主张或者其他手段方法来帮助消费者在消费环境中获得更高的体验价值。

价值共创对传统的价值创造理论提出了挑战。传统观点认为生产者是价值的创造者，而消费者只是被动的价值接受者和纯粹的价值消耗者。价值共创理论的产生彻底改变了消费者的地位，消费者由传统的价值索取者、消耗者转变为价值的共同创造者，甚至是价值的决定者。日渐成熟的消费者渴望拥有权力以及参与价值生产的过程。与此同时，激烈的市场竞争促使企业需要更多来自消费者的需求和创意，而信息科技、互联网以及通信技术的发展恰好为消费者和企业的需求对接提供了平台和机会。

近年来价值共创逐渐成为学术界关注的焦点，文献迅速增多，以C. K. Prahalad，V. Ramasway，S. L. Vargo，R. F. Lusch 和 C. Gronroos 等为代表的学者相继展开了对价值共创的研究。价值共创理论不仅为管理学和营销学界所关注，也被运用到其他各个研究领域，如信息技术、医疗服务、公共服务、教育等领域。学者们采用了多样化的研究方法和不同的研究视角，研究主题变得更加复杂，但是价值共创的理论根基愈加模糊。为了能够系统全面地分析当前价值共创的研究发展现状，进一步厘清国际上价值共创研究的发展脉络及热点和趋势，本研究使用 CiteSpace 对近十年以来 SSCI 数据库所收录的研究成果进行可视化的文献计量研究，以探究价值共创领域的研究热点、发展历程以及未来发展趋势。

2.5.2　研究方法与数据来源

1. 研究方法

科学的进步是一个动态积累的过程，因为任何一个知识领域的发展都建立在先前的理论、研究方法和研究发现的知识基础之上① （M. Shafique，2013）。换言之，学者们在论文写作时会引用别人的研究成果，这就构成了知识域的知识结构。科学知识图谱是以知识域为对象，显示科学知识的发展进程与结构关

---

① SHAFIQUE M. Thinking inside the box? Intellectual structural of the knowledge base of innovation resarch （1988 - 2008） [J]. Strategic management journal, 2013, 34 （1）: 62 - 93.

系的一种图像①（陈悦、陈超美，等，2015）。美国德雷塞尔大学陈超美开发的 CiteSpace 软件，能在 Java 应用程序基础上对科学文献进行可视化分析。与其他科学知识图谱可视化工具相比（Bibexcel，VOS 等），CiteSpace 能利用关键词、学科领域绘制共现网络，还能对作者、文献以及期刊进行共引分析，以此来跟踪研究热点和探测学科研究新趋势②（Chaomei Chen，L1-Yeol Song，Xiaojun Yuan，et al.，2008）。

本研究主要运用文献计量学的共词分析和共引分析方法，以价值共创相关文献数据为研究对象，利用 CiteSpace 对价值共创研究领域的知识结构和热点主题、发展历程以及演进趋势进行可视化分析，为未来研究提供一定的依据。

2. 数据来源

Thomson Reuters 的 WOS 核心数据库通常被认为是进行文献计量搜索的理想数据库③（Thed van Leeuwen，2006），因为它囊括了全球范围内将近 12000 本具有重要影响力的期刊，文献覆盖了 256 个学科领域。此外，WOS 核心数据库包含三个子数据库：SCI-EXPANDED、SSCI、AHCI 数据库。因此，WOS 核心数据库能够为学术研究提供有力的文献及索引信息。为了更全面地了解价值共创学术研究的整体进展，这里选择 WOS 核心数据库作为数据来源，检索主题词为 "value co-creation" "value co creation" 或 "value cocreation"，文献来源类别为 WOS 核心集，文献来源年限为 1900—2015 年，共检索到相关文献 461 篇，操作时间为 2016 年 4 月 29 日。其中，期刊论文 298 篇，占 64.6%；会议论文 143 篇，占 31%；综述论文 14 篇，占 3%；其他通讯报道、会议摘要、更正等非学术性文章 10 篇，占 2%。本研究对 298 篇期刊论文进行文献计量分析，由于期刊论文经过了同行的评审，而且有详细的参考文献，能为该领域研究提供追根溯源的知识根基。

从图 2 - 15 来看，2006 年以前价值共创研究的文献相对较少，学者们多从共同创造（co-creation）展开研究。2006 年开始，学者们聚焦于价值创造研究，

---

① 陈悦，陈超美，刘则渊，等. CiteSpace 知识图谱的方法论功能［J］. 科学学研究，2015，33（2）：242 - 253.

② CHAN C M，SONG I1-Y，YUAN X J，et al. The thematic and citation landscape of data and knowledge engineering（1985—2007）［J］. Data and knowledge engineering，2008，67（2）：234 - 259.

③ LEEUWEN T V. The application of bibliometric analysis in the evaluation of social science research. Who benefits from it，and why it is still feasible［J］. Scientometrics，2006，66（1）：133 - 154.

发文数量呈波动性增长。2010 年以后，整体年度发文总量呈现快速增长的趋势，说明随着知识经济和服务经济不断兴起，顾客与企业共同创造价值成为企业竞争优势的新动力。作为一种新的价值创造现象，价值共创理论受到了来自诸多交叉领域的关注。

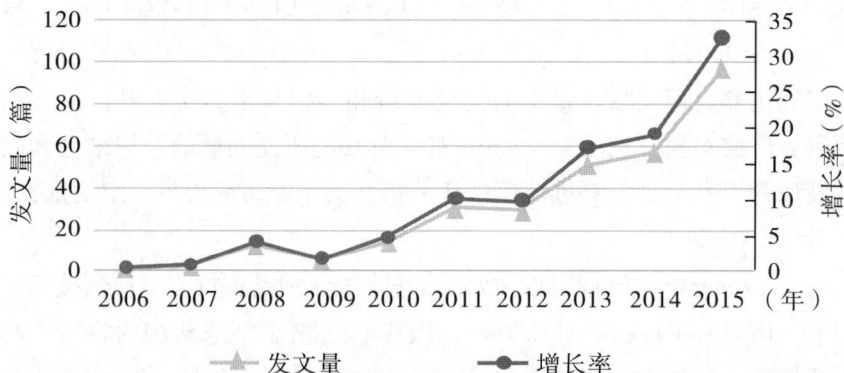

图 2 – 15　WOS 核心集收录的价值共创研究文献的年度分布（2006—2015 年）

2.5.3　结果与分析

1. 文献共被引分析

科学文献不是孤立的，而是相互联系、不断延伸的，科学文献的相互引证反映了科学发展的客观规律①（李杰、陈超美，2006）。原始数据中的被引文献组成了该研究领域的知识基础，而相应的引文则形成了研究前沿②（C. M. Chen，2004）。因此，通过建立被引文献所组成知识基础的聚类网络，可以刻画出这一研究领域的发展脉络，同时能够揭示研究前沿演变的重要知识转折点。本研究分析 2006—2015 年 SSCI 收录刊物所刊载的价值共创论文及参考文献，绘制出文献共被引网络知识图谱，用以辨析价值共创的研究方向，并对各个共被引文献聚类进行逐个分析。具体操作方式如下：时间跨度为 2006—2015 年，时间切片为 1，阈值选择 TOP35，运行 CiteSpace，采用寻径剪枝方式进行修剪，得到由 238 节点和 426 条连线组成的文献共被引网络知识图谱。

① 李杰，陈超美. CiteSpace：科技文本挖掘及可视化 ［M］. 北京：首都经济贸易大学出版社，2016：142.

② CHEN C M. Searching for intellectual turning points：progressive knowledge domain visualization. ［J］. Proceedings of the National Academy of Sciences of the United States of America，2004，101（S1）：5303 – 5310.

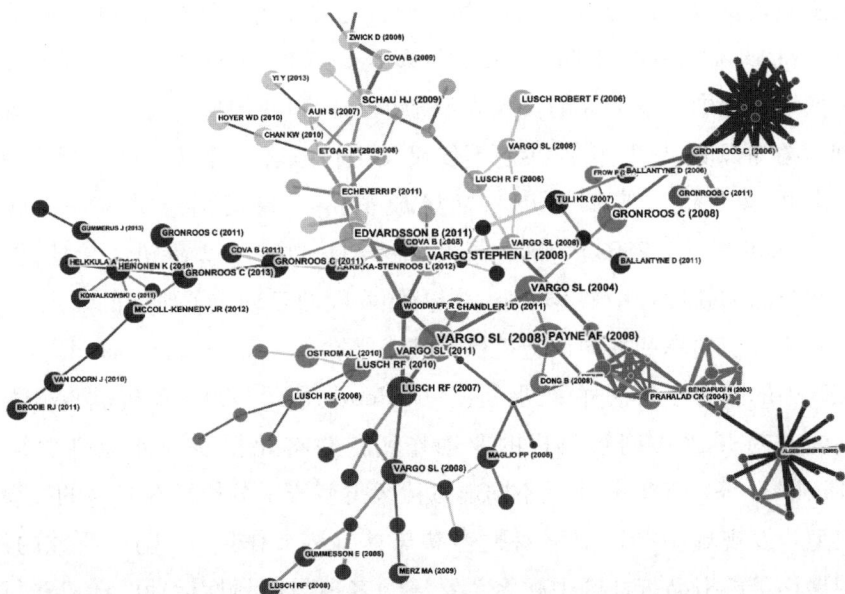

图 2-16 2006—2015 年价值共创研究文献共被引网络知识图谱（最大子网络）

从整体图谱来看，一个集中性较强的最大子网络和一些小且分散的聚类网络和节点已经形成了。从文献共被引时间来看，这些分散的聚类网络和节点首次被引是在 2006—2007 年，处于研究初期，这也符合一个新兴知识领域早期研究呈现离群点群多而分散的状态。随着研究深入，研究主题逐渐集中，形成了最大子网络，本研究关注的重点也是最大子网络。图谱中关键文献节点都被系于这一最大子网络（见图 2-16），节点文献间呈现较强的关联度，并朝四周不断延伸分支，价值共创研究朝着多个学科领域拓展。价值共创研究的知识来源最早追溯到 R. Ramirez、D. B. Holm、D. J. Flint、C. K. Prahalad 等战略管理学家以及 A. M. Isen 和 J. Donath 等消费者行为学家的论著。2000 年以后价值共创研究逐渐活跃，节点文献的被引用频次增加，中心度较高的文献增多，同时节点文献作者大多有营销学和管理学等学科背景，如 N. Bendapudi、I. C. Anderson、S. L. Vargo、R. F. Lusch、C. Granroos 等。

从具体的聚类结果来看，CiteSpace 共识别出 6 个最大的文献共被引聚类，每个聚类 s 值均高于 0.9，聚类效果好，并以相同颜色的连线展示出彼此的关联。根据关键节点文献信息及研究内容，可将价值共创研究划分为技术创新管理视角、战略管理视角、营销与消费者行为视角、服务科学视角 4 个方面。

（1）技术创新管理视角。技术创新管理视角这一聚类包括 14 篇被引文献节点，文献平均发表年份为 2002 年。学者们首先关注新产品开发过程中的顾客价值共创。Eric von Hippel（1986）提到许多重要的工业产品和工艺创新正是企业在顾客使用过程中开发形成的。顾客的知识贡献和使用经验分享能为企业提供产品创新的知识源泉。① 价值共创不仅仅发生在顾客与企业之间，同样也发生在顾客与顾客之间。终端用户与社区成员进行免费信息共享② （Nikolaus Franke，Sonali Shah，2003），这种顾客间的知识共享大大促进了价值的创造。因此，在产品创新过程中顾客与企业以及顾客间的互动成了研究的焦点。另外，科技发展为知识共享和共同创造提供了技术平台③ （K. Jonsson，et al.，2008），虚拟社区中的顾客参与同样受到关注。G. Hertel 等（2003）研究软件开发服务中顾客参与对开放式创新项目的驱动作用，并将此拓展到社会科学领域④。U. M. Dholakia 等（2004）则从不同虚拟社区类型着手分析顾客参与的社会影响因素模型，发现虚拟社区类型对顾客参与具有调节作用⑤。随着研究的深入，学者们聚焦于虚拟品牌社区中顾客关系、顾客参与创新性活动的动机和行为以及品牌社区是如何通过群体认同产生正面的影响等问题⑥ （René Algesheimer，U. M. Dholakia，Andreas Herrmann，2005）。

这一领域研究起步比较早，研究方法相对成熟，除了质性研究外，结构方程、多元线性回归、实验设计等实证研究居多。虚拟社区的研究侧重于利用顾客间的互动来达到价值创造目的，特别是互联网不断发展，基于网络社群成员间互动的价值共创研究仍将持续。

---

① HIPPEL E V. Lead users：a source of novel product concepts ［J］. Management science，1986，32 （7）：791 – 805.

② FRANKE N，SHAH S. How communities support innovative studies：an exploration of assistance and sharing among end-users ［J］. Research policy，2003，32 （1）：157 – 178.

③ JONSSON K，WESTERGREN U，HOLMSTROM J. Technologies for value creation：an exploration of remote diagnostics systems in the manufacturing industry ［J］. Information systems journal，2008，18 （3）：227 – 245.

④ HERTEL G，NIEDNER S L S. Motivation of software developers in open source projects：an internet-based survey of contributors to the Linux Kernel ［J］. Research policy，2003，32 （7）：1159 – 1177.

⑤ DHOLAKIA U M，BAGOZZI R P，PEARO L K. A social influence model of consumer participation in network and small-group-based virtual communities ［J］. International journal of research in marketing，2004，21 （3）：241 – 263.

⑥ ALGESHEIMER R，DHOLAKIA U M，HERRMANN A. The social influence of brand community：evidence from european car clubs ［J］. Journal of marketing，2005，69 （7）：19 – 34.

（2）战略管理视角。企业如何获得竞争优势是战略管理视角下价值共创早期研究的出发点。战略管理研究视角这一聚类包括 22 篇被引文献节点，文献平均发表年份为 2003 年。通过对聚类中关键节点文献进行阅读分析，发现早期研究聚焦于如何利用企业间的商业关系创造价值进而达到获取竞争优势的目的①（D. B. Holm，et al.，1999），这一观点也得到了诸多学者的认可。进一步的研究延伸到供应链管理中买卖双方关系的价值创造，以及企业间战略联盟协作②（J. E. Hogan，2001）。对于关系价值创造的研究，除了企业间关系的研究，学者们也对顾客与企业间关系进行研究。C. K. Prahalad 和 V. Ramaswamy（2000）从整体视角拉开了顾客从"被动的受众"到"主动参与者"角色转变的研究序幕③。顾客共同创造独特的价值成为未来竞争力所在④（G. S. Day，et al.，V. Ramaswamy，2004），而竞争优势来源于买卖双方的共享资源以及企业间的关系⑤（D. J. Flint，2004）。之后随着价值创造的新逻辑出现，研究者也从将价值创造来自产品和服务的旧模式转向价值由体验创造的新模式⑥（G. S. Day，et al.，2004），价值系嵌于个性化体验之中⑦（E. Jaakkola，M. Alexander，2014）。

由于价值共创是一个新兴知识领域，战略管理视角的研究多基于案例分析，聚焦于价值共创的理论框架、模型、命题假设等。随着研究的深入，关系价值共同创造的对象不仅仅局限于买卖双方，还延伸到价值链上相关利益者的共同创造。

（3）营销与消费者行为视角。营销与消费者行为视角这一聚类包括 23 篇被引文献节点，文献平均发表年份为 2009 年。价值创造是一个增加消费者收益的

---

① HOLM D B，ERIKSSON K，JOHANSON J. Creating value through mutual commitment to business network relationships［J］. Strategic management journal，1999，20（5）：467 – 486.

② HOGAN J E. Expected relationship value：a construct，a methodology for measurement，and a modeling technique［J］. Industrial marketing management，2001，30（4）：339 – 351.

③ PRAHALAD C K，RAMASWAMY V. Co-opting customer competence［J］. Harvard business review，2000，78（2）：189 – 190.

④ PRAHALAD C K，RAMASWAMY V. The future of competition：co-creating unique value with customers［J］. Strategy and leadership，2004，32（3）：4 – 9.

⑤ FLINT D J. Strategic marketing in global supply chains：four challenges［J］. Industrial marketing management，2004，33（1）：45 – 50.

⑥ DAY G S，DEIGHTON J，NARAYANDAS D，et al. Invited commentaries on "evolving to a new dominant logic for marketing［J］. Journal of marketing，2004，68（1）：18 – 27.

⑦ JAAKKOLA E，ALEXANDER M. The role of customer engagement behavior in value co-creation：a service system perspective［J］. Journal of service research，2014，17（3）：247 – 261.

过程①（S. L. Vargo, et al., 2008），价值创造方式发生变化，消费者也将变得更加活跃，逐步涉入价值创造的过程。在这一视角下，学者们的研究主要围绕消费者展开，聚焦于价值共创过程中消费者的角色转变②（C. Y. Xie, et al., 2008）、参与方式和涉入程度③（J. van Doorn, et al., 2010），以及消费者价值共创的意愿程度和动机④（R. N. Bolton, S. Saxena, W. P. Carey, 2009）。此外，较多地关注顾客的感知价值，尤其是顾客与企业共同创造了何种价值的解释。学者们发现顾客与企业共同创造了情感价值、社会价值、功能价值、心理价值和效用价值⑤（H. J. Schau, et al., 2009）。同时，学者也从企业角度提出价值共创有益于提高顾客的忠诚度⑥（Johanna Gummerus, et al., 2004），为企业创造经济价值的观点。学者们多用个案、访谈、焦点小组等质性研究方法来进行理论的构建。

（4）服务科学视角。作为新兴的交叉学科领域，服务科学聚焦于通过价值共创来建立服务科学的基础理论、模型及应用以推动服务创新的研究⑦（A. L. Ostrom, et al., 2010）。服务科学理论的发展扎根于共同创造之中，价值共创被视为服务科学理论的核心。从服务科学视角展开研究的文献数量较多，共形成了三大聚类。

第一大聚类由 28 篇服务行业的实践经验研究文献组成，这一聚类的文献平均发表于 2005 年。IBM 公司率先提出了服务科学的概念，并认为服务范式的发

① VARGO S L, MAGLIO P P, AKAKA M A. On value and value co-creation: a service systems and service logic perspective [J]. European management journal, 2008, 26 (3): 145 – 152.

② XIE C Y, BAGOZZI R P, TROYE S V. Trying to prosume: toward a theory of consumers as co-creators of value [J]. Journal of the academy of marketing science, 2008, 36 (1): 109 – 122.

③ DOORN J V, LEMON K N, MITTAL V, et al. Customer engagement behavior: theoretical foundations and research directions [J]. Journal of service research, 2010, 13 (3): 253 – 266.

④ BOLTON R N, SAXENA S, CAREY W P. Interactive services: a framework, synthesis and research directions [J]. Journal of interactive marketing, 2009, 23 (1): 91 – 104.

⑤ SCHAU H J, MUÑIZ A M, ARNOULD E, et al. How brand community practices create value [J]. Journal of marketing, 2009, 73 (5): 30 – 51.

⑥ GUMMERUS J, LIJANDER V, PURA M, et al. Customer loyalty to content-based websites: the case of an online health-care service [J]. Journal of services marketing, 2004, 18 (3): 175 – 186.

⑦ OSTROM A L, BITNER M J, BROWN S W, et al. Moving forward and making a difference: research priorities for the science of service [J]. Journal of service research, 2010, 13 (1): 4 – 36.

展将在更高的研究层面开展，突破营销管理的研究领域。价值共创理论源自共同创造理论在各大服务行业的运用，这些实践经验最先引起学者们的关注。学者们逐步聚焦于特定服务行业，如交通运输业①（L. A. Brainard，2003）、医疗服务业②（E. J. Emanuel, et al.，2003）等，对这些服务行业如何通过顾客参与、服务传递、顾客体验来提高顾客满意度，从而实现价值创造进行了探讨③（N. Benapudi，R. P. Leone，2003）。

第二大聚类由 35 篇服务主导逻辑（Service-dominant Logic，简称 SDL）理论的形成、发展与实证检验方面的文献组成，这一聚类的文献平均发表于 2007 年。社会从"制造时代"进入"服务经济时代"，服务已成为经济活动的重要组成部分。学者们将服务科学视为一个单独的学术研究领域④（H. Chesbrough，2006）。新兴发展的服务科学迫切需要建立以服务为中心的系统性概念基础，从而更好地统领已有的研究成果，服务主导逻辑应运而生。新古典经济学中，价值由生产者创造并在商品交换过程中产生，这便是传统的商品主导逻辑。S. L. Vargo 和 R. F. Lusch（2004）提出一种新的价值创造和价值交换逻辑——服务主导逻辑，并主张以服务主导逻辑替代传统的商品主导逻辑⑤，从此拉开了基于服务主导逻辑的价值共创研究的序幕。早期学者们侧重于对商品主导逻辑与服务主导逻辑的对比分析⑥（R. F. Lusch，S. L. Vargo, et al.，2007）及逻辑演变过程⑦（S. L. Vargo，R. F. Lusch，2008）的研究，多采用定性研究方法说

①　BRAINARD L A. Citizen organizing in cyberspace［J］. The American review of public administration，2003，33（33）：384 – 406.

②　EMANUEL E J, SCHNIPPER L E, KAMIN D Y, et al. The costs of conducting clinical research［J］. Journal of clinical oncology，2003，21（22）：4145 – 4150.

③　BENAPUDI N, LEONE R P. Psychological implications of customer participation in co-production［J］. Journal of marketing，2003，67（1）：14 – 28.

④　CHESBROUGH H. Open business models：how to thrive in the new innovation landscape［M］. Boston，MA：Harvard Business School Press，2006.

⑤　VARGO S L, LUSCH R F. Evolving to a new dominant logic for marketing［J］. Journal of marketing，2004，68（1）：1 – 17.

⑥　LUSCH R F, VARGO S L, O'BRIEN M. Competing through service：insights from service-dominant logic［J］. Journal of Retailing，2007，83（1），5 – 18.

⑦　VARGO S L, LUSCH R F. From goods to service（s）：divergences and convergences of logics［J］. Industrial marketing management，2008，37（3），254 – 259.

明服务主导逻辑在与顾客沟通互动、服务价值创造方面优于商品主导逻辑①（D. Ballantyne，R. J. Varey，2006）。为进一步巩固服务主导逻辑的理论基础，S. L. Vargo 和 R. F. Lusch（2008）提出了十个经典命题，其中包括服务是交换的根本基础、消费者通常是价值的共同创造者，操作性资源（operant resources）是竞争优势的根本来源，服务中心观必然是顾客和关系导向等内容②。随着理论研究的推进以及服务业的快速发展，价值创造发生的阶段以及企业和顾客在价值共创中的角色得到了学者们的关注③（C. Grönroos，2008）。从价值创造的发生阶段来看，顾客与企业共同创造价值的阶段从企业生产过程转移到顾客消费过程之中，企业不再是主导者，而是顾客价值创造的促进者，影响顾客的体验和感知，间接地参与顾客创造价值的过程④（G. Ramani，V. Kumar，2008）。顾客利用企业提供的资源，结合自身具备的知识、技能和经验等创造使用价值。理论框架的建立为后续研究提供了一定的基础。学者们开始从微观层面，采用定量的方法对价值共创在服务科学中的运用进行验证⑤（A. F. Payne，et al.，2008）。

第三大聚类由 14 篇服务创新文献组成，这一聚类的文献平均发表于 2008 年。服务创新是一个与外部行为者尤其是顾客的交互作用过程，本质是以顾客需求为导向并在与顾客互动的过程中进行创新。随着服务主导逻辑研究的集中，学者们意识到服务过程的创新与优化对价值创造非常重要⑥（E. D. Güne，O. Z. Aksin，2004）。服务创新过程是一个价值创造的过程，服务主导逻辑通过对服务、资源、价值、顾客的角色及价值创造等方面的重新认识，为网络环境下服务创新和服务设计提供了一种新思路。

---

① BALLANTYNE D, VAREY R J. Creating value-in-use through marketing interaction：the exchange logic of relating, communicating and knowing［J］. Marketing theory, 2006, 6（3）：335 - 348.

② VARGO S L, LUSCH R F. Service-dominant logic：continuing the evolution［J］. Journal of the academy of marketing science, 2008, 36（1）：1 - 10.

③ GRÖNROOS C. Service logic revisited：who creates value? and who co-creates？ ［J］. European business review, 2008, 20（4）：298 - 314.

④ RAMANI G, KUMAR V. Interaction orientation and firm performance［J］. Journal of marketing, 2008, 72（1）：27 - 45.

⑤ PAYNE A F, STORBACKA K, FROW P. Managing the co-creation of value［J］. Journal of the academy of marketing science, 2008, 36（1）：83 - 96.

⑥ GÜNE E D, AKSIN O Z. Value creation in service delivery：relating market segmentation, incentive and operational performance［J］. Manufacturing and service operations management, 2004, 6（4）：338 - 357.

　　通过对四种不同视角共被引文献的梳理，从各聚类中文献出现的平均年份来看，价值共创研究较早出现在技术创新管理方面，这主要是由于技术的进步，顾客与企业间可以依托更多技术平台来促进知识共享、产品创新。另外在战略管理领域，战略管理中生产者与顾客之间的关系同样是价值共创理论研究的关键内容。从各聚类中的论文数量来看，围绕服务科学视角展开研究的文献最多，特别是服务主导逻辑这一主题的成果颇多，出现了大量高被引文献著作（图2-16中较大的圆圈节点），这主要得益于现代服务业的快速发展。服务经济获得了学者们的关注，而且在未来的研究中，这一视角的研究热度仍会持续。关于对价值共创的探讨，学者大多通过案例研究等质性研究方法对价值共创理论框架及机制等进行分析，尽管部分学者也从数理模型方面进行验证分析，但总体而言实证研究是少数。

　　2. 关键词共现分析

　　关键词提供了文章核心内容的信息，关键词共现分析可用于发现研究主题，以及分析某一知识领域的研究前沿演进[1]（M. Callon, et al., 1991）。这里通过对被引文献关键词共现分析，试图找出近期价值共创的研究热点。本研究时间跨度为2006—2015年，时间切片为1，阈值选择TOP35，运行CiteSpace，采用寻径剪枝方式进行修剪，得到由157节点和318条连线组成的关键词共现网络知识图谱。

　　从整体图谱（见图2-17）来看，"customer value"（顾客价值）一词处于图谱中心位置，通过该节点的连线较多，而且连线较粗。根据CiteSpace的运行结果，该关键词中心度最高。关键词中心度是指某一节点在某一领域中的中介作用及其影响程度，一般认为，关键词中心度超过0.1，即为较强。这说明从该点展开的研究较多，具有较强的影响力[2]。价值共创研究紧紧围绕"customer value"一词为中心，形成了"network（网络）""brand community（品牌社区）""business relationship（商业关系）""consumption（消费）""system（机制）""service dominant logic（服务主导逻辑）""dominant logic（主导逻辑）"等主要关键词共现网络群组。这与前面被引文献聚类分析中的四种研究视角相

　　① CALLON M, COURTIAL J P, LAVILLE F. Co-word analysis as a tool for describing the network of interactions between basic and technological research: the case of polymer chemistry [J]. Scientometrics, 1991, 22 (1): 155-205.

　　② 房宏君. 国内科技人才研究的来源分析和热点分析 [J]. 人力资源管理, 2011 (12): 120-121.

一致。从图 2 - 17 中共现关键词的分布可知，技术创新管理视角的主要研究热点有"network""brand community""innovation"等，战略管理视角的主要研究热点是"commitment""customer perceived value""business relationship"，营销与消费者行为的主要研究热点有"consumption""behavior""co-creation"，服务科学视角的主要研究热点关键词有"system""service dominant logic""dominant logic"等。关键词之间连线颜色的变化反映出研究热点的演变，2006 年研究热点集中于技术创新管理视角，2007 年研究热点多散布于战略管理和营销与消费者行为两类视角，从 2008 年开始研究热点集中转向服务科学视角，直至2015 年服务主导逻辑和服务创新仍是热点议题。在价值共创研究领域，研究视角不断转移，研究热点也发生变化，但总体而言，服务科学视角是目前研究的主要立足点，而服务主导逻辑和服务创新是主要的研究热点。

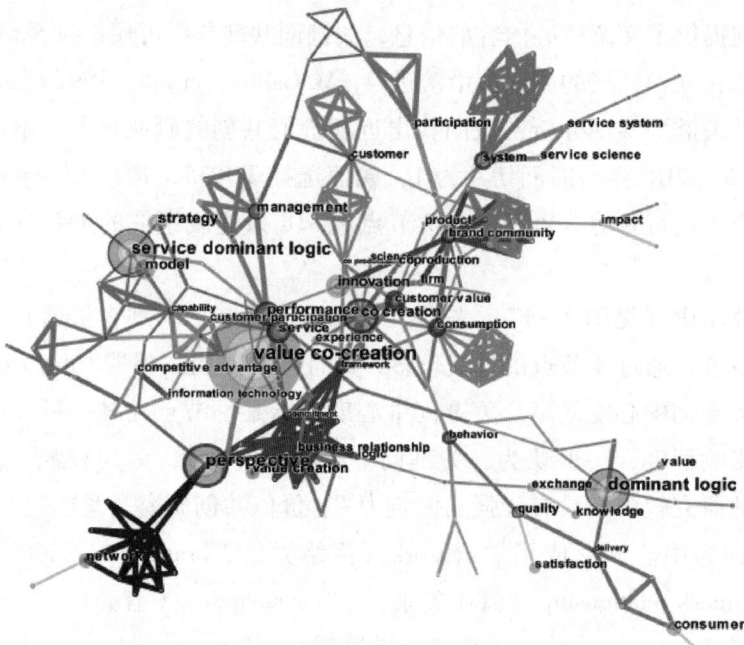

图 2 - 17　价值共创研究关键词共现网络知识图谱

根据 CiteSpace 软件的运行结果统计出价值共创研究各个节点的计量指标。表 2 - 12 列出了关键词共现频次前 10 位的节点信息。频次是指关键词出现的次数或被引的次数，图中的各个圆圈代表节点，节点的大小表示关键词出现的频次；节点越大表示关键词出现的次数越多。在价值共创研究关键词共现网络知识图谱中，除去"value co-creation"本身，排在共现频次第一、二位的是

"service dominant logic" 和 "dominant logic"，分别达到 82 次、72 次。这表明在服务科学视角下，学者们关注服务范式的演进，研究重点包括传统商品主导逻辑、关系主导、服务体验方式、服务主导逻辑及顾客主导逻辑，特别是以价值共创为核心的服务主导逻辑研究是一大热门议题。排在共现频次第三位的 "perspective"（视角）以及进入前 20 位的 "performance、model、strategy、system" 等关键词也保持了较高的共现频次。由于价值共创是一个新兴的知识领域，学者们试图从不同研究视角探索这一领域的整体理论基础，并聚焦于价值共创的表现、模型、策略及系统机理等内容。

表 2 - 12　价值共创研究热点关键词排序列表

序号	关键词	频次	年份	序号	关键词	频次	年份
1	service dominant logic	82	2008	11	network	29	2006
2	dominant logic	72	2006	12	consumer	26	2010
3	perspective	72	2010	13	management	26	2009
4	co creation	54	2008	14	quality	24	2010
5	innovation	45	2007	15	system	23	2008
6	performance	38	2009	16	satisfaction	23	2013
7	model	35	2010	17	experience	23	2010
8	strategy	34	2011	18	participation	22	2007
9	value creation	32	2007	19	consumption	22	2008
10	service	32	2008	20	brand community	20	2007

2.5.4　结论与展望

本研究利用 CiteSpace 文献计量工具对 SSCI 收录的价值共创研究文献数据进行可视化分析。在对 298 篇文献追踪分析的基础之上绘制价值共创研究知识图谱，以呈现价值共创研究领域的整体知识结构、发展脉络和研究热点。近十年来，价值共创研究方面的文献逐渐增多，研究领域分布广阔，涉及 23 大学科，主要有商业、管理学、计算机科学与信息系统以及服务科学等学科。作为一个新兴的研究领域，价值共创研究主要从技术创新管理、战略管理、营销与消费者行为、服务科学四大研究视角展开。学者们较早地从战略管理以及技术创新管理等研究视角着手研究，服务科学成为整个价值共创研究的重要研究视角，特别是服务逻辑主导的研究居于突出的核心地位，是当前甚至未来无可争议的研究重点。价值共创研究热点则是围绕"顾客价值"展开，研究视角、模型、策略、机理等理论基础的构建。

国外价值共创研究取得了诸多有价值的成果，但这一新兴研究领域的相关研究尚未成熟，研究深度和广度有限，未来的研究存在较大空间。

第一，不同研究视角及研究者自身学术主张有差异，价值共创理论尚未形成共识。现有研究多聚焦于概念描述、理论框架、形成机制等方面，很多文献都是在个案分析或者理论推导的基础之上阐释价值共创"是什么""顾客和企业创造什么价值"的概念，部分学者也在不断探索"企业与顾客如何创造价值"，但是理论的完善需要科学、合理的实证检验。因此，未来的研究可以致力于数据测量和实证检验价值共创的作用机制问题，以形成一套系统的理论体系。

第二，随着服务实践的发展，价值创造主导逻辑不断发生改变。从企业单独创造价值的商品主导逻辑发展到顾客与企业共同创造价值的服务主导逻辑，但价值到底由谁创造仍存争论。价值创造研究从企业生产转向顾客消费过程，即价值不一定仅由企业与顾客创造，还有由顾客单独创造或者顾客与顾客合作创造的情况。这种基于顾客消费过程并由顾客创造价值的顾客主导逻辑强调从使用价值、消费者个人情景以及消费者服务体验经历等方面检验服务价值创造①（Kristina Heinonen, et al., 2010）。未来的研究可以比较这些各具特点的主导逻辑，用以完善价值共创理论，并探索企业该如何充分利用这些主导逻辑指导自身的经营管理和实践活动。

第三，在服务营销和管理中，价值是最不确定和难以捉摸的概念②。现有文献研究强调共同创造为企业带来经济、关系、创新与研发等价值，但这仅局限于价值的积极一面。实际上价值共创也有一定的风险，价值的共同创造一旦变成了共同破坏（co-destruction），会给企业管理实践活动造成更大的损害，产生较大负面影响。如有缺陷的共创服务会导致较差的服务体验、降低顾客满意

① HEINONEN K, STRANDVIK T, MICKELSSON J, et al. A customer-dominant logic of service [J]. Journal of service management, 2010, 21 (4): 531–548.

② SÁNCHEZ-FERNÁNDEZ R, INIESTA-BONILLO M, HOLBROOK M. The conceptualization and measurement of consumer value in services [J]. Journal of market research, 2009, 51 (1): 93–113.

度，负面口碑甚至可以通过虚拟社区进行传播①（S Heidenreich，K Wittkowski，et al.，2015）。因此，未来的研究中要正视价值共创消极的一面，探索并发现价值共创运行机制中负面价值产生的环节及影响因素，力图控制共同破坏的产生；同时对于价值共创中产生的负面价值如何进行补救也需要做进一步研究。

第四，从目前的文献研究来看，价值共创研究仍然局限于传统的服务行业。从长远来看，所有经济都是服务经济，不断增加的产业分离、专业化和外包，使得服务成为最重要的经济状态②（S. L. Vargo，R. F. Lusch，2008），这对价值共创理论的发展提出了新的挑战。要使这一理论得到更加广泛的认可和运用，学者们要在现有研究的基础之上不断探索价值共创理论在普通服务行业甚至是传统实体行业的运用，构建具有普适性的价值共创理论和框架，用于指导服务经济时代下不同行业开展价值共创实践活动。

2.6 文献研究述评

1. 妈祖文化研究述评

妈祖文化研究逐渐引起海内外学者的关注和重视，妈祖文化研究领域的成果逐渐丰硕，在发展过程中也形成了以大陆和台湾地区高校与科研院所为主的研究力量。妈祖研究主题主要有妈祖信仰的起源、宗教属性、传播及其功能利用、海峡两岸民间信仰交流、妈祖宫庙建筑、妈祖信俗、妈祖文化等方面。

从研究对象上看，本研究选择 CNKI 数据库收录的公开发表的期刊论文作为研究对象，缺少专著。由于妈祖研究的特殊性，具有影响力的著作颇多，这也是下一阶段研究的重点，之后会将更多专著纳入研究之中。此外，CNKI 数据库能全面收录期刊文献，但是以同样的检索方式，通过国内权威数据库 CSSCI 检索，仅获得 107 篇妈祖研究方面的论文。由此可见，国内妈祖研究方面具有影响力的论文少。因此，国内妈祖研究的学术影响力有待加强。

从研究力量上看，妈祖研究的主要核心力量集中于福建省，以及天津、广东省、澳门等地区。但是从论文合作发表情况来看，国内外学者及学术机构之

---

① HEIDENREICH S, WITTKOWSKI K, HANDRICH M, et al. The dark side of customer co-creation: exploring the consequences of failed co-created services [J]. Journal of the academy of marketing science, 2015, 43 (3): 279 – 296.

② VARGO S L, LUSCH R F. Service-dominant logic: continuing the evolution [J]. Journal of the academy of marketing science, 2008, 36 (1): 1 – 10.

间的合作研究少。国内妈祖研究已经颇具规模，成果丰硕，如何突破"小世界"、加强国内外妈祖研究机构的交流合作是未来学术界研究的重点方向。

从研究领域和方法上看，早期研究对文献史料的整理分析居多。从研究规范性来看，缺少实证调查研究。之后，妈祖研究在文献数量和研究主题上不断突破，并逐步渗透到历史学、宗教学、经济学、社会学、管理学、传播学等学科，妈祖文化、妈祖精神运用到实践中的效果更需要用定量研究的方法来检验。而如何突破宗教学、历史学等研究范式，结合交叉学科理论与研究方法，通过定量研究达到研究的规范性和实证性是下一步要深入研究的课题。

从研究内容上看，大陆妈祖文化的研究趋势是从微观层面来研究妈祖信俗和妈祖文化，强调妈祖资源的开发利用以及与相应领域的融合发展。作为一种文化资源，妈祖文化具有极高的社会、文化和经济价值，诸多学者对此已达成了共识。近年来，学者们已陆续从宗教学、文化学、历史学等角度对妈祖的社会、文化价值理论进行了研究，并取得了一定成果。但在如何有效地开发和利用现有文化资源的问题上，大多数学者的研究只是从政策比较、发展模式等方面着手，较少从微观管理层面对妈祖资源的利用进行分析。

因此，从创意管理角度对妈祖文化资源的开发进行深入研究，一方面要从理论方面对妈祖文化资源深入挖掘，赋予妈祖文化创新性的内涵；另一方面要在实践方面同时代发展特点相结合，利用互联网、新媒体等新传播工具，尝试从受众的视角分析妈祖文化创意产业的开发和妈祖信俗活动的开展。

2. 创意旅游研究述评

创意旅游作为一种新型的旅游活动，区别于文化旅游、生态旅游等旅游活动的重要落脚点在于"新"。熊彼特对于"创新"的定义框架让人思考：与以往各种旅游活动相区别的创意旅游究竟新在何处，出现了哪些新产品，采用了哪些新的生产方法，拥有了哪些新的原材料供应来源，开辟了什么样的新市场？

由于创意产业的边界较为模糊，很难对其进行有效的界定，因此与之相关的概念理论研究仍处于前期探索阶段。对创意旅游的理论研究也一样，学者们对创意旅游的概念界定还未完全达成一致，在研究视角、概念内涵与外延等多方面存在着一定分歧。国外学者倾向于将创意旅游视为一种旅游产品或旅游形式；国内学者则多是从产业视角来认定，认为创意旅游是创意产业的延伸，因此在国内出现了"旅游创意产业""文化创意旅游产业""创意旅游业"等多种概念称谓，这主要是因为国内外对创意产业的表述不一致。英国首先提出"创意产业（creative industry）"这一概念。不同国家或地区对文化创意产业的解释不同，出现过"文化产业""创意产业""版权产业""知识产权产业"等概念，但多数沿用英国"创意产业"这一称呼。目前，国内对创意产业的官方表述主要采用"文化创意产业"。创意产业的称呼较为多样化，以至于创意旅游的称呼也不一致，而且创意旅游并没有一个统一的、普遍接受的定义。虽然研究的不一致会导致整个研究领域很难朝着更深的领域渗透，但是多样化的研究视角也会产生一些新颖的研究方法和成果。

本研究的目的不在于探讨现存文献在定义上的缺陷，而是想遵循学者们最常使用的类型。创意旅游是一种文化旅游融合和拓展的新旅游形式，基于此，本书对妈祖文化创意旅游的研究主要有以下三个核心要素[①]：

（1）文化是创意旅游的前提和基础。文化资源是创意旅游的素材，对文化的消费和体验是创意旅游者的原动力。妈祖信仰是一种地方性的民间宗教信仰，它在千年的发展过程中形成了颇具影响力的妈祖文化。妈祖文化作为一种具有地域特色的宗教文化，对海内外信众和游客有很大的吸引力。因此，妈祖文化创意旅游的研究思路之一就是作为旅游目的地要如何利用妈祖文化资源打造出可以供游客和信众参与的一种新的深刻的文化体验，这种体验应具有审美、知识、情感或心理的本质。

（2）互动式学习与体验共创是创意旅游的实现路径和形式。创意旅游更加强调参与的重要性，包括旅游者和旅游目的地居民、从业者的参与及互动。与大多数的文化旅游者相比，创意旅游者更偏好交互式的体验过程，积极而主动地参与到动态的创造过程，与目的地的人与物产生互动，享受独特、个性的旅游体验。

（3）实现自我发展和目的地的社会经济发展是创意旅游的目标。创意旅游应该实现两个目标：一是通过激发旅游者各自的创意潜能，促进个体的自我发展和个性塑造；二是实现目的地的经济发展和文化保护。

---

① 赵玉宗，潘永涛，范英杰，等. 创意转向与创意旅游 [J]. 旅游学刊，2010，25 (3)：69-76.

第 3 章　妈祖文化资源的开发和利用

　　"吸引力就是旅游资源"。妈祖文化旅游的核心竞争优势来自妈祖文化资源的独特性和稀缺性，这为妈祖文化旅游带来了极大的吸引力，每年都有数百万来自海内外的妈祖信众和普通游客赴湄洲岛朝拜、观光体验。因此，需要对妈祖文化的内涵和外延进行梳理，挖掘更多具有吸引力的妈祖文化资源。一方面，为了更好地对妈祖信俗这一非物质文化遗产进行保护；另一方面，将妈祖信俗这一非物质文化遗产转化为旅游资源，进行可持续开发，发挥其潜在的商业价值。本章对妈祖信仰的产生、发展、演变以及妈祖信仰在不同朝代不同地域的传播方式进行梳理，分析从区域化的民间信仰到妈祖文化的转变，以及妈祖文化的精神内涵与主要功能，分类整理妈祖文化资源的类型和产业价值。在此基础之上，对妈祖文化资源开发利用情况以及妈祖文化旅游发展实践进行了详细的阐述，特别是湄洲岛妈祖文化旅游的具体实践过程和活动。

3.1　妈祖信仰的兴起和演变

3.1.1　妈祖信仰的产生

　　妈祖，莆田湄洲屿（今莆田市秀屿区湄洲岛）人，传说出生于宋代建隆元年（960）农历三月廿三日，于雍熙四年（987）农历九月初九羽化升天。根据民间传说，妈祖从出生至弥月间均不啼哭，父母便给她取名为"林默"，又被称为林默娘，莆田民间也称之为娘妈。

　　最早记载有关妈祖生平的资料来自南宋特奏名进士廖鹏飞于绍兴二十年（1150）所撰的《圣墩祖庙重建顺济庙记》，其中所载："独为女神人状者尤灵，世传通天神女也。姓林氏，湄洲屿人。初，以巫祝为事，能预知人祸福；既殁，众为立庙于本屿。"① 文中记载妈祖生前是位巫女，能预知祸福，在她死后，湄洲当地老百姓为她修建寺庙祭祀她。除了廖鹏飞以外，还有绍兴二十一年

---

① 蒋维锬. 妈祖文献资料［M］. 福州：福建人民出版社，1990：1.

（1151）莆田人黄公度在其遭贬途中游历圣墩顺济庙，并在《题顺济庙诗》中提及："枯木肇灵沧海东，参差宫殿崒晴空。平生不厌混巫媪，已死犹能效国功。万户牲醪无水旱，四时歌舞走儿童。传闻利泽至今在，千里危樯一信风。"宋宁宗嘉定七年（1214），莆田人李俊甫在《莆阳比事》中也写道："湄洲神女林氏，生而神异，能言人休咎，死庙食焉。"宋绍定三年（1230）兴华军莆田县人丁伯桂在《顺济圣妃庙记》中对妈祖的身世进行描述："神莆阳湄洲林氏女，少能言人祸福，殁，庙祀之，号通贤神女。或曰：龙女也。"宋宝祐五年（1257），仙游县尉黄岩孙在《仙溪志》中称妈祖："本湄洲林氏女，为巫，能治人祸福，殁而人祠之，航海者有祷必应。"

根据宋代文献资料记载情况来看，关于妈祖的身世，较为一致的观点是，妈祖是莆田湄洲岛上一名巫术高明的女子，聪明颖悟、能预言祸福，自小钻研医道，教人防疫消灾，而且性情和顺、热情，为百姓排忧解难，行善济世，均乐事为，受到了沿海百姓的爱戴和信赖，在当地群众中形成了很大的影响力。妈祖去世之后，湄洲岛当地居民以"人行善事，死后为神"，视她升天为神，称之为妈祖；并为祭祀她修建了很多妈祖庙宇，将她奉为"海上女神"。至此，妈祖逐渐完成了从巫女到神的转变，并产生了较大的区域影响力。后世信徒不断神化妈祖，有关妈祖的生平事迹和传说亦逐渐完整丰富，至明清时代，更编出许多录书刊布流传。作为海神，妈祖的海上传说很多。在清代《天后显圣录》中，妈祖与海有关的"本传"故事和"灵应"故事就有 30 多则。如生前"本传"的"机上救亲""化草救商""挂席泛槎""收伏嘉应嘉佑"等；升天后的"灵应"故事如"温台剿寇""钱塘助堤""广州救郑和""涌泉给师"等。妈祖就是一位历史化的女海神，妈祖的生平、经历和故事都是经过历代不断增加、完善而成的。信众们相信妈祖的经历在历史上是真实存在的。

妈祖被赋予了解救海难、除寇平患、助人济困、护国保民等神能。随着沿海居民的海上活动频繁，海上活动轨迹不断扩大，妈祖信仰传播速度快、范围广，很快由民间传播至朝廷，由沿海地区流传到内陆川黔滇地区，最终从中国传向世界各地的华人区。①

3.1.2　妈祖信仰的发展和演变

妈祖由民间地方守护神转变为全国影响力最大的海神，历代朝廷在其中起

---

① 苏亚红. "妈祖"形象和名称演变的历史研究 ［D］. 济南：山东大学，2011.

了很大的作用。出于政治上的考量，历代朝廷不断对妈祖进行褒封。自宋徽宗赵佶赐妈祖为"南海女神"至清德宗光绪封妈祖为"天后"，妈祖的封号从"灵女""夫人""天妃""天妃娘娘""天后"直至"天上圣母"，达 36 次之多，封号甚至达到了 64 字之多①，得到朝廷的官方认可。

表 3 - 1   历代朝廷的妈祖封号

年代	封号
宋代	绍兴二十六年封为灵惠夫人 绍兴三十年加封为灵惠昭应夫人 乾道三年加封为灵惠昭应崇福夫人 淳熙十一年加封为灵惠昭应崇福善利夫人 绍熙元年晋封为灵惠妃 庆元四年加封为灵惠助顺妃 嘉定元年加封为灵惠助顺显卫妃 嘉定十年加封为灵惠助顺显卫英烈妃 嘉熙三年加封为灵惠助顺嘉应英烈妃 宝祐二年加封为灵惠助顺嘉应英烈协正妃 宝祐三年加封为灵惠助顺嘉应慈济妃 宝祐四年加封为灵惠嘉应协正善庆妃 景定三年加封为灵惠显济嘉应善庆妃
元代	至元十八年晋封为护国明著天妃 大德三年加封为护国庇民明著天妃 延祐元年加封为护国庇民广济明著天妃 天历二年加封为护国庇民广济福惠明著天妃 至正十四年加封为护国辅圣庇民广济福惠明著天妃
明代	洪武五年封为昭孝纯正孚济感应圣妃 永乐七年敕封为护国庇民妙灵昭应弘仁普济天妃 崇祯十七年加封为护国庇民妙灵昭应弘仁普济安定慈惠天妃

---

① 郭燕燕，龚帆元，张凌. 新时期下对扩大妈祖信仰影响力的探讨研究 [J]. 中国民族博览，2019（1）：43 - 44，47.

（续上表）

年代	封号
清代	康熙十九年重封护国庇民妙灵昭应弘仁普济天妃 康熙二十三年晋封为天后 乾隆二年加封为护国庇民妙灵昭应宏仁普济福佑群生天后 乾隆二十二年加封诚感咸孚 乾隆五十三年加封显神赞顺 嘉庆五年加封垂慈笃祜 道光六年加封安澜利运 道光十九年加封泽覃海宇、天上圣母 道光二十八年加封恬波宣惠 咸丰二年加封导流衍庆 咸丰三年加封靖洋锡祉 咸丰五年加封恩周德溥、卫漕保泰 咸丰七年加封振武绥疆 同治十一年加封嘉佑

附注：清代封号加至同治十一年达六十二字，诏不再加，但光绪元年，诏以"敷仁"二字封台湾苏澳、安平海神，后人遂将之合成为"嘉祜敷仁"四字。今人所书之妈祖封谥全称为：护国庇民、妙灵昭应、弘仁普济、福佑群生、诚感咸孚、显神赞顺、垂慈笃、安澜利运、泽覃海宇、恬波宣惠、导流衍庆、靖洋锡祉、恩周德溥、卫漕保泰、振武绥疆、嘉祜敷仁天后之神。

资料来源：参考蒋维锬的《湄洲妈祖志》、黄婕的《文化妈祖研究》等书对历代妈祖封号的介绍进行整理而得。

妈祖信仰是由朝廷主导、从上而下的全国性崇祀官方信仰[1]。历代中央王朝对妈祖的敕封与褒奖显示了在不同历史时期妈祖信仰的更迭。宋代的海上贸易、元代的漕运、明代的海外交流以及清代的征伐台湾，历代朝廷皆赋予妈祖不同的角色及功能，各有其不同的用意。统治阶级对妈祖的加封和推崇，也是利用妈祖信仰，配合政策需要，为政治服务，这也是妈祖成为海神的重要历史原因，从而影响了妈祖信仰的传播。

---

[1] 苏庆华. 妈祖信仰的发展轨迹和传播：以马、新两国为例 [J]. 华侨大学学报（哲学社会科学版），2012（1）：13–21.

两宋时期，手工业和商业得到了空前的发展，商业方面的税收开始赶超农业，海外贸易与海上交通也有了长足的发展。"古代海上丝绸之路"为海上航行提供了便利，使得宋朝与众多海内外国家在经济、政治、社会文化上展开了频繁的交流。妈祖是保护渔民和航海者的海上女神，在进行海上贸易的过程中，妈祖传说和妈祖信仰也随之逐渐传播到阿拉伯、罗马、伊朗等国家和地区。在妈祖信仰传播到的地方，人们遵照以往的传统并结合当地的习俗开始修建妈祖宫庙，敬奉妈祖神像，并定期举行一些妈祖祭祀活动来祈求出行平安。久而久之，更多的当地居民开始信奉妈祖，妈祖信仰在当地产生了一定范围的影响。

元代时期，统治者基本承袭了宋代的海外贸易政策，开辟了新的海洋航线，与140多个国家和地区建立了贸易往来关系，海上漕运成为元朝的立国之本。随着漕运的兴盛，妈祖逐渐成为全国漕运的保护神，其信仰范围也从东南沿海地区扩大至北方的津京地区。我国沿海港口城市修建和扩建了许多妈祖宫庙，以祈求出海航运时能得到妈祖的保护。此外，鉴于海上漕运对于元朝政府的重要作用，妈祖信仰被元朝中央政府所认可。统治阶级通过行政的力量大力推行妈祖信仰，将妈祖祭祀上升为国家祭典之一，官方的认可使得妈祖信仰在元代得以迅速传播。

明朝时期，倭寇肆虐，朝廷实行了海禁政策，对海上贸易实行了诸多限制。但这并未影响民间与海外各国之间的贸易，反而使闽、粤等地的海商迫不得已转向海外定居，同时也将妈祖信仰带入东南沿海各国，零星地分布于华人聚集区。同时，明代的造船技术有进步，航海经验更为丰富。郑和七下西洋抵达东南亚地区，远及非洲沿海国家和地区，这不仅使中国与海外诸国结成了友好关系，把明朝推向世界海洋大国的地位，也将妈祖信仰随之传播至世界各地。这样的历史机遇促使妈祖香火传递至海外诸国和地区，妈祖文化的影响力不断扩大。

清朝时期，妈祖的神性得到更加强烈的渲染，不仅被当作漕运、盐运的保护神，甚至还在台湾问题上被称为"战神"。妈祖受到官方的重视和礼敬，在清王朝统治的212年里，妈祖得到朝廷15次褒封，从天妃升为天后，成为官方所认可的最高级别的神祇，之后更是将妈祖祭典封为天下三大祭典之一，普天之下行三跪九叩之礼，且昭告下达各省，凡是有天后宫的地区皆要祀奉妈祖。由于清政府的大力推崇，妈祖信仰更是犹如雨后春笋般遍布整个中国。在清代，向妈祖祈求平安已经成为一种普遍的社会习俗。

从1840年到20世纪80年代一百多年的时间里，由于历史原因，大陆的妈祖信仰与其他的民间宗教信仰一样趋于式微。大部分妈祖宫庙或遭破坏，或被摧毁，导致神像被毁，香火断绝。湄洲妈祖祖庙也被拆平，砖瓦、木料等被移作他用。改革开放后，国家制定了宗教信仰自由政策，大陆的妈祖信仰逐渐得以恢复，重获生机。各地的妈祖庙得到重新修葺，在不少地区开始分灵，出现了新的庙宇，妈祖香火更加兴旺。1990 年林文豪先生指出经过一千年的分灵传播，妈祖从湄洲逐渐走向世界，成为一尊跨越国界的国际性神祇①。最新的全球妈祖宫庙的普查结果显示，全世界从湄洲妈祖庙直接或间接分灵的妈祖宫庙已近万座，遍布五大洲43 个国家和地区。妈祖信仰历千年而不衰，妈祖宫庙遍及世界各地。

表 3 - 2　世界各地妈祖庙分布情况（部分）

区域	国家
亚洲	中国、朝鲜、韩国、日本、菲律宾、越南、柬埔寨、缅甸、泰国、马来西亚、文莱、新加坡、印度尼西亚、东帝汶、印度、沙特阿拉伯
欧洲	俄罗斯、英国、法国、意大利、西班牙、挪威、丹麦
美洲	加拿大、美国、墨西哥、苏里南、玻利维亚、巴西、阿根廷、智利
非洲	津巴布韦、莫桑比克、南非、毛里求斯、塞内加尔、尼日利亚
大洋洲	澳大利亚、新西兰、瓦努阿图、斐济、萨摩亚、汤加

资料来源：作者整理制作而成。

3.1.3　妈祖信仰的传播

作为中国原始的本土宗教，民间信仰存在于中国的社会生活中，融合到世俗的制度里，发挥着多样的功能。民间信仰的传承植根于普通百姓一代又一代在日常生活中经历的"言传身教"。妈祖信仰发展的独特性在于从地方信仰到国家认可。妈祖信仰的传播方式十分多样化，其传播主体不仅有海员渔民、商人移民，还有文人艺人、封建官员等，以特定的形式和方式，从沿海、沿江、沿河深入到内地山区，由信仰核心区向外辐射，以蔓延型块状进行传播。

1. 海员渔民传播

海员渔民是妈祖信仰传播的主要力量之一。妈祖信仰发源于福建莆田湄洲，

① 林文豪. 海内外学人论妈祖［M］. 北京：中国社会科学出版社，1992：7.

福建各地渔民不仅奉妈祖为海上保护神,更认为妈祖是行业的祖师。因为福建省位于东海与南海的交通要冲,且人多地少,人们大多靠山吃山、靠海吃海,福建省以海为生的人非常多。古代海上航行风险很大,海上天气变幻莫测,常常出现海上事故。因此,海员和渔民在出行前一定要到妈祖庙烧香祈福,祈求出海平安,妈祖是航海者的精神支柱。郁永河在《海上纪略》中写道:"海神惟妈祖最灵……及海船危难,有祷必应,多有目睹神兵维持,或亲至救援,灵异之绩,不可枚举。"在后人的不断渲染下,妈祖神通广大,每当海上出现危难的时候,妈祖一袭红衣,保佑海上航行平安顺利。面对变幻无常的大海,渔民们常常要在海上与风浪搏斗,生死祸福都在弹指间,因此他们更加迫切需要这样的海上保护神。

宋朝至元代期间,中国的航海事业进入一个高速发展的时期,海上贸易以及海上漕运甚至成为主要的经济命脉,这使得妈祖文化随着海员渔民代代相传,其所到之处必定会修建妈祖宫庙进行祭祀,将妈祖信仰传播到当地。因此,海员渔民成为妈祖信仰传播和传承的重要实践者。

2. 商人移民传播

妈祖文化的传播与福建商人和移民的活动也有着密切的关系。这些商人和移民在所到之处积极兴建妈祖庙宇。北起丹东、营口、秦皇岛、天津、青岛、烟台,南到南京、上海、宁波,直至广州、北部湾都陆续修建了天妃宫。明末至清代,甚至远在数千里之外的河北及京津地区也出现了多处天后宫。不仅沿海地区有天妃宫,内地也有天妃宫,如南平、光泽、浦城、崇安、江西景德镇、贵州镇远等城市均有。日本、马来西亚、新加坡、菲律宾、印度尼西亚、越南等地抑如是。福建商人的船所到之处,妈祖文化也就随之在当地播扬。北方沿海出现的一些妈祖庙,如辽宁营口妈祖庙、天津天后宫、山东烟台天后行宫等,其建筑材料都是闽南一带加工后再经海运运到当地,以资营建。历代福建商人辗转江湖到内地行商的同时,也带动了妈祖信仰的传播。因此,内陆地区妈祖的分布往往也意味着福建商人的足迹所至。

3. 文人艺人传播

妈祖文化的传播离不开文人、艺人的文学作品或者艺术作品。文学作品以书面语言的形式传播着妈祖文化,历经久远,对妈祖文化的传播有着深刻的影响。如宋代刘克庄的《三月二十一日泛舟十绝》,元代马祖常的《送宋诚甫太监祠海上诸神》、虞集的《送宋诚甫太监礼天妃》、王沂的《咏天妃庙马援铜鼓》,明代钱薇垣的《天妃歌》等。历朝历代还创作了大量楹联以颂扬妈祖的至仁至爱。文学作品运用人际传播中的语言符号颂扬妈祖的伟功伟绩,极大地促进了妈祖精神文化在海内外的传播。另外,音乐、舞蹈、绘画、雕塑、建筑、文学、戏剧、电影、曲艺等艺术作品中也频频出现妈祖文化元素,例如莆仙戏《妈祖女神应笑慰》《妈祖出石门望大海》,莆田十音《北台妆》《荔枝楼》《凤和子》等。

4. 封建官员传播

从历代皇朝来看,上至皇帝,下到普通官员对妈祖的重视,对妈祖文化的传承起到了身先为范的作用。历代皇帝都对妈祖进行过赐封,并逐渐升级。宋、元、明、清 4 个朝代 14 个皇帝先后对妈祖褒扬诰封 36 次,从"夫人""天妃""天后"直至"天上圣母",已达到无以复加的地步。妈祖祭典被列入清朝地方的最高祭典,地方官员必须亲自主持春秋二祭,行三跪九叩礼。国家祀典也将其列入其中,妈祖一时成了万民敬仰的"海上女神"。如今在妈祖文化传承方面,政府官员依然起着举足轻重的作用。海峡两岸的政府官员高度重视妈祖文化,推动妈祖文化精神发扬光大。政府官员可凭借极强的政治影响力扩大妈祖文化宣传,尤其是政府的身体力行对妈祖文化的宣传起着示范作用,带动了妈祖文化的传播,鼓励人们继承妈祖文化精神,是妈祖文化的重要传播者。

3.2 妈祖文化的内涵及其功能作用

3.2.1 妈祖文化的定义

从妈祖信仰的产生、发展和演变的过程可知,妈祖被赋予了更多的神秘功能,成为万众敬仰的"万能女神"。妈祖信仰从福建莆田传播至沿海周边地区,随着妈祖影响力的不断扩大,妈祖信仰的内涵和外延不断扩大,逐渐上升为妈祖文化。

传统意义上的文化是指一整套为某一群体所共有或共享的习惯、惯例、习俗、信仰、传统和价值观,其在根本上强调的是人与人之间的关系,或是民族、国家发展的背景①。参照文化的界定,妈祖文化在妈祖信仰这一民间信仰基础之上形成。尽管妈祖信仰缺少正式的教规、教仪等,但妈祖信仰以妈祖宫庙等为物质载体,以祭祀、传说、文学、民歌、舞蹈等为传播途径,寄托了人们对

---

① 杨永忠. 创意管理学导论 [M]. 北京:经济管理出版社,2018.

带给人类社会博爱、安宁、祥和的神祇无限的感激和崇拜。于是妈祖信仰具备了文化的内涵与外延。因此，我们将妈祖文化定义为基于妈祖事迹而形成的，以颂扬妈祖精神为核心，以妈祖宫庙为主要活动场所的一种民俗文化①。妈祖文化涵盖了妈祖信仰以及与妈祖文化相关的所有派生文化，如妈祖头饰、发髻、服装、饮食、祭典仪式、妈祖神像、妈祖宫庙、妈祖朝圣贡品以及妈祖传说和神话等。由此可见，妈祖文化涉及的领域极其丰富，包括宗教学、民俗学、社会学、航海学、建筑学等。

此外，妈祖文化因海而生、因海而兴，民众赋予妈祖最早的神格便是海神。在妈祖民俗活动中处处体现了海洋文化的元素，深深地烙下了海洋文化的印迹。作为中国海洋文化的代表，妈祖文化近千年来一直与我国诸多和平外交活动、海上交通贸易有着密切关联。随着 2009 年"妈祖信俗"被联合国教科文组织列入《人类非物质文化遗产代表作名录》，妈祖文化更是成为全人类乃至 21 世纪海上丝绸之路沿线国家共同的精神财富。

总体而言，本书将妈祖文化定义为以妈祖信仰为主线，以妈祖宫庙、祭祀、传说神话、文学艺术等为主要载体，衍生并融合各种文化元素发展而形成的一种特色文化，是集儒释道文化与海洋文化大成的一种"活态"文化。妈祖文化是劳动人民千百年来尊崇、信仰妈祖过程中遗留和传承下来的物质及精神财富的总称。它衍生并融合各种中华文化元素，是中华民族重要的文化瑰宝之一。

3.2.2 妈祖文化的精神内涵

妈祖信仰从宋代开始形成，经过各朝各代的传播发展，到今天已有一千多年。在这一千多年的发展过程中，妈祖信仰兼容并收，不断与儒、释、道三教融合，从中汲取中华传统文化精髓。妈祖不仅吸纳了佛教观音菩萨消灾解厄、救苦救难、普度众生的神性，而且吸纳了道教碧霞元君、四海龙王等神仙的神通，以及儒家忠义孝悌的思想观念，这些使得妈祖的神功神性大为扩张，神格不断提升②。关键在于，作为一种民间信仰，妈祖信仰在一千多年的发展过程中，不仅能与其他宗教融合发展，吸取不同宗教中的优秀思想和观念为己所用；还能在相互融合的实践中培养自己的兼容性和开放性的品格，可以用"立德、

① 宋建晓."一带一路"视野下妈祖文化传承发展研究：综合卷［M］．北京：人民出版社，2021：2．
② 谢重光．试论妈祖信仰的社会功能［J］．中共福建省委党校学报，2002（1）：67–71．

行善、大爱"这三个词来形容妈祖文化的核心精神内涵。妈祖是慈悲善良的典范，是中华民族传统美德具体表现的化身，妈祖文化以倡导"立德、行善、大爱"精神为核心，以祈求平安、和谐、包容为文化特征。妈祖文化融入了中华民族的传统文化之中，它代表了属于中华民族的核心价值观，凝聚着中华民族传统文化的精髓，是中华民族的文化成果。①

具体来看，妈祖文化内涵主要体现在以下几个方面：

（1）忠君爱国。妈祖作为民族的精神信仰，亦有不少保卫领土的显灵传说。如郑成功驱逐荷兰侵略者时得到妈祖神助的传说；施琅统一台湾时也有"甘泉济师""佑助收艇""澎湖助战"等妈祖庇佑的传说。②。历代朝廷不断对妈祖进行褒封，从历次封号来看，"护国""庇民""助战"等封号充分体现了妈祖"护国庇民"的文化内涵，蕴含着爱国爱家的精神文明元素，这也是妈祖得到历代朝廷支持的重要原因。

（2）勇敢无畏。妈祖文化是中国海洋民俗文化的一个组成部分，是中国海洋精神文化的体现。中国人最信仰的南海观世音和东南沿海一带所信奉的妈祖女神，也是以救苦救难为基本教义的海洋化。视海洋为畏途，视渡海为凶险的观念，已经深深地烙印在中国人的海洋意识中，沉淀在中国的海洋文化之中。在妈祖的传说和故事中有着不少妈祖海上显灵的事迹。妈祖不惧险象环生的大海，为了救护海上遇难的民众牺牲自己的生命。这些事迹都反映出妈祖敢于冒险、敢创敢闯的大无畏精神，而这种精神也激励着世世代代的中国人不畏艰险漂洋过海，建功立业。

（3）孝悌仁爱。妈祖一生慈悲为怀、除恶扬善、济世救人。流传于民间的妈祖神话传说自始至终都贯穿着儒家忠孝、仁爱等齐家治国的思想。"机上救亲""化草救商""恳请治病""祈雨济民""解除水患""驱除怪风""降伏二神""收服晏公""收高里鬼""收伏二怪"等神话传说，虽带有浓厚的神话色彩，但反映了妈祖济世为怀、乐于助人甚至舍己救人的高尚品质。在人们心目中，妈祖是儒家仁爱的化身。正因为如此，妈祖始终受到世人的热忱爱戴与崇敬，这也是妈祖信仰历千年而不衰的原因所在。

---

① 周金琰，何索. 发挥妈祖文化资源作用[EB/OL].（2020 - 08 - 04）[2022 - 11 - 12].
http：//www.0594xyw.com/news - 55128.html.

② 刘福铸，谢丹. 东方女海神妈祖与北欧女海神比较 [J]. 浙江海洋学院学报（人文科学版），2014，31（6）：11 - 15.

3.2.3 妈祖文化的功能

1. 增强社会凝聚力

信仰是社会的凝聚剂，在整合、稳定民间社会方面具有重要的功能，有利于促进社会文化交流和文明进步。妈祖信仰是凝聚闽商会馆成员的主要纽带，也是闽商与当地乡民融合互动的重要介质。闽商通过建会馆、供奉妈祖像维系自己的身份认同。福建会馆不但是同乡会聚之场所，而且集茶楼、饭庄、旅馆的功能为一体。妈祖信仰通过会馆这一载体，不仅强化了商人的精神信念，传承了妈祖文化，而且使商人更加团结。闽商素来强调抱团发展，强调族群团结，有利于增强闽商的凝聚力。

2. 增强海峡两岸民众以及海外侨胞的文化认同感

妈祖文化是两岸民众共同的文化符号。通过举办各种形式的妈祖民俗文化交流活动，妈祖文化内涵变得日益丰富。在这些交流活动中，不同地区的妈祖信众会将他们所在地区在发展过程中所积淀下来的文化内涵、民俗形式展示出来，供两岸交流和传承。以妈祖文化为基石，通过追源溯本发现两岸在文化语言、风俗习惯等方面存在同根同种的关系，增强民众对中华民族的认同感。

3. 推动经济发展

妈祖文化资源具有文化价值和经济价值属性，尤其妈祖文化旅游产业、妈祖文化创意产业等已成为文化产业的重要业态。妈祖文化作为海峡两岸和海外华人华侨的桥梁和纽带，带动了相关资源的互动，推动了两岸及海外的企业实体、民间信众、政府机构、民间组织等互联互通，促进了两岸的文化旅游投资、文化创意产业合作等，辐射作用日益突出。

4. 社会教化功能

妈祖信仰具有一定的社会教化功能，融合了儒释道三教内容，其中以儒家的忠孝观念为主，同时兼具因果轮回等道教与佛教的伦理。妈祖之所以为后人敬仰，主要在于妈祖伟大的精神人格。从某种意义而言，人们对妈祖的忠贞信仰在于对妈祖文化"真、善、美"的认同，对妈祖正义、正直、勇敢、善良等精神的认同。千百年来，众多妈祖信徒之所以崇拜与供奉妈祖，是因为妈祖精神的伟大，因此，妈祖文化的传承对民众的教化起到了潜移默化的作用。

3.3　妈祖文化旅游的发展实践

3.3.1　妈祖文化旅游的潜力及优势

2009 年妈祖信俗被成功列入《人类非物质文化遗产代表作名录》，妈祖信俗以社会实践、仪式、节庆活动类别进行申报，其主要简介为：妈祖是中国影响最大的航海保护神。987 年，福建省莆田市湄洲岛的妈祖因救海难而献身，被该岛百姓立庙祭祀，成为海神。随着航海业的发展和妈祖影响的扩大，历代朝廷封妈祖为"天妃""天后""天上圣母"。妈祖信俗是以崇奉和颂扬妈祖立德、行善、大爱精神为核心，以妈祖宫庙为主要活动场所，以习俗和庙会等为表现形式的一种民俗文化。妈祖信俗传播到世界 43 个国家和地区，为 3 亿多民众所崇拜并传承至今。湄洲岛成为妈祖祖庙的所在地。妈祖文化遗产涵盖宫庙建筑、文献、口述资料、音乐、戏曲、雕塑、绘画、舞蹈、体育、祭祀仪式、饮食服饰等。

作为一种稀缺性的文化资本，非物质文化遗产具有极大的旅游产业价值。开发利用非物质文化遗产资源，并将非物质文化遗产这一古老独特的文化现象应用于旅游业，能丰富游客的体验层次，提升旅游产品的文化内涵，拓宽旅游产品的类型，从而提高旅游地的知名度，促进地区旅游经济的发展[①]。

2009 年妈祖信俗被成功列入《人类非物质文化遗产代表作名录》，自此妈祖文化成为福建莆田一张世界级名片。当地政府很早就开始重视妈祖文化旅游的发展，相对于国内其他宗教文化旅游景点，当地政府采取了多种措施来推动妈祖文化旅游业的开发。在政府和当地民众的努力下，2012 年湄洲岛被文化和旅游部评定为国家 4A 级旅游景区，2004 年湄州岛被评定为全国绿化模范县，2006 年中国文化部报请国务院先后批准《湄洲妈祖祭典》、湄洲妈祖祖庙分别为首批国家级非物质文化遗产和全国重点文物保护单位。2020 年湄洲岛被文化和旅游部评定为国家 5A 级旅游景区。湄洲岛始终把"绿水青山就是金山银山"的理念深植于发展全过程，始终牢记习近平总书记的嘱托，切实保护好湄洲岛，并在未来打造"世界妈祖文化中心核心区以及朝圣岛、生态岛、旅游岛"。

---

① 欧阳正宇，彭睿娟. 非物质文化遗产旅游开发［M］. 长春：吉林出版集团股份有限公司，2016.

妈祖信仰自宋代以来流传于民间，历经千百年的发展，遍布世界43个国家和地区，拥有3亿多信众。"天下妈祖，祖在湄洲"，湄洲岛是妈祖信仰和妈祖文化的发祥地。独一无二的起源地标签、岛上原真性的妈祖民俗活动具有极大的吸引力，使得湄洲岛具有得天独厚的优势。湄洲岛是一座海岛，自身就拥有优美的海岛自然风光、丰富的物产、优越的区域位置、踊跃的外商投资等条件，妈祖文化旅游发展因此快速升温。海内外的游客人数逐年增多，近十年来莆田市国内外旅游人次持续增加，从2011年的971.03万人次，增加到2019年的3977.02万人次。尽管受到疫情影响，2020年有所下降，为2624.6万人次，但是2022年国庆期间妈祖秋季祭典活动的举办吸引了大量游客，这说明妈祖文化旅游具有较强的吸引力和旅游潜力。

与此同时，妈祖文化品牌效应初步显现，海内外妈祖文化传播核心区域也加快了妈祖文化旅游的开发。除了福建莆田以外，福建其他沿海城市，如泉州、厦门等，以及广东、山东、辽宁、浙江、天津、澳门、台湾等省市和地区利用自身已有的妈祖文化资源，打造了妈祖诞辰祭祀朝拜活动、妈祖金身巡游活动，以及举办具有本地特色的妈祖文化旅游节来吸引游客，促使妈祖文化旅游逐渐形成规模和气候。

3.3.2　妈祖文化旅游的空间分布①

从妈祖文化传播的地理空间来看，妈祖文化主要分布在沿海城市和地区，并沿着从南到北，从沿海到内陆山区的轨迹在大陆地区传播；在海外国家和地区，主要沿着古代海上丝绸之路，通过海外贸易从大陆福建向亚洲、欧洲、大洋洲、美洲和非洲等国家和地区逐渐传播。

1. 中国大陆分布情况

在大陆地区，妈祖文化旅游的主要阵地分布于具有地理优势和妈祖文化历史渊源的沿海地区。妈祖文化旅游以沿海妈祖文化旅游资源丰富地区，如福建、天津、广东、山东、辽宁等省份地区，作为发展妈祖文化旅游的主要阵地。福建省莆田地区是妈祖信仰的发源地，此后逐渐向福建其他地区传播。福州、厦门、泉州、长乐、平潭、福清、晋江、惠安、漳浦、东山、宁德、罗源、霞浦等沿海城市和地区都有数量众多的妈祖庙；山区中，仙游、永定、上杭、浦城、

---

① 中国社会科学院舆情调查实验室. 2020 妈祖文化和旅游国际传播影响力调查报告[EB/OL]. (2020 – 11 – 02). http:www.360doc.com/content/20/1102/20/22882061_943754991.shtml.

安溪、邵武等地妈祖庙最为集中。

2. 港澳台地区分布情况

台湾的妈祖文化旅游发展最为成熟、规模最大、影响力最强，香港、澳门妈祖宫庙分布较多，妈祖民俗文化活动丰富。据统计，台湾的妈祖宫庙有 1500 多座，妈祖信众有 1600 多万人。每年台湾举办的"三月疯妈祖"——妈祖巡安绕境，是全台湾每年农历三月规模最大的民间信仰活动，参加人数近 150 万人。台湾的妈祖庙中，北港朝天宫、大甲镇澜宫、鹿港天后宫、新港奉天宫等妈祖宫庙影响力非常大。香港有 57 座妈祖庙，大多数是在清朝兴建或重建的。其中历史最悠久的是佛堂门天后古庙，始建于宋代，至今已有 700 多年的历史。澳门的妈祖文化旅游资源较为丰富，现有 10 座妈祖庙，其中最古老、最著名的是妈阁庙，也是澳门文物中原建筑物保存至今时间最长的。

3. 海外分布情况

妈祖文化在海外传播主要有三种途径：古代海上贸易，福建、广东等地去海外的移民传播，当代华侨华人团体的积极推动。妈祖信仰崇尚善与爱的力量，随着时间的推移，海外华侨华人将之扩展为"和平、和睦、和谐"的范畴。旅居海外的华人身处不同的世界观、价值观下，感受着与中华文化截然不同的文化氛围，正是妈祖信仰促进了华人内部的团结和谐。到目前为止，妈祖文化传播区域已达 43 个国家和地区（见表 3 - 2）。

3.4 湄洲岛妈祖文化旅游目的地概况

3.4.1 地理位置

湄洲岛位于福建省莆田市中心东南 42 公里，是莆田市第二大岛。湄洲岛南北长约 9.6 公里，东西宽约 1.3 公里，全岛南北纵向狭长，形如蛾眉，故称湄洲。全岛陆域面积 14.35 平方公里，人口 4.2 万，海岸线绵延 30.4 公里，属于典型的亚热带海洋性季风气候，年均气温 21 摄氏度，年均降雨量 1000 毫米左右，气候温和，包括大小岛、屿、礁 30 多个。湄洲岛素有"南国蓬莱"的美称，既有扣人心弦的湄屿潮音、九宝澜黄金沙滩、"小石林"鹅尾怪石等风景名胜 30 多处；更有 3 亿妈祖信众魂牵梦萦的妈祖祖庙。在每年农历三月廿三妈祖诞辰日和九月初九妈祖升天日期间，朝圣旅游盛况空前，因此湄洲岛也被誉为"东方麦加"。

3.4.2 主要景点

（1）湄洲妈祖祖庙。湄洲妈祖祖庙在世界妈祖信仰中拥有至高无上的地位和影响力。湄洲妈祖祖庙初建于宋雍熙四年（987），为纪念妈祖而设立，是世界上最早的妈祖庙，故有"祖庙"之尊。"祖庙"即所有妈祖庙之"祖"。湄洲妈祖祖庙后经各个朝代的不断扩建修葺，至清朝乾隆年间后已颇具规模，成为有16座殿堂楼阁、99间斋房的雄伟建筑群。至今，祖庙几经重建修缮，先后建起了寝殿、正殿、钟鼓楼、仪门、山门、大牌坊及梳妆楼、朝天阁、升天楼等。又兴建了祖庙新殿建筑群，有灵慈殿、天后殿、祈福殿、妈祖文化展览馆、顺济殿、钟鼓楼、宫门、大牌楼、天后广场、天后大戏楼、妈祖故事群雕、妈祖碑林、"天下第一印"石刻、祈安洞、摩崖题刻及历代帝王对妈祖36次褒封的巨屏等建筑，该建筑群被誉为"海上布达拉宫"。

祖庙的妈祖雕像也是一大景观。除了巨型妈祖石雕像，还有纯金妈祖、翡翠妈祖圣像、红木妈祖圣像、砗磲妈祖圣像，均为世界之最，已成为湄洲祖庙的新景观。

（2）鹅尾海蚀地质公园。鹅尾海蚀地质公园位于湄洲岛东南端，因其形似鹅尾，岩石奇特而得名，是距今一亿三千多万年时间风化形成的独特奇景。鹅尾海蚀地质公园由"金山坳""飞戟洞""海门""狮子山"和"神石冈"五个部分组成，包括海龟朝圣、圣泉井、飞戟洞、鲤鱼十八节、龙洞听潮、拇指石等数十个景点。

（3）九宝澜黄金沙滩。九宝澜黄金沙滩位于湄洲岛西南突出部，状如一钩新月，悬挂在湛蓝的大海上，被誉为"天下第一滩"。九宝澜黄金沙滩长两千多米，宽达百米，面朝浩瀚无垠的碧海，背依千亩葱茏的木麻黄，滩头奇峰挺秀、怪石嶙峋，令人叹为观止。

（4）莲池澳沙滩。莲池澳沙滩背靠莲池村，面朝台湾海峡，是岛上最具烟火气的海滨。这里的海水洁净、砂质细腻，沙滩坡度小，适合与大海亲近。

（5）湄屿潮音公园。湄屿潮音公园位于湄洲岛最北端，与湄洲妈祖祖庙山接壤，三面临海，山峦起伏，层林叠翠。岩岸海床由于亿万年风浪的侵蚀作用，形成不同的孔、洞、涧、沟，在潮汐吞吐中产生共振作用，会发出有节奏的、由远及近的各种声响，被称为湄屿潮音。湄屿潮音公园还保存着1亿多年的二长花岗岩、黑云母花岗岩、辉绿岩等，经过长期的风涛剥蚀，形成飞鹰岩、群仙赴会、海马望月、少女戏狗等20多处海蚀奇观。湄屿彩虹路位于湄洲岛环岛北路，全长约 1240 米，经过湄屿潮音景点，将人行步道与滨海风光自然融合。

（6）妈祖文化影视园。妈祖文化影视园位于湄洲岛东环路东海岸港楼村，是大型神话电视连续剧《妈祖》的拍摄基地。电视剧拍摄完成后，经过改造，该基地开发建设成妈祖文化影视园向游客开放。该园有风顺牌坊、渔村古堡、妈祖吉祥锁、湄洲古韵、《妈祖》影视展厅、望海台、平安堡、林家大院、神祇、龙宫、海韵阁等 10 多处景点，与院内的风车、古井、山径、木桥、石道、流水等周边景物相映成趣，构成一幅"积淀千年历史文化的宋代渔家村落"的壮丽画卷。

（7）祥瑞湄洲。《祥瑞湄洲》是以湄洲妈祖祖庙为背景的歌舞秀实景演出，在湄洲风情、虔诚的妈祖信俗和庄严的妈祖祭典中加入声光影现代技术，原汁原味地呈现妈祖文化。千年古建筑的典雅之韵与独特的民俗风情高度融合，为观众献上一场视听盛宴。

（8）天妃故里遗址公园。天妃故里遗址公园地处湄洲岛东蔡上林自然村，有妈祖源流博物馆、林氏宗祠、大牌坊、盼归亭、平安塔、青年妈祖铜像等建筑。游客可游览天妃故里，感受民俗风情，缅怀千年女神。

3.4.3　妈祖信俗节庆活动

妈祖信俗是妈祖文化的核心内容，源于人们对妈祖的景仰，是一种常规化的民间信仰习俗。妈祖信俗以崇奉和颂扬妈祖的立德、行善、大爱精神为核心，以妈祖宫庙为主要活动场所，以祭祀、习俗、传说、技艺等非物质文化遗产和庙宇、古迹、祭器等物质文化遗产为表现载体。

（1）祈年典礼。每年正月初三，祖庙董事会都在南轴线的天后殿举办以"新年新岁新气象，祈年祈福祈平安"为主题的祈年典礼活动。海内外妈祖信众遵循古制，同烧高香，共祈五福。

（2）故里元宵。湄洲岛元宵节从正月初八到正月十九，长达 12 天。在这段时间里岛上 14 家妈祖宫庙在本家社宫境内巡安布福。其中尤以祖庙妈祖金身銮驾回诞生地（湄洲东蔡村）巡安、驻跸最为隆重，每年吸引成千上万的海内外信众参加。

（3）天下妈祖回娘家。湄洲岛是妈祖诞生地和湄洲妈祖祖庙所在地。每年都有来自世界各地的妈祖宫庙组团，恭请分灵回湄洲妈祖祖庙寻根溯源、谒祖进香，最大团队人数近万。团队之多，人数之巨，香火之旺，成为湄洲妈祖文化活动中独特的民间文化交流盛况。这一现象被称为"天下妈祖回娘家"。

（4）庙会启动暨升幡挂灯仪式。每年农历三月廿一，祖庙都在圣旨门广场升幡旗、挂红灯，举行庙会启动仪式，向全球妈祖信众宣告妈祖诞辰系列活动开始。在这期间，世界各地的妈祖宫庙会组织信众回湄洲妈祖祖庙谒祖进香，庆祝妈祖诞辰。

（5）三月廿三纪念妈祖诞辰春祭大典。农历三月廿三是妈祖诞辰纪念日，妈祖春季大典都如期在祖庙南轴线天后广场隆重举行。来自海内外的妈祖信众齐聚祖庙，同谒妈祖。妈祖祭典源于宋，历经元、明、清不断扩展充实。清康熙五十九年（1720），妈祖被列为"春秋谕祭"之神，编入国家祀典。

（6）海祭大典。农历九月初九是妈祖羽化升天纪念日，妈祖信众汇聚湄洲岛深澳底，在"海祭福船"上参加祖庙举办的海祭大典活动。祭祀活动是人们缅怀妈祖，也是渔民祈求出海平安，同时表达保护海洋生态的情思的方式之一。

（7）跨年祈福。每年辞旧迎新之际，祖庙董事会都在正殿举行跨年祈福活动。在新年的钟声敲响之时，祖庙花灯璀璨、礼花绽放、鞭炮震天，参加活动的人们笑靥如花。众人同谒妈祖，共祈福祉，祈愿新的一年风调雨顺、心想事成。

（8）晨拜妈祖、诵经祈福。晨拜妈祖是祖庙为传承传统文化，营造庙宇庄严的礼拜氛围，以礼诵《湄洲天上圣母真经》为内容，引领妈祖善信，沐手拈香，祈福祈安。夏季每天早上 6：36 开始，冬季每天早上 7：06 开始，仪式在正殿举行，时长约半小时，向所有信众开放。

（9）妈祖巡游。妈祖巡游是妈祖祭俗的重要形式，其寓意是通过妈祖出游绕境来"扫荡妖氛"，庇护合境黎民平安昌盛。出长管号、大铜锣、大龙旗在前面开道，彩亭、凉伞、大灯、马队、执事、十音、八乐以及身穿"妈祖服"的妇女等组成长达数里的队伍紧随其后。在妈祖出游活动中，最隆重、最有特色的是湄洲祖庙的妈祖金身出游。

第4章　旅游目的地形象与品牌个性

随着旅游业的快速发展，旅游目的地之间的竞争日趋激烈，特别是文化型旅游目的地。文化资源和"人工复刻痕迹"景区旅游目的地形象大同小异，造成同质化现象越来越严重，旅游目的地形象不够突出，缺乏吸引力，进而使得潜在游客分散。品牌个性便是旅游目的地摆脱这种困境、重新获取竞争优势的重要手段。近年来，旅游目的地的管理者和实践者开始逐渐重视旅游目的地的品牌建设。在形象趋同的情况下，为旅游目的地进行有效定位，寻找目的地差异化定位新要素，借以构筑独特且难以被复制的品牌内核，从而提升品牌竞争力，为制定精准的营销战略提供关键的参考依据，就成为当前目的地营销工作的重点。本章在国内外相关文献的研究基础之上，对旅游目的地形象的定义及构成，旅游目的地感知形象以及投射形象的定义、构成要素、测量方法，以及旅游目的地形象与目的地品牌个性之间的关系进行系统梳理，为下一步的实证研究奠定基础。

4.1　旅游目的地形象

4.1.1　旅游目的地形象的定义

旅游目的地形象的定义较为丰富。旅游目的地形象是 1971 年由学者 J. D. Hunt 第一次在他的博士学位论文中提出。他认为旅游目的地形象主要反映的是游客对旅游目的地的主观看法、态度、印象和情感的总和。好的旅游目的地形象能够对旅游目的地进行有效定位，并为制定精准的营销战略提供关键的参考依据。因此，旅游营销实践者非常重视目的地形象。为了塑造一个符合旅游目的地以及有足够吸引力的形象，旅游目的地组织往往需要投入大量的精力和财力去打造形象，然后选择合适的媒介平台和推广渠道向游客传递目的地形象。旅游目的地形象引起了学术研究者和旅游实践者的关注，研究成果非常丰富。

关于旅游目的地形象的定义，大部分学者将其视为一个认知构念，具有高度主观性特征，同时认为它会对游客的旅游目的地的选择、游客行为，以及游客对旅游消费过程的满意度产生重要的影响。而随着旅游目的地形象研究的不断深入，越来越多的学者赋予了旅游目的地形象更多的内涵，对旅游目的地形象的定义由认知层面逐步扩展到情感与精神层面。F. Lawsson 和 M. Baud-Bovy（1977）认为，形象是个人对特定对象或地方的一种知识表达、印象、偏见、想象和情感思想①。A. Tasci 等（2007）则指出旅游目的地形象是思考、观念、感觉、视觉和重游目的地倾向相互作用的一个系统②。总体而言，在旅游目的地形象的定义上，研究者们保持高度的一致性。

关于旅游目的地形象构成要素的研究，学者们认为旅游目的地形象主要有原生形象、引致形象和复合形象三种。国外学者 C. A. Gunn（1972）提出旅游目的地形象可以分成原生形象和诱导形象两个层面，原生形象这一层面主要是指游客在尚未进行实地旅游前时对旅游目的地的看法和印象；诱导形象这一层面则是指游客了解了景区相应的宣传资料和信息，或实地旅游后所形成的目的地形象③。P. Fakeye 和 J. Crompton（1991）对这一理论进行了深化，将旅游目的地形象进一步细分为原生、引致和复合三类④，对原生形象的概念界定与学者 Gunn 一致，而引致和复合形象则分别用来专指游客通过景区宣传材料所形成的形象和实际游览景区之后产生的形象。W. C. Gartner（1996）认为目的地形象由 3 个内部相关层次的部分组成：认知、情感和意动⑤。

通过分析旅游目的地形象的定义，可以将其内涵概括为：①旅游目的地形象是人对目的地的认知以及对目的地产生的情感反映，体现了人的主观性，离开了人，也无所谓旅游目的地形象。②旅游目的地形象通过目的地的民俗民风、服务态度、旅游基础设施等诸多特征来展现，展现出的主要特征可以让外界对旅游目的地有大致的认识。③反映目的地在人们心目中的总体印象，人们根据

① LAWSSON F, BAUD-BOVY M. Tourism and recreation development: handbook of physical planning [M]. London: Architectural Press, 1977.

② TASCI A, GARTNER W C, CAVUSGIL S T. Conceptualization and operationalization of destination image [J]. Journal of hospitality and tourism research, 2007, 31 (2): 194 - 223.

③ GUNN C A. Vacationscape: designing tourist regions [M]. Austin: Bureau of Business Research, University of Texas, 1972.

④ FAKEYE P, CROMPTON J. Image differences between prospective, first time and repeat visitors to the lower Rio Grande Valley [J]. Journal of travel research, 1991, 30 (2): 10 - 16.

⑤ GARTNER W C. Tourism development: principles, processes, and policies [M]. New York: John Wiley & Sons Inc, 1996.

旅游目的地的相关信息，并结合自己的主观判断后所形成的对目的地的总体印象。

4.1.2　旅游目的地形象的构成

对于旅游目的地形象的构成，C. A. Gunn（1972）首次明确地将游客或潜在游客形成的旅游感知形象分为两类：原生形象和引致形象。P. Fakeye 和 J. Crompton（1991）进一步将形象分为三类：原生形象、引致形象与复合形象。W. C. Gartner（1993）在旅游感知形象变化的分析研究中指出，由原生形象和引致形象构成的复合形象决定着非本地居民和游客对旅游地的形象感知。P. Kotler 和 H. Barich（1991）认为旅游目的地形象包括发射性形象和接受性形象，发射性形象是旅游目的地对自身的各种旅游资源进行有效整合，并对游客有针对性地进行传递的代表形象，接受性形象是游客受多种信息媒介或实地旅游体验而形成的形象。[①]

随着旅游行业的蓬勃发展，旅游目的地实践活动更加丰富，关于旅游目的地的理论研究也逐渐增多，学者们对旅游目的地形象的概念研究也更加深入。学者们开始突破了以往仅从游客的视角进行研究的局限，将研究视角从游客转向旅游形象的塑造者，旅游目的地形象的研究视角从游客的"感知形象"转向旅游目的地的"投射形象"。投射形象是旅游目的地组织试图树立起来的官方形象，而感知形象则是通过游客对投射形象传播效果的接收和个人主观思考而形成的印象，这两种形象结合起来共同构成了旅游目的地形象。沿用前人学者们的这一思路，本研究分别从旅游目的地游客的"感知形象"和旅游目的地组织者塑造的"投射形象"两个视角出发，测量湄洲岛文化价值主张的输出和接收情况。

4.2　旅游目的地感知形象

4.2.1　旅游目的地感知形象的定义

旅游目的地感知形象是潜在游客和现实游客对旅游目的地产生的认识与印

---

① KOTLER P，BARICH H. A framework for marketing image management ［J］. Sloan management review，1991（2）：94－104.

象①。旅游目的地感知形象从游客视角展开研究，游客在互联网社交平台上发布个人旅行经历、感受、心情等，通过文字资料、图片、短视频等向外界传达自身所感知的旅游目的地形象。旅游目的地感知形象是游客在接收到官方输入的宣传推广信息资料之后，结合自身的知识结构、出游动机、需求和经历等对旅游目的地的认知。

4.2.2　旅游目的地感知形象的构成要素

旅游目的地感知形象的构成要素是测量的重要参考指标。在旅游目的地形象研究伊始，学者们将旅游目的地形象等同于旅游目的地感知形象，并从游客的角度来分析旅游目的地形象的构成要素，已形成了不同的观点。很多关于旅游感知形象组成要素的研究多从游客对目的地的认知形象切入，但是考虑到每个旅游目的地之间存在诸多差异，比如旅游吸引物、地理环境特征、人文环境特点等不尽相同，因此，到底要采用哪些构成要素来测量旅游目的地感知形象，学者们并未形成一致的观点。

A. Beerli 和 J. D. Martín（2004）从以下 10 个方面构建了旅游目的地感知形象，包括自然资源、常规设施、旅游设施、旅游休闲和娱乐、文化、历史和艺术、政治和经济因素、自然环境、社会环境以及当地氛围②。C. M. Echtner 和 J. R. B. Ritchie（1993）构建了 3 个层面的旅游感知形象模型，分别是"整体的—属性的"连续体、"功能的—心理的"连续体和"通用的—独特的"连续体③。随着文化旅游业的发展，国内学者的研究成果也不断丰富。李蕾蕾（1999）认为游客感知形象主要包括人—地感知和人—人感知两大系统，人—地感知指的是游客对旅游地所在地理环境实体的感知；人—人感知指的是游客对旅游地人文社会的抽象感知④。付业勤等（2012）将游客的网络评论文本作为分类依据，从景观、环境、餐饮、住宿、交通、游览、购物七大要素进行分

①　GROSSPIETSCH M. Perceived and projected images of Rwanda：visitor and international tour operator perspectives［J］. Tourism management，2006，27（2）：225 – 234.

②　BEERLI A，MARTÍN J D. Factors influencing destination image［J］. Annals of tourism research，2004，31（3）：657 – 681.

③　ECHTNER C M，RITCHIE J R B. The measurement of destination image：an empirical assessment［J］. Journal of travel research，1993，31（4）：3 – 13.

④　李蕾蕾. 旅游地形象策划：理论与实务［M］. 广州：广东旅游出版社，1999：40 – 41.

类，以此作为构成要素来分析鼓浪屿的旅游感知形象①。

旅游目的地感知形象构成要素的分类复杂多样，Seyhmus Baloglu 和 K. W. McCleary（1999）两位学者共同提出了"认知—情感"模型，这得到了多数研究者的肯定和支持。这一模型主要将旅游目的地感知形象分为认知形象和情感形象，这两种形象共同构成了旅游目的地总体形象②。

根据上述分析，本研究将采用 Seyhmus Baloglu 和 K. W. McCleary 提出的"认知—情感"模型来对湄洲岛妈祖文化旅游目的地的游客感知形象进行测量。

4.2.3　旅游目的地感知形象的测量方法

关于旅游目的地形象的测量研究，学者们多采用结构法和非结构法等方法对旅游目的地感知形象进行测量。其中，结构法主要为问卷调查法，通过问卷调查获取数据，并利用 SPSS、AMOS、STATA 等统计分析工具，采用因子分析、回归分析、IPA 分析等方法分析旅游目的地的游客感知形象。非结构法主要通过深度访谈、专家意见法、网络文本等搜集资料，并借助质性研究方法，如 NVIVO、ATLAS – TI 等工具，对旅游目的地形象进行测量和分析。互联网的普及让许多游客能够通过平台发布个人旅游后的感受和体验，这为研究提供了非常便利且丰富的研究数据资料。

4.3　旅游目的地投射形象

4.3.1　旅游目的地投射形象的定义

旅游目的地投射形象是指旅游目的地形象塑造者试图在潜在游客心目中打造有关旅游目的地的观念和印象③。旅游目的地投射形象的概念最早产生于市场营销研究领域。1991 年，"现代营销学之父"菲利普·科特勒教授在《营销形象管理研究框架》一文中首先提出了旅游目的地的"投射形象"和"接受形

---

① 付业勤，王新建，郑向敏. 基于网络文本分析的旅游形象研究：以鼓浪屿为例［J］. 旅游论坛，2012，5（4）：59 – 66.

② BALOGLU S, MCCLEARY K W. A model of destination image formation［J］. Annals of tourism research，1999，26（4）：868 – 897.

③ 高静，焦勇兵. 旅游目的地品牌差异化定位研究：基于品牌个性视角［J］. 旅游学刊，2014，29（3）：49 – 57.

象"的概念。其中，"投射形象"是旅游目的地组织所塑造的官方形象，而"接受形象"则是旅游目的地游客的感知形象。

4.3.2 旅游目的地投射形象的构成要素

旅游目的地投射形象的研究起步较晚，研究成果相对少。在投射形象的构成要素上，一方面要考虑游客这一信息接受主体的特点；另一方面要考虑融合旅游目的地各个方面的资源要素。因此，旅游目的地组织者和实践者在打造旅游目的地投射形象时，往往会从旅游资源、旅游产品、基础设施和旅游服务状况等四个维度进行塑造。基于此，Bui（2010）提出了从目的地的购物方便程度和价格低廉度、食品的美味独特程度以及本地民众的友好程度等 22 个层面来构建旅游目的地投射形象[1]。国内学者王磊等（1999）则从旅游资源、旅游设施、旅游产品组合、旅游基础设施和旅游服务状况五个方面塑造旅游目的地投射形象[2]。廖卫华（2005）在研究中指出，旅游地形象的组成要素包括核心要素（自然与人文环境特征）、基本要素（核心旅游吸引物）、支持要素（旅游服务、社会及宏观环境）三个层次和五个维度[3]。

4.3.3 旅游目的地投射形象的测量方法

与游客感知形象测量一样，旅游目的地投射形象也主要通过结构法和非结构法进行测量。结构法的测量研究主要是通过问卷调查来获取测量资料，并利用 SPSS、AMOS、STATA 等数据统计分析软件进行因子分析和 IPA 分析。非结构法则是通过对旅游目的地组织者在不同平台和媒介上发布的宣传材料进行内容分析，并从宣传资料中归纳总结旅游目的地的投射形象。一般来说，宣传材料主要包括互联网官方平台或者官方新媒体上发布的介绍旅游目的地情况的音频视频、图片文字等资料。

综上所述，根据现有的旅游目的地形象、感知形象、投射形象的定义、构成要素以及测量方法等成果，本研究将旅游目的地形象界定为旅游目的地在信息传播过程中所展现出来的综合形象，主要包括游客角度的感知形象和旅游形象塑造者角度的投射形象。感知形象和投射形象都包含三个维度，即认知形象、

---

① BUI H T L, PEREZ G S A. Destination branding: the comparative case study of Guam and Vietnam. [J]. Journal of international business research, 2010（2）: 95 – 110.

② 王磊，刘洪涛，赵西萍. 旅游目的地形象的内涵研究 [J]. 西安交通大学学报（社会科学版），1999, 19（1）: 25 – 27.

③ 廖卫华. 旅游地形象构成与测量方法 [J]. 江苏商论，2005（1）: 140 – 142.

情感形象和整体形象。本研究以此作为湄洲岛妈祖文化旅游目的地形象组成因素构建的分析依据。

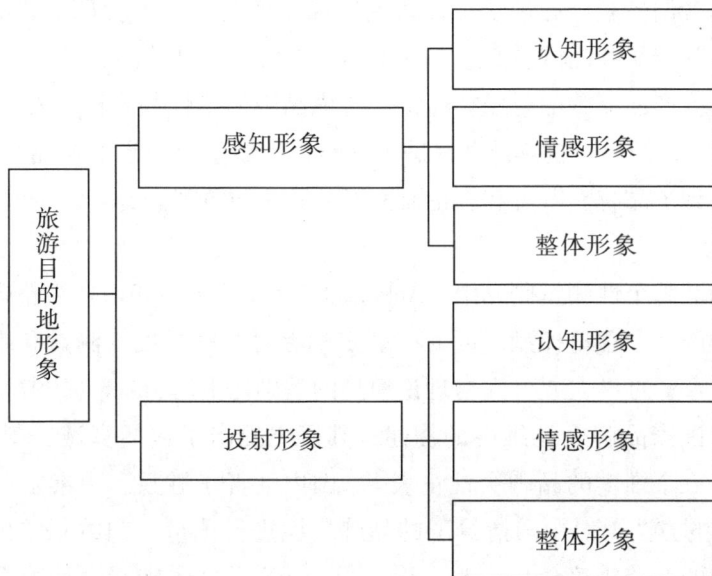

图 4 - 1　旅游目的地形象概念关系图

4.4　旅游目的地品牌个性

4.4.1　品牌个性理论

1. 定义

一个强大的品牌可以使其产品或服务与竞争对手的区分开来①。对于消费者而言，品牌可以降低搜索成本②，最小化感知风险③，显示高质量④，满足消

---

① LIM K, O' CASS A. Consumer brand classifications: an assessment of culture-of-origin versus country-of-origin [J]. Journal of product and brand management, 2001, 10 (2): 120 - 136.

② BISWAS A. The moderating role of brand familiarity in reference price perceptions [J]. Journal of business research, 1992, 25 (3): 251 - 262.

③ PITT F L, BERTHON P, HULBERT J M. Brand management prognostications [J]. MIT sloan management review, 1999, 40 (2) 53 - 65.

④ EKINCI Y, HOSANY S. Destination personality: an application of brand personality to tourism destinations [J]. Journal of travel research, 2006, 45 (2): 127 - 139.

费者的功能和情感需求①。

品牌个性是指一系列与品牌相联系的人类个性特征②。品牌本身不具备人格个性，学者们借鉴了心理学个性研究理论，将人类个体所具备的个性特质赋予品牌，使其产品和品牌看起来与众不同，特别是与其他同类型品牌得以区分。消费者在选择产品品牌的时候，通常会考虑品牌的个性与自己"相似"或"互补"的认知③，倾向于挑选那些品牌个性与自我形象相一致的产品品牌。因此，品牌个性得到了品牌实践者和理论研究者的关注与重视。

2. 量表

现有的品牌个性测量研究中，Aaker 的"大五"（big five）人格理论模型算是较为成熟的一个理论模型。因此，诸多学者对品牌个性的测量和维度构成都是建立在 Aaker 的"大五"人格理论模型的基础之上。Aaker（1997）最先研究的是某一个国家品牌个性维度的构建，其研究提出了包括真诚、刺激、能力、高尚和粗犷五个维度的品牌个性量表④。国内学者李胜兵、卢泰宏（2003）运用了 Aaker 的方法，对中国情景下的品牌个性进行测量，归纳总结出中国本土化品牌个性的五个维度：仁、智、乐、勇、雅⑤。总体来看，品牌个性研究最初集中于个性的构成维度及其跨文化适用性方面，在开发出具备较好的信度和效度及文化适用性的量表之后，研究深入到品牌个性与重购、品牌忠诚、品牌资产等变量之间关系的分析中，并发现品牌个性能够对这些变量产生积极的影响，这使品牌个性研究主题吸引了众多研究者的关注和兴趣。

4.4.2　旅游目的地品牌个性概述

1. 定义

学者们将品牌个性引入旅游目的地研究，旅游目的地个性被定义为"与旅

---

①　BHAT S, REDDY S K. Symbolic and functional positioning of brands［J］. Journal of consumer marketing, 1998, 15（1）: 32 –43.

②　AAKER D A. Building strong brands［M］. New York: Free Press, 1996: 347.

③　周永博，程德年，胡昕，等. 生活方式型旅游目的地品牌个性建构：基于苏州古城案例的混合方法研究［J］. 旅游学刊, 2016, 31（7）: 85 –95.

④　AAKER J L. Dimensions of brand personality［J］. Journal of marketing research, 1997, 34（3）: 347 –356.

⑤　李胜兵，卢泰宏. 品牌个性维度的本土化研究［J］. 南开管理评论, 2003（1）: 4 –9.

游目的地相关的一组人类性格特征"①。对于旅游目的地而言，独特而鲜明的品牌个性可以帮助它们从同质化的竞争中脱颖而出，帮助建立和巩固游客与旅游目的地之间的关系，影响游客的消费行为，获得可持续的竞争力②。旅游目的地形象和品牌个性对旅游目的地营销管理具有重要意义。③ 许多理论研究主要集中于品牌、品牌形象、品牌建设和品牌管理，而实证研究则将研究主题扩展到品牌个性的测量、品牌形象与个性的关系、目的地个性对游客行为的影响。

2. 量表

品牌个性一直是国内外学者们关注的重点议题，同时，学者们已对品牌个性的测量和模型构建进行了大量的研究。基于 Aaker "大五" 人格理论模型，S. Hosany、Y. Ekinci、M. Uysal（2007）提出真诚、兴奋和愉悦三个品牌个性维度④。Ahmet Usakli、Seyhmus Baloglu（2011）调查发现有活力、有教养、有能力、现代化及真诚是拉斯维加斯目的地品牌的个性维度，并提出绝大部分游客可以翔实地描述出旅游目的地的品牌个性特征，还验证了"游客会把属于人的性格特征主观地投射到旅游目的地上"⑤。Burhan Kilic、Serhat Adem Sop（2012）通过对土耳其的博德鲁姆（Bodrum）进行调查研究，提出了充满活力、真诚、有能力及有教养是该地区主要的品牌个性维度。⑥ 李薇薇、白凯、张春晖（2014）通过对翠华山国家地质公园的研究，提出了科学研究体验、景观呈现、审美体验三个品牌个性维度⑦。马建峰、杨芳（2014）通过对福州三坊七巷旅游目的地形象和品牌个性的研究，提出了文化历史性、闲适性及愉悦三个

---

① AAKER J L, FOURNIER S. A brand as a character, a partner and a person: three perspectives on the question of brand personality [J]. Advances in consumer research, 1995, 22 (1): 391 – 395.

② EKINCI Y, HOASANY S. Destination personality: an application of brand personality to tourism destinations [J]. Journal of travel research, 2006, 45 (2): 127 – 139.

③ 周永博，程德年，胡昕，等. 生活方式型旅游目的地品牌个性建构：基于苏州古城案例的混合方法研究 [J]. 旅游学刊, 2016 (7): 85 – 95.

④ HOSANY S, EKINCI Y, UYSAL M. Destination image and destination personality [J]. International journal of culture tourism and hospitality research, 2007 (1): 62 – 81.

⑤ USAKLI A, BALOGLU S. Brand personality of tourist destinations: an application of self-congruity theory [J]. Tourism management, 2011, 32 (1): 114 – 127.

⑥ KILIC B, SOP S A. Destination personality, self-congruity and loyalty [J]. Journal of hospitality management and tourism, 2012, 3 (5): 95 – 105.

⑦ 李薇薇，白凯，张春晖. 国家地质公园品牌个性对游客行为意图的影响：以陕西翠华山国家地质公园为例 [J]. 人文地理, 2014, 29 (3): 143 – 149.

品牌个性维度①。高静、焦勇兵（2014）比较了西湖、鼓浪屿、上海外滩等三个客流量较大的目的地，通过网络点评文本提出了感官吸引、文化魅力、精神利益、生活方式和现代气息五个品牌个性维度②。

事实上，Aaker 品牌个性理论并非放之四海而皆准。Aaker 的品牌个性量表在不同的旅游目的地情境下并不完全适用。不同类型的旅游目的地，如乡村旅游、文化遗产旅游、黑色旅游和宗教旅游，与其他旅游目的地有明显区别，因此并没有一种品牌个性测量方法能够适用于所有类型的目的地。此外，宗教旅游地品牌个性的研究较少。中国学者对宗教的研究兴趣与日俱增，在过去十年里推动了中国新兴的宗教文化旅游市场。中国大陆约有 13 万处宗教场所成为旅游景点。本研究以妈祖文化发源地湄洲岛为个案，构建妈祖文化旅游目的地品牌个性量表，进而为妈祖文化旅游目的地塑造独特的旅游目的地形象。

4.4.3　旅游目的地形象与旅游目的地品牌个性的关系研究

旅游目的地形象及其品牌个性都是旅游目的地营销的核心要素③。C. M. Echtner 和 J. R. B. Ritchie（1993）的研究表明，旅游目的地形象是"一般性"和"独特性"的统一体④，而旅游目的地品牌个性研究则更重视目的地形象中的"独特性"。在部分文献中，学者们往往会将两者直接等同，而有些学者则认为这两者是从属关系。不论两者是何种关系，旅游目的地品牌个性与旅游目的地形象高度关联，而且相互影响，不仅会产生积极正面的影响，也会产生负面消极的影响。旅游目的地品牌个性具有可建构性，这也是旅游目的地输出文化价值主张的重要手段，因此，要注意塑造旅游目的地的正面、积极形象，构建品牌个性特点。

基于此，本研究结合湄洲岛妈祖文化旅游目的地品牌化，提出妈祖文化创意旅游目的地品牌形象影响其品牌个性的研究假设。

---

① 马建峰，杨芳. 文化遗产类旅游目的地品牌个性研究：以福州三坊七巷为例 ［J］. 中南林业科技大学学报（社会科学版），2014（5）：29 - 34.
② 高静，焦勇兵. 旅游目的地品牌差异化定位研究：基于品牌个性视角 ［J］. 旅游学刊，2014，29（3）：49 - 57.
③ CHEN C F, PHOU S. A closer look at destination：image, personality, relationship and loyalty ［J］. Tourism management, 2013, 36（1）：269 - 278.
④ ECHTNIE C M, RITCHIE J R B. The measurement of destination image：an empirical assessment ［J］. Journal of travel research, 1993, 31（4）：3 - 13.

第 5 章 湄洲岛的游客感知形象分析

游客借助互联网平台可方便获得游前、游中、游后的信息需求。其中通过网络游记获取信息，将出游后所形成的旅游地感知形象以游记、点评的形式发布也成为很多游客的习惯，这些游记所提供的信息成为其他游客的重要参考。网络游记所塑造的游客感知形象已成为旅游地形象传播的主要途径，对游客作出旅游决策有重要影响。感知形象是指潜在游客和现实游客对旅游目的地产生的认识与印象，包含认知形象、情感形象以及由认知形象和情感形象复合而成的整体形象。在感知形象中，认知形象是指游客对旅游地属性的感知，情感形象是游客的感情型认识，最终在认知形象和情感形象的作用下形成整体形象。本章基于游客视角的"认知—情感"模型，从认知形象和情感形象两方面来构建湄洲岛妈祖文化旅游目的地整体形象的主要测量维度，通过在国内知名旅游经营类网站收集湄洲岛的网络游记，采集湄洲岛旅游评论文本，对其进行初步筛选和整理，并采用网络文本分析法建立网络文本分析类目，统计网络游记的主次类目描述频数，挖掘游客对湄洲岛旅游的文本情感，了解游客对湄洲岛间接和直接感知后的认知、情感和整体印象的表达。

5.1 数据来源与研究方法

5.1.1 数据来源

互联网为游客提供了表达旅游感受的平台，也为研究提供了丰富的素材和文本数据。随着互联网经济的发展，国内涌现出一大批知名的旅游在线平台，如携程、驴妈妈、马蜂窝、飞猪等，其运营业务广泛且全面，覆盖面广，综合服务好。这些旅游在线平台均设置了攻略社区，为游客提供了线上旅游目的地信息交流平台。湄洲岛是非物质文化旅游目的地，在海内外具有较高知名度，能够有效获取大量的网络旅游游记。

本研究数据收集操作时间为 2020 年 1 月 23 日，利用网络爬虫工具以及人工收集等方式，从记录旅游评论与游记内容较多的旅游在线平台携程网、马蜂窝、同程旅游网站的攻略社区，以"湄洲岛""妈祖祖庙""妈祖文化"为关键词搜集游客在线评论，选取游记时间定于 2012 年 12 月 1 日至 2019 年 12 月 31 日期间，其中包括元旦、清明节、劳动节、中秋节、国庆节以及春节等国家法定节假日，共得到游记 142 篇。之后进行数据的清洗筛选，删除广告、凑字数、图片视频等无效游记 30 篇，并将同一作者发布的多篇游记合并为一篇，共有 112 篇在线评论可作为研究资料，通过手工整理收集得到 202834 字的研究文本。

5.1.2 研究方法

网络文本分析法主要是对大量的文本进行简化、压缩和分类的系统研究方法。通过识别出的文本信息特征得出研究结论[①]，并在高频词统计的基础上，对相关词汇进行深入挖掘研究。

采用 Rost Content Mining 6 对文本内容进行分析，先将主要地名纳入自定义词典，过滤无明显指代意义的词，利用文字替换功能把意义相同但说法不同的词语进行替换。将"湄洲岛""妈祖祖庙""黄金沙滩"等主要地名，"林默""默娘""妈祖""天妃""天后""天上圣母""娘妈"等人名，"卤面""妈祖平安面""海蛎煎"等特色食品纳入自定义词典。过滤无明显指代意义的数量词、代词、副词，利用 Word 文字替换功能把意义相同但说法不同的词语进行替换，如将"妈祖庙""妈祖祖庙""湄洲祖庙"统一换为"祖庙"。从游记文本中的高频特征提取游客基本特征、情感分布状况、语义网络矩阵，以分析游客对湄洲岛的形象感知，进一步识别湄洲岛品牌个性。

5.2 湄洲岛游客客源地特征分析

游客客源地特征对研究旅游目的地的形象感知十分重要，在一定程度上影响游客的感知形象。本研究需要研究湄洲岛的客源特征，即通过旅游在线平台攻略社区，手工收集于 2012 年 1 月至 2019 年 12 月发布游记的游客信息，记录游客的客源地信息，对于同一个账号撰写多篇游记仅记录一次，得到游客客源地信息 122 条。将具体的地名都换成该地所属的省级行政区名称，统计出现频数，整理并制作出湄洲岛游客客源地特征频数统计表（见表 5 - 1）。

---

① 孙小龙，林璧属. 基于网络文本分析的旅游商业化符号表征研究：以西江苗寨为例 [J]. 旅游学刊，2017，32（12）：28 - 36.

表 5 - 1   湄洲岛游客客源地特征频数统计表

特征类别	地区	频数	特征类别	地区	频数
第一阶梯	福建	35	第三阶梯	四川	3
	北京	15		重庆	3
	上海	10		河北	3
	广东	10		陕西	1
第二阶梯	浙江	9		黑龙江	1
	辽宁	8		安徽	1
	天津	6		湖北	1
	江苏	5		吉林	1
	山东	5		湖南	1
	江西	4			

数据来源：根据游记的游客信息数据统计分析得到。

在客源地方面，可以看出湄洲岛的客源市场分布较广，基本上覆盖了中国的大部分地区，而且客源市场受地域、经济发达程度与交通的影响。为了使研究更加便利与高效，将收集到的客源地按出现频率由高到低排序，将频数大于10的客源地划分为第一阶梯，频数大于3且不大于10的客源地划分为第二阶梯，频数不大于3的客源地列入第三阶梯。

其中，处在第一阶梯的是福建、北京、上海、广东，在湄洲岛游客客源地特征频数中位居前列，频数皆大于10次。湄洲岛位于福建省内，地理交通的便利和文化的相近吸引了来自厦门、福州、泉州、龙岩等福建省的游客。此外是以来自北京、上海、广东地区为主的游客群体。北京、上海、广州作为我国的一线城市，经济发展速度快，经济实力强。《中国在线旅游发展大数据指数报告2018》中指出客源地存在梯度转移趋势，一线及新一线城市是2018年上半年国内旅游主力军[①]。在榜单"全国出发地TOP10"中，北京、上海、深圳和广州占据前四名，与湄洲岛省外客源的出发地排名前三名基本相符。

———————

① 中国旅游研究院，携程联合实验室. 中国在线旅游发展大数据指数报告2018[EB/OL]. (2018 - 10 - 10)[2020 - 2 - 17]. http://www.travel china.com.cn/txt/2018 - 10/10/content_65583205. htm.

从第二阶梯可以发现两个特点：一是距离福建越近的省份，客源市场排名越靠前，如浙江、江西作为相邻省份互相扶持，打造和谐的旅游市场；二是妈祖文化传播影响力较大的省市，客源市场较大，比如辽宁、天津、江苏、山东等。"天下妈祖，祖在湄洲"，文化的同根性和相近吸引了众多游客前来寻根溯源。

第三阶梯中客源地的频数开始逐渐减小。从地域分布来看，多为中西部省份地区，如四川、重庆、陕西、安徽、湖北等，以及华北和东北地区，如河北、黑龙江、吉林。这些地区距离福建较远，地方文化差距较大，相对来说游客较少。但是随着福建的交通体系越来越成熟，移动互联网使得文化传播更快捷便利，湄洲岛的海景风光和独特的民俗文化会吸引更多的潜在游客。

5.3 妈祖文化旅游目的地感知形象高频词统计分析

通过 Rost Content Mining 6 软件对湄洲岛游记文本进行词频统计，按照出现频数由高到低的顺序选取前 50 位高频词进行分析，如表 5 - 2 所示：

表 5 - 2 湄洲岛游客感知形象高频词统计

排序	词汇	词频	词性	排序	词汇	词频	词性
1	妈祖	1732	名词	26	渔民	294	名词
2	湄洲岛	1345	名词	27	买票	267	动词
3	文化	1254	名词	28	码头	231	名词
4	沙滩	873	名词	29	信仰	189	名词
5	祖庙	765	名词	30	景区	145	名词
6	风景	672	名词	31	海风	145	名词
7	莆田	573	名词	32	湄屿潮音	133	名词
8	景点	567	名词	33	好玩	129	形容词
9	游客	558	名词	34	文化遗产	126	名词
10	祭拜	512	动词	35	乘坐	124	动词
11	门票	498	名词	36	东方麦加	118	名词
12	美丽	475	形容词	37	时间	116	名词
13	故乡	462	名词	38	风俗	108	名词
14	海鲜	438	名词	39	旅游	104	名词

（续上表）

排序	词汇	词频	词性	排序	词汇	词频	词性
15	日出	412	名词	40	建议	97	动词
16	酒店	397	名词	41	假日	95	名词
17	公交车	386	名词	42	交通	92	名词
18	到达	373	动词	43	电动车	86	名词
19	习俗	351	名词	44	小时	84	名词
20	台湾	348	名词	45	值得	70	动词
21	收费	341	动词	46	路线	63	名词
22	广场	336	名词	47	虔诚	63	形容词
23	环境	337	名词	48	标志	59	名词
24	香火	321	名词	49	大约	58	副词
25	渡轮	318	名词	50	惬意	53	形容词

数据来源：根据高频词数据统计整理而得。

通过表 5-2 可以看出，排名前 50 位的高频词中有 38 个名词，占比 76%；7 个动词，占比 14%；4 个形容词和 1 个副词，共占比 10%。

1. 高频名词分析

表 5-2 中共有 38 个名词性高频词，所有高频词的总计频数为 15131 次，其中频次高于 500 的名词性高频词有 9 个，分别为"妈祖、湄洲岛、文化、沙滩、祖庙、风景、莆田、景点、游客"。频次在 400~499 之间的名词性高频词有 4 个，分别为"门票、故乡、海鲜、日出"。频次在 300~399 之间的名词性高频词有 8 个，分别为"酒店、公交车、习俗、台湾、广场、环境、香火、渡轮"。频次在 200~299 之间的名词性高频词有 2 个，分别为"渔民、码头"。频次在 100~199 之间的名词性高频词有 9 个，分别为"信仰、景区、海风、湄屿潮音、文化遗产、东方麦加、时间、风俗、旅游"。频次在 0~99 之间的名词性高频词有 6 个，分别为"假日、交通、电动车、小时、路线、标志"。

妈祖是游客对湄洲岛典型的感知形象认知。词汇频次出现较高的有："妈祖""湄洲岛""文化""祖庙"等。浓厚的文化氛围和悠久的历史是游客选择湄洲岛的重要动机，"妈祖祭典""妈祖服饰""妈祖饮食"等是对游客有着较为强烈吸引力的品牌代表元素。湄洲岛妈祖庙香火旺盛，传统的祖庙建筑物是妈祖文化景点的重要象征。一些妈祖信众以祭拜妈祖为主要目的，顺带观光其自然景观。"习俗""香火""信仰""东方麦加"这些词表明湄洲岛有着浓厚的宗教氛围,游客到湄洲岛朝拜旅游,净化心灵。游客来湄洲岛之前一般对妈祖文化都会有所了解,妈祖在游记中出现的频次也是最高,妈祖文化传播范围广,吸引力大,但妈祖文化的发展和传播需要进一步的创新推广与开发建设。

岛内的自然风光是湄洲岛品牌形象的重要元素。这些词主要为"沙滩""日出""风景""海鲜""海风"。在游记文本中,有很多内容描写了海上日出日落、看海、感受海风、赞美海滩的兴奋和舒适,以及赶海、玩沙的开心,游客游玩的兴致比较高。大海作为湄洲岛旅游目的地的品牌代表性资源以及"天下第一滩"的美好形象,是湄洲岛的品牌优势。

2. 高频动词分析

"祭拜、到达、收费、买票、乘坐、建议、值得"这7个词位列动词性高频词前50位,总计频次达到1784次,是反映游客旅游过程和旅游感知的行为动词。"祭拜"表明了游客到湄洲岛朝拜旅游的动机——净化心灵。"到达"和"乘坐"是游客记录旅途常用到的动词,详细的描述反映了游客对游览时间、方式和路线的重视。"收费""买票"反映了景点的收费和购票给游客留下了印象。作为5A级景区,湄洲岛游客数量较大,特别是在春秋祭典期间人流量更大,这就会造成拥堵。而且由于湄洲岛是海岛,进出岛需要购买门票,岛上景点需另外收费,因此,给游客留下了较为深刻的印象。"建议"反映了游客对景区的服务与设施存在不满之处,希望能够得到完善,管理部门应该虚心接受建议并提出对策;"值得"反映出游客对湄洲岛的感知有较强的主观性,并且对其可观赏性持肯定态度。

3. 高频形容词、副词分析

高频词排在前50位中的形容词和副词共5个,占10%,即"美丽、好玩、虔诚、大约、惬意"。形容词中的"美丽"和"惬意"反映了游客对湄洲岛景区自然风光的直接感知,"好玩"反映了湄洲岛作为海岛型旅游景区,其各类体验式旅游活动让游客充分体验在海边游玩的乐趣,使游客留下了深刻的印象。"虔诚"则直接反映了游客对湄洲岛妈祖文化人文景观的感受,其作为宗教文化旅游目的地给游客留下了关键的印象。游客在湄洲岛旅游体验情感评价主要为"美丽""好玩""虔诚""惬意"等词,旅游体验是游客与湄洲岛产生了联系，通过网络游记传递自身的感悟，这样会间接影响其目的地品牌个性感知。①

副词"大约"是表示估计的副词，回归游记文本中是指对时间（游玩时间、乘车时间、排队等候时间）和路程（游览路程、车程）的估计，反映了游客对游览时间和行程有较强的感知。

5.4　妈祖文化旅游目的地感知形象情感倾向分析

情感倾向分析主要是用来判断网络文本传递的情绪属性是正面、中性还是负面的②。借助 Rost Content Mining 6 软件对收集到的湄洲岛妈祖文化旅游评论语句进行情感倾向的判断。

统计结果显示，游客对湄洲岛的旅游形象感知整体呈积极情绪的占 60.45%；中性情绪的占 25.37%；消极情绪最少，占 14.18%。而 60.45% 的积极情绪中有 15.49% 属于高度积极情绪，一般积极情绪所占比例最高，为 27.8%。这反映出游客对湄洲岛的形象感知虽然呈积极性，但是仍有很大的上升空间；消极情绪的部分虽然没有高度消极情绪的评价，但是一般消极情绪和中度消极情绪也必须引起重视。

为了进一步对游客的文本情感的积极情绪和消极情绪进行挖掘，以了解游客在湄洲岛旅游体验过程中的满意情况，本研究使用 ATLAS－TI 7，从游客的满意和不满意两个方面对文本进行编码分类。

5.4.1　满意方面

1. 自然景观

在湄洲岛旅游形象感知中，自然景观是游客提及率最高的，共有 135 个编码节点。在游记文本中，游客对湄洲岛的海景、沙滩以及环境等景观非常满意，如"海水净蓝，民风淳朴，舒适清静是湄洲岛给我最大的印象。""……没有过度开发，这里风景很美，沙滩、朝霞、日落都特别美，这是我至今见过的最好看的海了。"湄洲岛得天独厚的海岛景观成为最具识别性的旅游吸引物符号，甚

① 陈晔，李天元，赵帆. 目的地网络界面对旅游者体验及品牌形象的影响［J］. 旅游学刊，2014，29（10）：31－41.
② 程圩，隋丽娜，程默. 基于网络文本的丝绸之路旅游形象感知研究［J］. 西部论坛，2014（5）：101－108.

至有游客提到"岛上的气息很舒适，让人身心放松，有种想定居的冲动"。

2．人文景观

在人文景观中，"妈祖文化"共有127个编码节点。作为海上女神妈祖的诞生之地——湄洲岛，与妈祖紧紧连在一起，游记内容表明了游客感受到"妈祖祖庙建筑规模大，好雄伟""这里有各种各样的妈祖像……""岛上可以拜妈祖，据说很灵的"等。妈祖的高知名度吸引了海内外一大批游客，妈祖文化为湄洲岛营造出浓厚的人文气息以及安静祥和的旅游氛围，如有游客提到这里"民风很淳朴，虽然听不懂当地的语言，但是并未让我感到陌生，反而有一种说不出的亲切感……"此外，富有地域特色的美食也成为湄洲岛感知形象中最吸引人的旅游符号，"莆田菜太好吃！推荐海蛎煎，炒米粉，海蛎汤，莆田卤面，顿顿吃都不腻！"这些都使游客感到放松和舒服。

3．管理服务

设计管理服务的编码节点有24个。湄洲岛的管理措施和完善服务也给游客留下了深刻的印象。岛上交通便利，"岛上交通有公交和公共自行车。公交去几个景区都OK"。进出岛以及景区门票在微信公众号或者网络平台即可购买，十分便捷，"支付完即可去景区扫描进园"。

5.4.2　不满意方面

1．消费支出

"门票""贵"等高频词在文本分析中不断出现，共计35个编码节点。通过对游记文本分析发现，游客对湄洲岛的消极情绪主要是因为消费支出过高，集中于轮渡船票贵、餐饮价格高，景点单独收费以及岛上电瓶车收费混乱，如"轮渡的事，快艇100多元，普通轮船也要80多元，来回的……岛上卤面15元一碗，皮蛋瘦肉粥20元左右一碗。稍微贵一些。其他海鲜类的就贵得多"，"花了门票钱，上岛之后发现几个好玩好看的地方还要另外收钱"，"到了岛上就是各种电瓶车拉客，有时候还会看到司机和游客吵起来"。这些现象都让游客产生了消极情绪，对整个湄洲岛景区形成负面口碑。

2．旅游体验项目

旅游体验编码节点共有13个。湄洲岛的高人气、高知名度吸引了海内外众多游客和妈祖信众。每逢农历三月妈祖诞辰祭拜或者秋季祭拜，会出现因为游客太多造成拥挤的情况，"人多"降低了游客的体验质量。此外，湄洲岛"景点档次有待提高，开放力度不够，活动项目一般般"。以文化旅游为主导的景点，不仅需要增加体验性项目和活动，同时也要避免过度的商业化开发导致原真性缺失，降低游客的好感度。

5.5　语义网络关系图分析

为了进一步挖掘湄洲岛的品牌个性形象，本研究利用 Rost Content Mining 6 软件并借助 NetDraw 将游客的网络游记绘制成湄洲岛游记高频词的语义网络关系图（见图 5 - 1），以直观地显示游客网络游记里出现的高频词之间的联系程度，一个高频词出现的线条越多，表示该高频词与其他高频词之间的联系越紧密。①

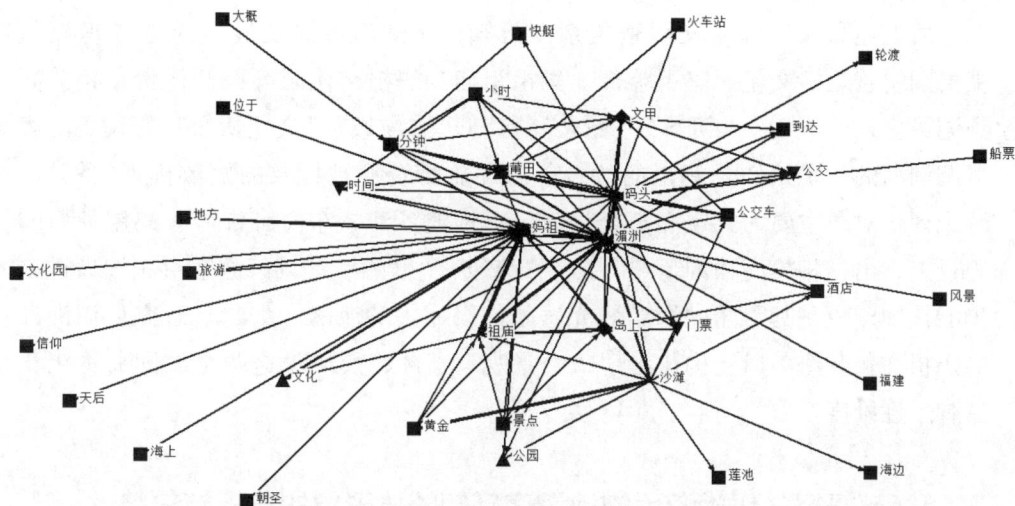

图 5 - 1　湄洲岛游记高频词的语义网络关系图

根据图 5 - 1，"妈祖"为核心高频词，"湄洲""沙滩""莆田""码头""祖庙""岛上""旅游""地方"为次级高频词，而围绕着这些高频词有"景点""时间""分钟""小时""公交车""门票"等高频特征词，这些词之间的关联很紧密，但是和"莲池""海边""福建""朝圣""天后"等词的联系并不强。与"文化园""大概""船票""风景"的联系并不多。"妈祖"是核心

① 郑华伟. 红色旅游价值观内化的网络文本研究：兼论国民幸福感的生成机制 [J]. 旅游学刊，2016，31（5）：111 - 118.

高频词，妈祖文化的传承是湄洲岛最吸引人的因素；对于次高频词，"湄洲岛""岛上""沙滩""莆田""祖庙"作为景点的名称，体现了湄洲岛上的景点风光，在游客中的知名度高。次级高频词是以"妈祖"为中心靠拢。

从高关联度的高频词可以得出，"公交车""码头"作为湄洲岛的交通工具在游记中反复出现，带来方便的同时也让游客留下情感评价。因此在交通设施这一方面，景区还需要完善，以提高游客的满意度。从"小时""时间""分钟"这几个关联词可以看出游客在旅游过程中比较注重旅游行程的安排。

湄洲岛有着悠久的历史，政府也大力弘扬妈祖文化，妈祖文化已成为湄洲岛的形象代表；高频特征词联系比较弱的有"天后""信仰""文化园""大概""朝圣""海边"等，表明游客不可避免地会提起海岛的风光景色，这也是湄洲岛本身的旅游商业价值。

由上述高频词和语义网络关系图可知，湄洲岛被提及最多的是"妈祖"，主要围绕着妈祖文化、妈祖雕像、妈祖祖庙、妈祖文化园等展开评价，相关高频词最多是"天后""朝圣""香火""信仰""虔诚""文化遗产"等词，游客对湄洲岛的初步认知是妈祖的故乡。海岛旅游资源被提及的次数排列在第二，游记评价对象主要为九宝澜黄金沙滩、莲池澳沙滩、东海卧佛园、鹅尾神石园等景点，出现相关高频词是"沙滩""海风""惬意"等词，游客对湄洲岛进一步的认知印象是其美丽的海岛风光，是值得一去的海岛。由此本研究从湄洲岛的妈祖文化和海岛风光构建出"人文景观""自然景观"这两个湄洲岛本土化品牌个性维度。

5.6 妈祖文化旅游目的地游客感知整体形象的分析与总结

在高频词分布以及语义网络图分析的基础之上，结合游客游记，笔者归纳总结了8个维度，分别为自然吸引物、人文吸引物、事件及活动吸引物、旅游环境和氛围、旅游设施与服务管理、交通服务、消费支出、旅游体验。其中，自然吸引物、人文吸引物是认知形象的核心构成内容。

表5-3　湄洲岛旅游目的地感知形象维度及高频词汇分布

维度	高频词汇
自然吸引物	沙滩、风景、海鲜、日出、海风、湄屿潮音、文化遗产
人文吸引物	妈祖、文化、祖庙、故乡、习俗、渔民、风俗

（续上表）

维度	高频词汇
事件及活动吸引物	祭拜、香火、信仰
旅游环境和氛围	美丽、环境、东方麦加
旅游设施与服务管理	酒店、广场
交通服务	公交车、渡轮、码头、电动车、小时、路线
消费支出	门票、收费、买票
旅游体验	虔诚、好玩、惬意

资料来源：作者根据感知形象高频词数据整理得来。

情感形象方面，游客对湄洲岛的旅游形象感知整体形象以正面评价为主，积极情绪占 60.45%；中性情绪占 25.37%；消极情绪最少，占 14.18%。湄洲岛的海景、沙滩以及环境等得天独厚的海岛景观成为最具识别性的旅游吸引物符号，妈祖文化为湄洲岛营造出的浓厚的人文气息、安静祥和的旅游氛围、富有地域特色的美食以及便利的交通设施都大大提高了游客的积极感知情绪。但是消费支出过高、游客太多造成拥挤、体验性活动不足降低了游客的好感，使其产生消极情绪，甚至形成负面的口碑效应。

本研究得出：游客对湄洲岛旅游形象的感知包括自然风光美丽的岛屿、妈祖文化浓郁的湄洲岛，力图呈现清晰的、正面的、积极的旅游目的地形象。

第6章   湄洲岛的目的地投射形象分析

良好的旅游目的地形象是吸引游客最重要的因素之一。旅游目的地形象包括游客角度的感知形象、旅游地角度的投射形象。投射形象是指旅游形象塑造者试图在潜在游客心目中树立的形象，包括认知形象、情感形象以及由二者整合而成的整体形象。当地政府、旅行社以及各大旅游经营类网站注重网上营销，在其官方网站发布旅游信息，推介旅游产品，这些信息成为很多游客搜寻信息、确定目的地的重要参考。本章从湄洲岛官方网络平台、官方微博、微信公众号等新媒体平台以及相关政府网站、旅游经营类网站采集湄洲岛的宣传文本，并对其进行初步筛选和整理，采用网络文本分析法，建立网络文本分析类目，统计宣传文本的主次类目描述频数以及挖掘官方网站宣传湄洲岛的文本情感，以便进一步分析湄洲岛妈祖文化旅游的投射形象。

6.1   数据来源与研究方法

6.1.1   数据来源

互联网时代，旅游目的地组织者和商业组织者通过政府官方网络平台、微信公众号、官方微博等自媒体来推广目的地形象，改变其以往所采用的报纸期刊、电视或者广播等媒介。这不仅能为现实游客或者潜在游客提供更加丰富全面的目的地信息资料，而且使得信息的投放更便捷，成本更低，更容易准确到达目标受众。因此，本研究通过这些官方平台、自媒体发布的旅游目的地宣传片、文本资料、图片视频等资料来研究旅游目的地投射形象。一方面，互联网数据资源丰富，能突破时间、空间的限制，而且数据获取方式便捷，搜集省时高效；另一方面，官方网站和官方自媒体平台发布的信息资料更具权威性，增强资料的科学性和可靠性，使整个数据分析研究更加严谨和科学。

湄洲岛官方组织和商业组织主要的在线传播途径有：政府官方网站、旅行社旅游指南、官方自媒体等。以访问量和代表性为选择依据，本研究选取了湄洲岛管委会官方网站、湄洲岛旅游网，以及湄洲发布、湄洲妈祖祖庙官方微信

公众号，湄洲岛国家旅游度假区官方微博、湄洲岛妈祖文化旅游区官方微博 6
个自媒体平台作为数据来源。

　　本研究数据收集操作时间于 2021 年 1 月 23 日开始，利用网络爬虫工具抓
取数据以及人工筛选等方式从湄洲岛管委会官方网站、湄洲岛旅游网、湄洲发
布、湄洲妈祖祖庙官方微信公众号、湄洲岛国家旅游度假区官方微博、湄洲岛
妈祖文化旅游区官方微博，以"湄洲岛""妈祖祖庙""妈祖文化"为关键词进
行搜索，选取发布时间在 2012 年 12 月 1 日至 2020 年 12 月 31 日期间非政策类、
会议通知等文章、视频或图片，作为湄洲岛妈祖文化旅游投射形象的分析数据。
经过数据清洗筛选，删除政策性文本、广告、通知等无效文本，一共得到了包
括文本和图片的网站文本数据资料 43 万字。

6.1.2　研究方法

　　网络文本分析法主要是对大量的文本进行简化、压缩和分类的系统研究方
法，通过识别的文本信息特征作出研究结论，并在高频词统计的基础上，对相
关词汇进行深入挖掘研究。

　　采用 Rost Content Mining 6 软件对文本内容进行分析，首先将主要地名纳入
自定义词典，过滤无明显指代意义的词，利用文字替换功能把意义相同但是说
法不同的词语进行替换。将"湄洲岛""妈祖祖庙""黄金沙滩"等主要地名，
"林默""默娘""妈祖""天妃""天后""天上圣母""娘妈"等人名，"卤
面""妈祖平安面""海蛎煎"等特色食品纳入自定义词典，过滤无明显指代意
义的数量词、代词、副词，利用文字替换功能把意义相同但是说法不同的词语
进行替换，如将"妈祖庙""妈祖祖庙""湄洲祖庙"统一换为"祖庙"等。
本研究从游记文本中的高频特征提取投射形象的高频词汇、情感分布状况、语
义网络矩阵，以分析官方平台对湄洲岛的投射形象。

6.2　妈祖文化旅游目的地官方传播渠道

　　湄洲岛妈祖文化旅游投射形象的传播渠道有福建省文化和旅游厅官方网站、
莆田文化和旅游局官方网站、湄洲岛管委会官方网站、湄洲岛旅游网等网站，
以及湄洲发布、湄洲妈祖祖庙官方微信公众号，湄洲岛国家旅游度假区官方微
博、湄洲岛妈祖文化旅游区官方微博。这些平台旨在宣传形象，是不涉及盈利
的传播群体，发布信息的主要渠道包括线上的互联网内容和线下的旅游促销活

动，以宣传片、旅游口号、旅游指南、旅游杂志、旅游促销会、旅游线路推广为主要的形象塑造方式。本研究将重点搜集互联网上与湄洲岛妈祖文化旅游投射形象相关的资料。

1. 湄洲岛管委会官方网站

湄洲岛管委会官方网站（http://mzd.putian.gov.cn/）由湄洲岛国家旅游度假区管理委员会创建和维护，截至 2021 年 4 月 16 日，被访问总人数为 1226405 次。该官方网站不仅是湄洲岛妈祖文化旅游最权威的形象窗口，而且服务岛上居民的生活和行政事务，除了介绍湄洲岛旅游信息的栏目外，还有政务公开、网上办事、公众参与等栏目。

2. 湄洲岛旅游网

湄洲岛旅游网（www.mzdtour.com）是由莆田市湄洲岛旅游服务有限公司主办。该网站主要有印象湄洲、畅游湄洲、旅游资讯、旅游指南、旅游互动以及电子商务等版块，是以提供湄洲岛概况、湄洲岛旅游线路、公交等旅游信息为主的平台，同时有中文、英文、日文以及韩文四种语言版本，充分考虑到不同国家和地区的游客需求。

3. 湄洲发布微信公众号

湄洲发布微信公众号是湄洲岛国家旅游度假区管理委员会办公室在微信平台上开设的政府微信公众号，主要发布湄洲岛最新的新闻资讯、权威政务、最全旅游攻略，以及设有微信互动和微信购票平台。由于开设时间较短，截至 2021 年 4 月 16 日，仅有 78 篇原创内容。

4. 湄洲妈祖祖庙微信公众号

湄洲妈祖祖庙微信公众号是湄洲妈祖祖庙董事会于 2020 年在腾讯微信平台认证的官方微信公众号。该微信公众号主要包括三个板块：祖庙官微、妈祖文化以及在线服务。妈祖文化涉及祖庙简介、祖庙活动简介、妈祖生平简介、妈祖信俗简介、妈祖文化小故事等。在线服务颇具特色，包括祈福心灯、购票通道、日行一善、壁纸福利、妈祖神祇等内容。

5. 湄洲岛国家旅游度假区官方微博

湄洲岛国家旅游度假区官方微博是湄洲岛国家旅游度假区管理委员会办公室于 2011 年在新浪微博平台认证的官方微博号。自 2011 年开通至 2021 年 4 月 16 日，一共发布了 1371 条微博，粉丝数为 2676 个。从微博发布的内容来看，主要通过图片、视频以及文字来描述不同季节、不同时段湄洲岛的自然风景和妈祖宫庙建筑等人文景观。

6.　湄洲岛妈祖文化旅游区官方微博

湄洲岛妈祖文化旅游区官方微博是湄洲岛妈祖文化旅游区开设的官方微博。自 2018 年开通至 2021 年 4 月 16 日，一共发布了 2856 条微博，粉丝数为 990 人。从该微博的主要内容来看，主要涵盖了湄洲岛的自然风景和妈祖文化景观，宣传弘扬湄洲岛妈祖文化，提升湄洲岛旅游品牌形象，此外还包括与文化旅游、非物质文化遗产相关的会议、政策等信息资料。

6.3　妈祖文化旅游目的地投射形象高频词统计

通过 Rost Content Mining 6 软件对湄洲岛游记文本进行词频统计，按照出现频数由高到低的顺序选取排名前 50 位的高频词进行分析，分析情况如表 6 - 1 所示：

表 6 - 1　湄洲岛投射形象高频词统计

排序	词汇	词频	词性	排序	词汇	词频	词性
1	妈祖文化	2159	名词	26	诞辰日	525	名词
2	湄洲祖庙	1540	名词	27	传说	517	名词
3	信众	1214	名词	28	经过	515	动词
4	天后	1130	名词	29	历史	431	名词
5	信仰	1087	名词	30	沙滩	429	名词
6	福建省	1013	名词	31	丝绸之路	301	名词
7	宗教	1011	名词	32	地方	288	名词
8	建筑	982	名词	33	民族	273	名词
9	海上女神	911	名词	34	华人	214	名词
10	面积	864	名词	35	活动场	151	名词
11	农历	837	名词	36	大殿	132	名词
12	时间	813	名词	37	扩建	129	动词
13	形成	802	动词	38	国家	116	名词
14	三月三	797	名词	39	乾隆	103	名词
15	公元	765	名词	40	重建	99	动词
16	莆田	741	名词	41	遍布	93	动词
17	民俗	714	名词	42	盛大	84	形容词

（续上表）

排序	词汇	词频	词性	排序	词汇	词频	词性
18	各地	672	名词	43	供奉	78	动词
19	民间	670	名词	44	雄伟	73	形容词
20	两岸	663	名词	45	朝拜	69	动词
21	康熙	599	名词	46	丰富	64	形容词
22	神像	574	名词	47	纽带	58	名词
23	位于	549	动词	48	平安	53	形容词
24	得到	532	动词	49	独特	53	形容词
25	庙宇	530	名词	50	天后庙	51	名词

表 6 - 1 反映出排名前 50 位的高频词中有 36 个名词，占 72%；9 个动词，占 18%；5 个形容词，占 10%。

1. 高频名词分析

表 6 - 1 中共有 36 个名词性高频词，所有高频词的总计频数为 23484 次，其中频次高于 1000 的名词性高频词有 7 个，分别为"妈祖文化、湄洲祖庙、信众、天后、信仰、福建省、宗教"。

频次在 500 ~ 999 之间的名词性高频词有 17 个，分别为"建筑、海上女神、面积、农历、时间、三月三、公元、莆田、民俗、各地、民间、两岸、康熙、神像、庙宇、诞辰日、传说"。频次在 100 ~ 499 之间的名词性高频词有 10 个，分别为"历史、沙滩、丝绸之路、地方、民族、华人、活动场、大殿、国家、乾隆"。频次在 50 ~ 99 之间的名词性高频词有 2 个，分别为"纽带、天后庙"。

从投射形象的高频名词来看，妈祖文化显然是湄洲岛官方投射形象的关键点。"湄洲祖庙、信众、信仰、宗教、海上女神"等高频名词反映了湄洲岛官方推广的主题就是妈祖文化旅游，目标消费者多定位于赴湄洲岛朝拜的妈祖信众。"建筑、庙宇、大殿、神像、天后庙"等高频名词反映了非物质文化遗产建筑与景观成为官方投射形象宣传的具有吸引力的景点。"农历、三月三、民俗、民间、传说"这些高频名词主要反映了妈祖生平的事迹与神话传说。"莆田、华人、丝绸之路、民族、国家、纽带"则着重介绍了妈祖在海峡两岸关系，以及妈祖文化在海内外传播中的重要作用。"天后、公元、康熙、历史、乾隆"则是从历史文化溯源角度介绍妈祖在各个朝代的封号。官方投射形象聚焦于人文景观与氛围的营造。

2．高频动词分析

排名前 50 位的高频词中有 9 个动词，分别为"形成、位于、得到、经过、扩建、重建、遍布、供奉、朝拜"，总计频次为 2866 次。"形成、得到、经过、遍布"表明官方推介妈祖文化的起源、发展与传播过程；而"位于"表明湄洲岛的地理位置；"天下妈祖，祖在湄洲"更是强调湄洲岛是妈祖文化的发源地。"扩建、重建"等词主要介绍了妈祖宫庙等非物质文化遗产建筑在得到官方和民间认可之后规模不断扩大。"供奉、朝拜"反映出官方媒体将湄洲岛的主要功能定位为妈祖信众的信仰活动场域，着重凸显妈祖的文化特色。

3．高频形容词分析

排名前 50 位高频词表中的形容词占 10%，总频次为 327 次，即"盛大、雄伟、丰富、平安、独特"。官方媒体利用"盛大"这个词主要描述妈祖祭典等节事活动的规模大，吸引了众多游客和信众前来观看和朝拜。"雄伟"则体现了湄洲岛妈祖宫庙建筑的特点，特别是湄洲祖庙，它是一个长 323 米、宽 99 米的五进仿宋建筑群，由大牌坊、宫门、钟鼓楼、顺济殿、天后广场、正殿、灵慈殿、妈祖文化园组成，妈祖庙后的岩石上有"升天古迹""观澜"等石刻，在祖庙山顶有 14 米高的巨型妈祖石雕像。"雄伟"一词能贴切地描述出被誉为"海上布达拉宫"的湄洲岛妈祖宫庙的特色。官方媒体试图通过"丰富"和"独特"两个词来反映湄洲岛人文景观资源的丰富多彩以及妈祖文化的独一无二。而"平安"一词则是官方媒体构建的妈祖信仰与游客的联系，用"妈祖保平安"来实现游客赴湄洲岛旅游的愿望和动机。

6.4　妈祖文化旅游目的地投射形象情感倾向分析

借助 Rost Content Mining 6 软件对官方媒体文本资料进行情感倾向的判断。统计结果显示，湄洲岛的投射形象感知整体呈积极情绪，占 89.76%；中性情绪占 10.24%。而 89.76 的积极情绪中有 62.43% 属于高度积极情绪，一般积极情绪所占比例为 27.33%，反映出游客对湄洲岛的投射感知呈积极性。由于这些是官方媒体对湄洲岛形象的"输出"，因此，情感评价方面呈现高度积极情绪，消极情绪的部分基本没有出现，这也表明了旅游目的地组织者试图将最好的一面展现给游客。官方旅游产品的塑造者和推广者所投射的湄洲岛妈祖文化旅游形象均为正面积极的旅游目的地形象，而且侧重于人文历史、宗教文化特色。

6.5　语义网络关系图分析

　　为了进一步挖掘湄洲岛妈祖文化旅游目的地投射形象，本研究将在官方网站和自媒体平台所获取的文本资料利用 Rost Content Mining 6 软件并借助 Net-Draw 绘制高频词的语义网络关系图（见图 6 - 1），以直观地显示官方投射形象里出现的高频词之间的联系程度，一个高频词出现的线条越多，表示该高频词与其他高频词之间的联系越紧密。①

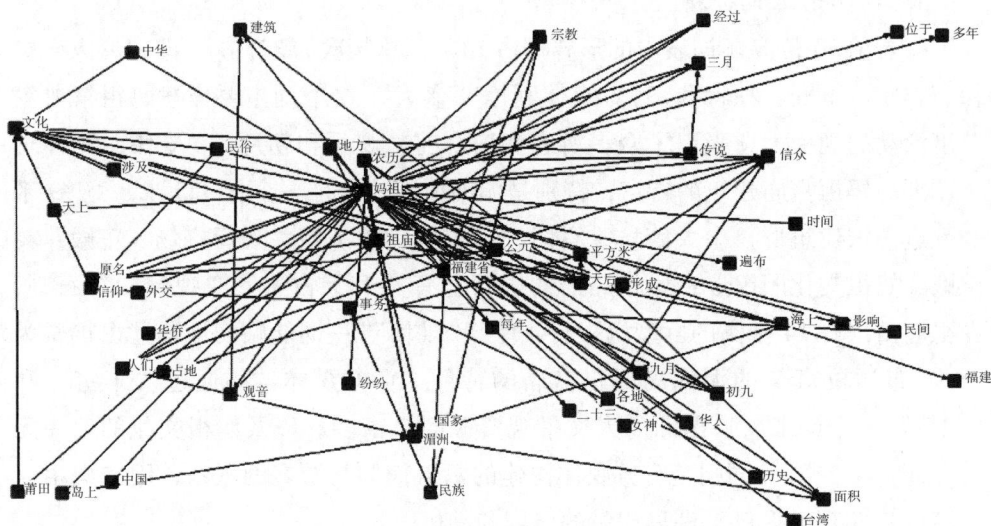

图 6 - 1　湄洲岛官方媒介文本高频词的语义网络关系图

　　图 6 - 1 显示"妈祖"为核心高频词，围绕这一关键词向外辐射开来的关键词有"祖庙""福建省""公元""地方""农历""事务"等，向外拓展开来的关键词更多，比如"建筑""民俗""外交""华侨""每年""宗教"等，这些词之间关联很紧密。"妈祖"是最核心的高频词，湄洲岛投射形象主要定位于妈祖文化这一人文景观主题。围绕这一主题，妈祖文化的建筑、民俗都成为投射形象的主题之一。同时，湄洲岛担负着妈祖文化传承和保护的责任。通过"民族""外交""台湾"等关键词可以发现，妈祖文化还肩负着祖国统一和联

────────────

　　①　郑华伟. 红色旅游价值观内化的网络文本研究：兼论国民幸福感的生成机制 [J]. 旅游学刊，2016，31（5）：111 - 118.

结海外华人的责任。

从"宗教""民间"等高关联度的高频词可以看出，湄洲岛的官方投射形象侧重于将妈祖文化融入民间宗教，突出其在民间的信仰特性，借助宗教的神秘感和正统性来吸引游客和妈祖信众。同时在语义网络中发现存在多个与时间相关联的词，比如"三月""多年""每年""农历""公元"等，这些词主要介绍妈祖的诞辰时间、升天时间以及强调妈祖信俗活动开展的时间节点等，也是官方投射形象在不断传递着妈祖文化的历史渊源、妈祖文化的产生和发展的时间久远等信息。

6.6　妈祖文化旅游目的地投射整体形象的分析与总结

在高频词分布以及语义网络关系图分析的基础之上，结合官方媒体所获取的湄洲岛投射形象文本资料，将湄洲岛投射形象归纳成 5 个维度，分别为自然吸引物、人文吸引物、事件及活动吸引物、旅游环境和氛围、旅游体验。其中，人文吸引物是认知形象的核心内容。

表 6－2　湄洲岛旅游目的地投射形象维度及高频词汇分布

维度	高频词汇
自然吸引物	沙滩
人文吸引物	妈祖文化、湄洲祖庙、信众、天后、信仰、建筑、庙宇、天后庙
事件及活动吸引物	民俗、朝拜
旅游环境和氛围	盛大、雄伟、丰富、独特
旅游体验	平安

情感倾向方面，"盛大""平安""雄伟""丰富""独特"是投射形象的情感表述，最清晰的词为"盛大""平安""雄伟"。本研究得出旅游形象塑造者对湄洲岛旅游形象的投射是一个宗教文化浓郁的湄洲岛，力图呈现清晰的、正面的、积极的旅游目的地形象。

第7章　游客感知形象与官方投射形象差异比较分析

旅游目的地形象感知错位不仅会导致目的地形象不一致、品牌定位不明确，还会导致官方旅游营销推广投入难以得到有效产出，造成营销成本浪费。首先，本章总结了湄洲岛妈祖文化旅游感知与投射形象的整体形象，并从旅游吸引物和情感形象两个方面对湄洲岛妈祖文化旅游目的地形象进行比较分析，进一步探究感知形象与投射形象之间的差异。其次，针对游客感知形象与官方投射形象存在的四点"异"处，分析官方投射形象的"投入"与游客感知形象的"产出"之间存在错位现象。最后，深入分析湄洲岛妈祖文化旅游感知形象与官方投射形象出现差异的原因，正确把握目的地旅游形象的优势与不足，进一步提升旅游景区营销效果，完善湄洲岛妈祖文化旅游形象建设。

7.1　妈祖文化旅游目的地形象对比分析

7.1.1　旅游吸引物对比分析

对比表 6-1 与表 6-2 内容可知，湄洲岛的投射形象与感知形象呈现"同中有异"的特点。在"同"的这一方面，两者都将自然吸引物、人文吸引物、事件及活动吸引物、旅游环境和氛围、旅游体验等主题作为重要的形象维度，具有较高的一致性，说明湄洲岛形象的主要特点聚焦于这五个方面。自然吸引物方面，沙滩、风景、日出、海滨等海岛自然风光作为最具特色的自然景观吸引物，打动着入岛的游客。人文吸引物方面，湄洲祖庙、妈祖石像以及妈祖宫庙建筑群等人文景观也是亮点，以及与之相关的妈祖节事活动，都成为吸引海内外妈祖信众和游客的特色。

旅游环境和氛围方面，游客感知形象提到了"美丽、环境、东方麦加"等词，说明了湄洲岛环境优美，"东方麦加"说明湄洲岛是妈祖圣地。官方投射形象用"盛大、雄伟、丰富、独特"等词，不仅表达了湄洲岛作为妈祖文化发源地的独特，也着重强调了妈祖节事活动空前的规模，妈祖宫庙建筑的雄伟，人文景观资源丰富。官方的投射形象比游客的感知形象更为多样，但总体上较为一致。

　　但是，"异"在于游客感知形象与官方投射形象的重点不一致。从高频词分布维度来看，游客感知形象中更多的高频词来自自然吸引物，而官方投射的着力点在于人文吸引物。官方大力推广湄洲岛的妈祖文化特色、历史渊源、妈祖封号、妈祖信俗以及与之相关的妈祖宫庙建筑特点。这便产生了游客感知与官方投射的"认同—错位"，即第一个错位点。

　　"异"的第二处在于旅游体验的差别。从表5-3与表6-2可知，游客的旅游体验为"虔诚、好玩、惬意"，而官方投射的旅游体验为"平安"，两者之间存在较大的差异，这便是第二个错位点。

　　"异"的第三处在于旅游设施与服务管理、交通服务、消费支出。游客的感知形象文本资料中明确提及这三个维度，如湄洲岛的交通比较便利，公共设施齐全，岛上的旅游路线设计合理。但是在消费支出方面，游客的感知形象呈负面的情绪。显然这三个维度的内容并非官方关注点，因此在投射形象中并未有太多的提及。这是第三个错位点。

7.1.2　情感形象对比分析

　　从情感形象来看，不论是游客感知还是官方投射，总体的情感形象都是正面的、积极的，但是具体的情感表述有差异。顾客的感知形象情感表述为"虔诚、好玩、惬意"，而官方的投射形象情感表述为"盛大、雄伟、丰富、独特"，由此可见，官方的投射形象与顾客的感知形象存在差异。

　　此外，顾客感知形象的情感表述中存在消极情绪，主要体现在消费支出与旅游体验项目上，这是两者的第四处"异"。

7.2　妈祖文化旅游目的地感知形象与投射形象差异原因分析

　　针对游客感知形象与官方投射形象存在的四点"异"处，分析官方投射形象的"投入"与游客感知形象的"产出"之间存在错位现象。旅游目的地形象感知错位不仅会导致旅游品牌定位不明确、旅游目的地形象不一致，还可能导致官方旅游营销推广投入难以得到有效产出，造成营销成本浪费。

　　鉴于此，首先对已有文本资料进行分析，再分别对湄洲岛管委会、湄洲文化旅游平台八位负责人，以及妈祖信众和一般游客进行访谈，针对"认同—错位"现象，深入挖掘其原因。通过对比分析，发现形象"认同—错位"存在以下几个方面的原因：

（1）旅游形象感知主体间的差异。从官方投射形象的吸引物以及旅游体验等方面来看，官方对湄洲岛旅游目的地的定位是宗教文化旅游目的地。显而易见，其目标客户群体以妈祖信众为主，普通游客为辅。而本研究通过 Python 爬取的在线评论主要是湄洲岛的游客在旅游行程结束后，在互联网上发布的旅游感受或者攻略等，因此，这部分游客并不一定是虔诚的妈祖信众，绝大多数只是普通游客。普通游客和妈祖信众对湄洲岛旅游目的地形象的感知存在一定差异。因此，形象感知主体的身份差异导致了投射形象与感知形象的错位。

（2）游客的旅游需求与官方的产品供给间的目标差异。心理图像理论表明，塑造一个优质的旅游形象并有效投放旅游市场从而影响游客的旅游决策对区域旅游发展至关重要①。旅游供给者为了提高游客对投射形象的感知，提升营销效果，增加旅游市场占有率，实现利益最大化，需要展现区域特色旅游资源、优良的服务和较完善的基础设施。因此，湄洲岛主要通过官方媒介平台、官方微信公众号、官方微博以及各大旅行社网站和旅游经营类网站等网络营销方式推广妈祖文化旅游资源，并结合春秋两季妈祖祭典等节庆活动整合湄洲岛优质旅游资源。但这些营销手段更多地用在妈祖人文旅游资源的宣传上，导致游客对这些旅游资源的感知不明显。

而游客在有限的时间、经济条件下，为追求效用最大化，只对知名度高、等级高的旅游资源和与自身密切相关的内容较为关注。因此，旅游需求与供给者的目标差异是导致湄洲岛旅游感知形象与投射形象不同的主要原因之一。

（3）个体期望与实际感知间的差异。Porter（1961）在研究个体所获得的实际报酬与期望报酬之间的差距时提出了期望差异理论②，Schreyer（1978）将该理论应用到关于满意度的研究中，指出满意度由个体期望与实际感受之间的差距来衡量③。

游客通过官方平台和旅游在线平台等各种渠道，获取了与湄洲岛有关的信息，而且这些信息大多是积极的、正面的，使游客在游览前产生较高期望。在

---

① 陈龙. 现代大众传播学［M］. 苏州：苏州大学出版社，1997：297.

② PORTER L W. A study of perceived need satisfaction in bottom and middle management jobs［J］. Journal of applied psychology，1961，45（1）：1 – 10.

③ SCHREYER R，ROGGENBUCK J W. The influence of experience expectations on crowding perceptions and social psychological carrying capacities［J］. Leisure sciences，1978，1（4）：373 – 394.

游客实地旅游的过程中，尽管在多个方面达到期望甚至超过期望，但仍然存在旅游设施和管理不到位、体验服务项目质量不高、门票价格相对偏高、交通住宿等基础设施不完善等问题，造成游客对湄洲岛的实际感知低于期望，导致其表达的旅游感知形象出现 14.18% 的消极情感，而这些是官方平台在投射形象时始料未及的。

（4）形象遮蔽效应造成的差异。所谓"形象遮蔽"，是指在一定区域内分布着若干旅游地（风景区），其中旅游资源级别高、特色突出、产品品牌效应大或者市场竞争力强的一个旅游地（风景区），在旅游形象方面也会更突出，从而对其他旅游地（景区）形象形成遮蔽效应①。旅游资源级别高、特色突出或者品牌效应大、市场竞争力强的旅游地会对其他旅游地的形象形成遮蔽效应②。湄洲岛旅游资源丰富，海岛自然景观与妈祖人文景观是湄洲岛的主要旅游产品。相比于较为常见的海岛自然景观，妈祖文化人文景观更显独特。湄洲岛不仅是妈祖文化的起源地，更是妈祖信俗非物质文化遗产传承的重要阵地，2006 年被评为国家重点文物保护单位，妈祖祭典也于 2006 年被列入了国家首批非物质文化遗产，2009 年 9 月 30 日"妈祖信俗"成功通过了联合国教科文组织在阿联酋首都阿布拉比召开的评审，被列入了《人类非物质文化遗产代表作名录》。这是中国首个世界级信俗类非物质文化遗产。2020 年湄洲岛被评为国家 5A 级旅游景区，被誉为"东方麦加"。毋庸置疑，妈祖人文景观成为湄洲岛旅游形象中最具吸引力的名片。因此，官方在塑造投射形象的时候必然会选择品质高、特色突出、影响力强的景点作为营销推广的重点，而投射形象中湄洲岛的海岛自然景观形象便不突出了，进而产生了遮蔽效应。

7.3 妈祖文化旅游目的地形象提升建议

通过对比湄洲岛官方投射形象和游客感知形象的一致性发现，两者存在"认同—错位"，难以达到形象"输入"和感知"输出"的一致。通过分析错位产生的原因，提出了相应的优化建议。

（1）重新塑造投射形象，构建清晰的品牌个性。湄洲岛游客感知形象与官

---

① 杨振之. 旅游资源开发与规划 [M]. 成都：四川大学出版社，2003.

② 杨振之，陈谨. "形象遮蔽"与"形象叠加"的理论与实证研究 [J]. 旅游学刊，2003（3）：61-66.

方投射形象存在一定的偏差，需要重新设计官方投射形象，充分考虑游客的需求、出游动机和期望，重新塑造湄洲岛投射形象，精准构建以妈祖文化为切入点的宗教文化旅游目的地品牌个性，从而为湄洲岛旅游营销策略提供准确的定位。

（2）融合人文景观与自然景观资源，丰富旅游产品体系。考虑到湄洲岛多样化的旅游资源，要将独特的人文景观资源与海岛型自然景观资源融合在旅游产品开发之中。将投射形象中的目标消费群体由妈祖信众拓展至普通游客，针对不同游客群体的需求，对旅游产品实行创新开发，制定更具吸引力的旅游线路、妈祖文化创意产品。在旅游产品的研发、宣传和资源的保护中，充分发散旅游活动的多样化来吸引更多的游客，实现旅游产品的创新。

（3）立足于消费者体验共创，提升游客身份认同以及满意度。共享经济时代，全民参与成为一个重要的标志。为了提升湄洲岛旅游目的地形象，采用"反向"的方式，邀请消费者共同参与、共同创造、共同体验，加强目的地与游客之间的互动，进而达到使游客实现身份认同、提升游客满意度和忠诚度的目的。

第8章 湄洲岛品牌个性构建实证研究

文化旅游已然成为国家和地方对外展示形象的窗口和用以区别于他地形象和优势的依托[①]。美国学者 Hunt 于 1971 年提出"旅游地目的地形象"这一概念，并将其视为旅游地开发的主要因素。旅游目的地"积极形象打造"是目的地品牌化的有机组成部分[②]，不仅对游客的行为意愿和决策有着明显的影响，也能大大地推动当地旅游业的发展，对旅游目的地规划、品牌营销和景区管理具有重要的实践价值。湄洲岛已逐步塑造了以"妈祖文化"为主题的文化旅游目的地形象。但是随着旅游资源持续开发，海岛旅游目的地不断增多，除了福建省内的鼓浪屿、东山岛等，浙江、山东等沿海省份也大力开发海岛旅游，竞争日趋激烈。此外，妈祖文化是海洋文化的重要组成部分，妈祖信仰沿着海岸线传播至世界 43 个国家和地区，妈祖宫庙成为诸多城市和地区的重要景点。文化的重复生产以及同质化的文化旅游吸引物容易导致游客产生消费倦怠。湄洲岛如何能从众多同类型海岛旅游目的地和同质化妈祖文化旅游产品中脱颖而出，获得可持续的竞争力？如何以目的地形象来构建独特的妈祖文化旅游目的地品牌个性？

本章利用在线平台数据资源，借助数据分析软件进行深度的文本语义挖掘与分析。具体而言，通过旅游在线平台搜集游客的游记和评论，以福建湄洲岛作为研究对象，采用内容分析法进一步研究游客的客源特征、湄洲岛妈祖文化旅游体验以及游客对湄洲岛的旅游形象感知。在此基础之上，采用专家意见法，分析旅游目的地形象及其品牌个性的基本维度，从顾客感知视角进一步探索湄洲岛妈祖文化旅游目的地品牌个性特征，并对湄洲岛妈祖文化旅游形象的打造提出建议，有益于妈祖文化型旅游目的地形象的优化和品牌个性的构建，丰富旅游目的地品牌个性理论。

[①] 侯兵，黄震方. 文化旅游实施区域协同发展：现实诉求与路径选择 [J]. 商业经济与管理，2015（11）：78－87.

[②] 周永博，程德年，胡昕，等. 生活方式型旅游目的地品牌个性建构：基于苏州古城案例的混合方法研究 [J]. 旅游学刊，2016（7）：85－95.

8.1 品牌个性维度构建的质性研究

本研究采用文本内容分析法和德尔菲法对在线旅游进行了分析，并对湄州岛品牌个性的维度结构进行了识别，为进一步验证该品牌个性维度的构建奠定了基础。

品牌个性是消费者在品牌认知过程中赋予品牌的一些个性特征[①]。国外学者Aaker（1995）提出了最具代表性的"大五"品牌个性量表。国内学者黄胜兵构建了具有中国情景的仁、智、勇、乐、雅5个维度的本土化品牌个性量表[②]。参照前人研究成果，结合上述网络游记收集的高频个性特征词统计、情感文本分析以及语义分析网络的结果，初步得到了40个与品牌个性相关的词汇。邀请市场营销专业博士1名，旅游管理专业博士1名，妈祖文化研究专家1名，结合游记评论内容，从这40个初选词汇中筛选出最能体现湄洲岛品牌个性的34个形容词。经过多轮讨论，3位专家不断进行修改和补充，最终达成一致，从人文景观和自然景观两个维度提炼出7个湄洲岛妈祖文化旅游目的地品牌个性特征（见表8-1）。

表8-1 湄洲岛妈祖文化旅游目的地品牌个性特征

人文景观维度						自然景观维度					
个性	词汇	词频	个性	词汇	词频	个性	词汇	词频	个性	词汇	词频
原生	历史	42	忠诚	独特	35	美丽	自然	8		惊人	21
	悠久	39		神秘	26		漂亮	9		新鲜	19
	民间	32		虔诚	21		优美	12		热闹	18
	传统	19		神圣	14	闲适	舒服	41		激动	24
	发祥	13	耀眼	出名	43		安静	36	刺激	有趣	14
亲和	平安	9		壮观	13		悠闲	31		好玩	26
	慈祥	6		扣人心弦	6		淳朴	28		兴奋	11
	祥和	4		盛况空前	6		惬意	16		喜悦	8
				鼎盛	5					精彩	8

① AAKER J, FOURNIER S. A brand as a character, a partner and a person: three perspectives on the question of brand personality [J]. Advances in consumer research, 1995, 22 (1): 391 – 395.

② EKINCI Y, HOSANY S. Destination personality: an application of brand personality to tourism destinations [J]. Journal of travel research, 2006, 45 (2): 127 – 139.

8.2 品牌个性维度模型的验证

为了分析和检验宗教旅游目的地品牌个性维度模型的因子结构和测量效度，本研究通过问卷调查收集数据，对模型的结构、信度和效度进行检验。

8.2.1 问卷量表

调查工具以研究一的结果为基础，结合以往在旅游地形象和营销领域的研究，设计了量表项目。该调查问卷包括两个部分：第一部分是关于被调查者的信息，如性别、年龄、宗教信仰和旅游访问时间。问卷中设计了一个问题：从几个场景中选取适合湄洲岛的场景。该问题可以识别出合适的被调查者。根据研究一的定性结果和先前的研究，第二部分包含了 34 个量表项目，用来衡量旅游目的地的个性。问卷采用 5 级李克特量表，分别给予 1 到 5 的分值来衡量每个题项。

8.2.2 数据收集与分析

调查在 2019 年 9 月至 12 月的妈祖秋季祭典期间进行，为期 3 个月，有 3 万名妈祖信众和游客。本研究将线上与线下问卷相结合，共邀请 1000 名游客参与问卷调查。回收问卷后，按以下规则剔除无效问卷：填写问卷的时间在 300 秒以内；检查受访者的问题选择是否有明显的规律性；受访者不能选择正确的湄洲岛景点。在剔除无效问卷后，最后有 712 名受访者的问卷被抽取为有效和完整的数据用于数据分析。有效率为 71.2%，预计无严重的无反应偏倚问题。受访者的人口统计信息如表 8 – 2 所示。

在表 8 – 2 中，46.3% 的受访者为男性，53.7% 的受访者为女性。36.7% 的受访者年龄在 26 ~ 30 岁之间，31 ~ 40 岁（24.2%）、51 岁以上（18.1%）、41 ~ 50 岁（16.3%）和 18 ~ 25 岁（6.0%），受访者参与度逐渐降低。大多数受访者（50.8%）有大学学位，24.2% 的受访者有高中及以下学位。在旅游时间方面，43.7% 的受访者只去过 1 次湄洲岛，24.3% 的受访者去过 2 次，17.4% 的受访者去过 3 次，14.6% 的受访者去过 4 次以上。

表 8 - 2   受访者描述性统计（n = 712）

变量	频数	比例（%）
性别		
男	330	46.3
女	382	53.7
年龄		
18~25 岁	43	6.0
26~30 岁	261	36.7
31~40 岁	172	24.2
41~50 岁	116	16.3
51 岁以上	120	16.9
受教育程度		
高中及以下	172	24.2
大专	102	14.3
本科	362	50.8
研究生	76	10.7
旅游次数		
1 次	311	43.7
2 次	173	24.3
3 次	124	17.4
4 次以上	104	14.6

8.2.3　探索性因子分析

本研究在文献综述和扎根理论研究的基础上，生成调查问卷，并经过小规模访谈进行修正，保证测量问项的内容效度。按照学术界通行的做法，将收集到的 712 份有效样本随机平均分成两个子样本，样本一用于探索性因子分析，样本二用于验证性因子分析。

利用样本一进行探索性因子分析。采取 Bartlett 球形与 KMO（Kaiser-Meyer-Olkin）检验，验证测量项是否适合做因子分析。检验结果显示 KMO 为 0.945，Bartlett 球形检验 p 的显著性概率是 0.000，表明相关矩阵间有共同因素存在，适合进行因子分析。

本研究采用主成分分析法，选择最大正交旋转，抽取特征值大于 1 的因子，共得到 6 个因子，但出现了交叉载荷，即同一个项目在不同因子上的载荷均高于 0.4。经过几轮反复运算调整，本研究删除了 12 个交叉载荷不太理想的项目，删除后重新进行因子分析，每个项目的因素载荷均高于 0.5，累积方差解释为 79.241%，说明因素结构较为理想。从探索性因子分析得到的结果来看，湄洲岛妈祖文化品牌个性呈现六因素结构，根据各个因素的题项构成，将其分别命名为：原生、亲和、忠诚、耀眼、美丽、闲适，与前文理论构想基本相符。经过探索性因子分析得到 22 个题项的新量表克隆巴赫信度为 0.958，达到了 "非常好" 的标准，这表明该量表具有良好的稳定性。信度是评价一个量表优劣的重要指标。从品牌个性总体量表分维度的结果来看，"原生" 分量表的信度为 0.900，"亲和" 分量表的信度为 0.906，"忠诚" 分量表的信度为 0.851，"耀眼" 分量表的信度为 0.852，"美丽" 分量表的信度为 0.810，"闲适" 分量表的信度为 0.900，且均达到了 "好" 的标准。

8.2.4　验证性因子分析

根据理论分析与探索性因子分析结果，本研究提出妈祖文化旅游目的地品牌个性是一个二阶因子结构。

以样本二的数据，通过验证性因素分析，进一步检验湄洲岛妈祖文化品牌个性模型的构思效度以及量表的适切性，同时采取 AVE 和组合信度来判断其构思效度。

利用 AMOS 软件，采用极大似然法估计模型中的参数值，一阶模型的拟合结果为：$x^2/df = 2.326$，$RMSEA = 0.061$，$RMR = 0.026$，$CFI = 0.961$，模型拟合情况良好。具体来看，在一阶因子及其测量项目的关系上，各项目在（一阶）相应潜变量上的标准化因子载荷介于 0.58 ~ 0.97，均高于 0.5，说明各维度之间存在较高的相关性，均达到了显著水平。这表明这 6 个因素确实存在一个更高阶的共同因素，可以据此进行二阶模型的验证性因子分析。

在二阶因子及其归属的 6 个维度上，每个因子载荷的值均高于 0.5。总体上可以认为本研究中的项目具有较高的质量，6 个因素的组合信度全部高于 0.8，说明测量工具具有较高的稳定性。

聚合效度除了通过组合信度指数进行判断以外，还有一个重要指标就是平均提取方差（AVE）的值应该高于 0.5。软件分析结果显示，每个维度的 AVE 值均在 0.5 以上，因此本研究中各个维度的聚合效度得到了进一步的验证。

判别效度是指一个构念和其他构念之间的差异程度，可以通过 *AVE* 的平方根和各潜变量相关系数的绝对值大小进行比较判断。表 8-4 左下方为各维度间的相关系数，对角线上是 *AVE* 的平方根。可以看到每个维度的 AVE 平方根均大于与其他维度的相关系数。以"亲和"维度为例，其 *AVE* 的算术平方根是0.877，该值大于该维度与任何一个因子的相关系数。表 8-3 的结果表明量表有较好的判别效度。

表 8-3　组合信度系数

因子	项目	Std.　Factor Loading	CR	AVE
原生	Q1	0.805	0.929	0.724
	Q2	0.830		
	Q3	0.804		
	Q4	0.856		
	Q5	0.950		
亲和	Q6	0.845	0.909	0.769
	Q7	0.880		
	Q8	0.905		
忠诚	Q9	0.823	0.907	0.764
	Q11	0.935		
	Q12	0.861		
耀眼	Q13	0.704	0.862	0.677
	Q15	0.885		
	Q16	0.868		
美丽	Q17	0.706	0.815	0.595
	Q18	0.806		
	Q19	0.798		
闲适	Q20	0.799	0.894	0.628
	Q21	0.834		
	Q22	0.762		
	Q23	0.795		
	Q24	0.771		

注：*CR* > 0.7（Hair, 1998），*AVE* > 0.5（Fornell and Larcker, 1981）。

表 8 - 4　各因素间的相关系数

因子	亲和	忠诚	耀眼	美丽	原生	闲适
亲和	0.877					
忠诚	0.841	0.874				
耀眼	0.581	0.610	0.823			
美丽	0.669	0.704	0.825	0.771		
原生	0.760	0.676	0.496	0.632	0.851	
闲适	0.641	0.668	0.816	0.673	0.605	0.792

二阶模型的拟合指标数值为：$x^2/df = 1.949$，$RMSEA = 0.052$，$RMR = 0.022$，$GFI = 0.915$，$AGFI = 0.887$，$NFI = 0.943$，$CFI = 0.971$。

8.3　品牌个性特征分析

旅游目的地品牌个性更多的源自该地的地理环境和历史人文在长期共同作用下孕育而出的地方内在特性[1]，具有一定的地方性和可传承性。旅游目的地形象强调目的地的"一般性"，而品牌个性关注其"独特性"。因此，根据游客的旅游目的地感知形象认知，从人文景观维度和自然景观维度这两大"一般性"中提取具有"独特性"的品牌个性特征。

8.3.1　人文景观维度的品牌个性特征

人文景观是指历史形成的、与人的社会性活动有关的景物构成的风景画面，如名胜古迹、文物与艺术、服饰、宗教建筑、民间习俗等，都具有历史性。[2] 湄洲岛妈祖文化旅游品牌个性高频词中与人文景观维度相关的特征词出现的频数最多。从人文景观维度可将湄洲岛的品牌个性归纳为原生、亲和、忠诚、耀眼等。

---

① EKINCI Y, HOSANY S. Destination personality：an application of brand personality to tourism destinations ［J］. Journal of travel research, 2006, 45 (2)：127 - 139.

② 蒋小兮. 中国古代建筑美学话语中的审美逻辑心理与理性文化传统 ［J］. 湖北社会科学, 2004 (11)：115 - 116.

妈祖信仰发源于福建湄洲岛,逐渐传播至福建其他地区乃至世界各地。"天下妈祖,祖在湄洲",湄洲妈祖祖庙被认为是世界上最早的妈祖庙,故有"祖庙"之尊,意即所有妈祖庙之"祖"。文化的同根性和原生性吸引着诸多妈祖信众和游客前往湄洲妈祖祖庙祭拜。妈祖祖庙建筑群、妈祖巨大雕像、妈祖诞生日和升天日等传统民俗活动成为游客体验妈祖文化的重要载体。MacCannell认为游客出游的动机是要逃离不真实的现代生活,去寻找纯朴的、原始的、自然的、没有被现代化浸染的东西①,"历史""悠久""民间""传统""发祥"等高频词传递出湄洲岛游客出游的动机,即追求原生文化体验,实现自我认同,进而获得更大的满足感。因此,"原生"成为湄洲岛妈祖文化独特的品牌个性特征。

品牌个性是品牌形象人格化后所具有的个性。Grohmann(2009)首次提出了品牌个性的性别气质概念,包括品牌个性的男性维度和女性维度②。消费者会将人类的个性特征与品牌关联在一起。作为"海上女神"的妈祖被赋予集无私、善良、亲切、慈爱、英勇等传统美德于一身的女性形象气质,其"立德、行善、大爱"的精神让湄洲岛整体形象更具女性气质,更容易使人们亲近和获得信任。"平安""慈祥""祥和"等高频词反映出游客们充分感受到了湄洲岛的女性气质特点,因此,"亲和"则从品牌性别角度阐释了湄洲岛品牌个性。

妈祖文化旅游目的地最突出的特点是让游客体验到从"世俗"到"神圣"的转变。湄洲岛作为宗教圣地,是妈祖信众净化心灵的地方,其深厚的妈祖文化、丰富的民俗文化活动使其从众多的海岛中脱颖而出。此外,妈祖文化拥有千年的历史、孕育了深厚的文化内涵,游客能从浓厚的宗教氛围中感受到妈祖文化和历史所带来的神圣感、虔敬感、新鲜感,独特的品牌个性是其他地方很难复制和模仿的。同时,独特的妈祖饮食、服饰、莆仙戏、祖庙建筑群,对湄洲岛的人文景观维度又产生了影响,也折射出其浓厚的宗教氛围。游客的自我表达为"独特""神秘""虔诚""神圣"等,增强了信众和游客对妈祖文化的认同,提高其忠诚度。可见,"忠诚"是妈祖文化旅游目的地重要的品牌个性特征。

---

① GAHWILER P, HAVITZ M. Toward a relational understanding of leisure social worlds, involvement, psychological commitment, and behavioral loyalty [J]. Leisure sciences, 1998, 20 (1): 1 – 23.

② GROHMANN B. Gender dimensions of brand personality [J]. Journal of marketing research, 2009, 46 (1): 105 – 119.

妈祖已是莆田一大文化 IP，当地政府制定了许多塑造妈祖文化品牌的措施，如妈祖文化园、妈祖影视城等相关的特色产品、春秋季妈祖祭典活动，特色的妈祖风情、祭典民俗活动等吸引了很多的游客①。这些节事旅游活动吸引了海内外的游客和信众，"出名""壮观""扣人心弦""盛况空前""鼎盛"等高频词充分体现出湄洲岛妈祖文化旅游"耀眼"的特征。

8.3.2 自然景观维度的品牌个性特征

本研究对从自然景观维度统计出来的关键词词频进行统计分析。湄洲岛自然景观维度归纳为：美丽、闲适等品牌个性特征。

湄洲岛拥有海天一色的美好风光，鹅尾神石园、湄屿潮音、金海岸沙滩等景区，大海、沙滩、海风不断被游客们提及，吸引着旅客，形成湄洲岛目的地自然景观维度的"美丽"个性。用以描绘这些旅游体验的高频词也比较丰富，其中舒服、安静、悠闲、淳朴、惬意等体现出"闲适"这一品牌个性特征。湄洲岛注重旅游资源开发，引入了沙滩音乐节、风筝节等体验活动项目，注重年轻消费群体，营造出热闹、有趣的旅游氛围。虽然自然景观维度没有人文景观维度个性强烈，但是湄洲岛旅游资源丰富，受其自然地形地貌影响，又依托着浓厚的宗教氛围、历史文化背景等，一动一静，亲和与刺激兼具，给湄洲岛增加了吸引力。

旅游目的地品牌形象是一般性和独特性的统一体，目的地品牌个性反映了目的地品牌形象中的独特性方面②。从人文景观和自然景观两个游客感知形象维度，发掘了湄洲岛品牌个性特征。湄洲岛的妈祖文化拥有千年的历史，孕育了深厚的文化内涵，游客从浓厚的宗教氛围中能感受到妈祖文化和历史所带来的神圣感、虔敬感、新鲜感，这独特的品牌个性是其他地方很难复制和模仿的。湄洲岛享有"妈祖圣地、海上明珠"之誉③，优越的地理环境、丰富的自然资源、独特的地形地貌是湄洲岛文化旅游目的地不可或缺的品牌个性。

但是湄洲岛在品牌个性构建方面仍然存在不足。内隐、抽象的旅游地个性

① 刘亚斌. 浅析宗教文化与旅游业的关系 [J]. 旅游纵览（下半月），2013，2（12）：29 - 30.

② ECHTNER C M, RITCHIE J R B. The measurement of destination image: an empirical assessment [J]. Journal of travel research, 1993, 31 (4): 3 - 13.

③ 林明太，孙虎. 福建旅游型海岛水土保持措施研究：以妈祖圣地湄洲岛为例 [J]. 中国水土保持科学，2010，8（1）：99 - 104.

需要通过外显、具象的载体形式表现出来。人文景观维度的品牌个性特征是湄洲岛妈祖文化旅游目的地品牌个性的核心所在，作为外在的载体——自然景观维度的品牌个性特征并未能对其进行有效支撑。此外，湄洲岛还存在海岛特色不足，与其他海岛的差异性明显不强，容易被游客遗忘以及环境污染给游客带来不好的体验感等问题。

8.4 湄洲岛旅游目的地品牌个性构建

湄洲岛围绕"妈祖"打造妈祖文化型旅游目的地品牌个性，为莆田传统的"海滨圣地，妈祖故乡"提供区别于其他旅游目的地的独特品牌形象。本章以福建湄洲岛为研究对象，抓取旅游在线平台上发布的游记文本，借助 Rost Content Mining 6 软件进行词频统计、情感分析、语义网络分析，运用质性研究方法以及德尔菲法分析湄洲岛旅游目的地形象和品牌个性特征。研究结果发现，湄洲岛的客源市场分布受到地域、经济、交通限制；湄州妈祖祖庙的游客感知形象呈整体性，且感情倾向呈积极性；游客对湄洲岛的感知形象聚焦于妈祖文化和海岛风光。从人文景观和自然景观两个维度构建了原生、亲和、忠诚、耀眼、美丽、闲适六个品牌个性特征，并为湄洲岛旅游的可持续性发展提出相关建议。

基于宗教旅游目的地品牌个性的重要现实意义，本研究以湄洲岛为代表案例。在研究过程中，通过定性资料的内容分析、湄洲岛妈祖文化旅游目的地个性问卷调查、数据的探索性和验证性因子分析，对宗教旅游目的地的品牌个性进行了探讨。

通过第一、二次研究，本研究编制了宗教旅游目的地品牌个性测量量表，并对该量表进行了实证研究。经过严格的量表编制过程，获得了 6 个维度、22个项目的品牌个性量表。亲和、忠诚、耀眼、美丽、原生、闲适 6 个维度共同构成了妈祖文化旅游目的地品牌个性的一阶因素，而这 6 个维度又受到妈祖文化旅游目的地品牌个性高阶因素的影响。

在品牌个性方面，虽然研究结果与 Aaker 的品牌个性理论存在一定的差异，但妈祖文化旅游目的地有必要对其品牌个性进行提炼，使其符合自身的定位。因此，本研究从人文景观维度提出了 4 个品牌个性特征：原生、亲和、忠诚和耀眼；并从自然景观中提出两个品牌个性特征：美丽、闲适。浓厚的宗教氛围和源远流长的妈祖崇拜，构成了湄洲岛品牌个性的核心要素。独特的海岛风光依托独特的妈祖文化，塑造了湄洲岛作为宗教旅游目的地更加鲜明的形象。

　　湄洲岛品牌个性的构建表明，旅游目的地品牌与消费品品牌一样，可以通过量表来衡量自己的品牌个性，为探索自己的品牌个性提供了一定的借鉴和启示。类似的宗教目的地组织者可以通过量表来评价自己的品牌特征，比较自己与其他竞争品牌的差距，然后通过一定的营销手段有意识地对自己的品牌进行定位或重新定位，以提高自身的竞争力。

第9章　妈祖文化创意产品开发与设计

妈祖"海上女神"的形象在沿海地区具有较高的认可度，拥有较多信众，并逐渐形成了具有一定影响力的区域性特色妈祖文化。如何开发这种文化资源成为诸多妈祖研究学者所关注的热点。纵观现有文献，学者们从妈祖文化旅游产品以及纪念品开发角度进行研究的居多，如妈祖服饰、妈祖音乐舞蹈、妈祖文化体育等方面的产品开发。关于利用妈祖文化资源开发出丰富的文化创意产品，学者们的研究多从企业生产角度进行。但文化变迁、技术进步势必会造成"意义"的生产以及消费者消费行为和方式的改变，文化创意产品的开发与设计需要从微观层面着手，要基于最终消费者的基本特性来达到价值的共同创造。本章试图从价值共创的角度对妈祖文化创意产品的开发方式进行研究，结合妈祖文化创意产品具体开发案例进一步分析文化旅游创意产品的开发与设计机理。

9.1　文化创意产品的分类及功能

9.1.1　文化创意产品及其分类

随着创造和创新对推动经济发展和社会进步重要性的日益显现，"创意"一词也越来越多地出现在我们的视野中。"创意"一词源于英文"create""cre-ative""creativity"或"creation"，本意为创造、创建、造成。国内外对创意有多种定义，比尔顿（2007）认为创意的定义依赖于两个标准：一是创意必须产出新的东西；二是创意必须产出有价值或有用的东西①。Florida（2002）把创意分成技术创意（通常称为科技创新）和文化创意②。

然而创意本身并不一定是经济行为，一旦创意产生了可交换的产品，创意

---

① 比尔顿. 创意与管理：从创意产业到创意管理 [J]. 向勇，译. 北京：新世界出版社，2010：10.

② FLORIDA R. The rise of the creative class: and how it's transforming work, leisure, community and everyday life [M]. New York: Bacis Book, 2002.

就可能成为经济行为。约翰·霍金斯（2001）认为，创意产品是一种具有经济价值的创造性商品或服务，并且这种创造性源于创作者的创意。他进一步把创意产品分为商品和服务。① 张海涛等（2006）指出，创意产品是技术与文化相互交融、集成创新的产物，是具有象征价值、社会意义和特定文化内涵的产品或服务，是新思想、新技术、新内容的物化形式，特别是数字技术与文化、艺术的交融和升华。② 杨永忠（2009）进一步认为，创意产品是一种源于个人或团队的创意、技能和才干，以脑力劳动为主，通过知识产权的开发和运用自觉创造出的具有象征价值、社会意义和特定文化内涵的产品和服务。③ 吴朋波（2011）指出，创意产品是一种以文化、创意理念为核心的产品，是人的知识、智慧和灵感在特定行业的物化表现。④ 姚林青和卢国华（2012）认为，文化创意产品属于知识产品的范畴，它是指人类运用智慧、知识及天赋，利用各种技术手段所发明和创新的文化产品、文化服务以及智能产品。⑤ 文化创意产品带有一定的公共产品特征，虽然文化创意产品具备了公共产品的天然属性，但并不意味着它必然是公共产品，原因在于文化创意产品的生产和消费过程中还存在着版权制度和技术条件等外部约束条件，这些外部约束条件将影响和改变文化创意产品的经济性质。

在学术界，关于创意产品的分类，我国学者李碧珍（2007）把创意产品分成两大类：一是借助于物质载体形成的既有物质形态又有文化符号的创意商品，如设计图纸、书刊、报纸、图画、雕塑、唱片、音像磁带、照片、电影拷贝、手稿、讲稿、电脑软件等，它能够直接为社会提供多姿多彩的消费品，并构成劳动力再生产所必需的享受资料与发展资料，成为社会总产品的组成部分；二是直接为社会提供服务的创意服务，如咨询服务、演出服务、教学服务等。⑥ 胥悦红（2009）根据消费者需求把创意产品分成虚拟化产品和实物化产品两种形式，其中前者主要满足精神需求，所消费的是创意产品的精神内核，主要包

---

① 约翰·霍金斯. 创意经济如何点石成金 [M]. 洪庆福，孙薇薇，刘茂玲，译. 上海：上海三联书店，2006.

② 张海涛，苏同华，钱春海. 创意产业兴起的背景分析及其启示 [J]. 中国软科学，2006（12）：58 – 93.

③ 杨永忠. 创意产业经济学 [M]. 福州：福建人民出版社，2009.

④ 吴朋波. 关注创意产品设计的文化性 [J]. 美术大观，2011（12）：121.

⑤ 姚林青，卢国华. 文化创意产品的经济性质与外部约束条件 [J]. 现代传播，2012（5）：106 – 110.

⑥ 李碧珍. 创意商品的价值构成与价值实现 [J]. 当代经济研究，2007（9）：27 – 30.

括新闻服务、出版发行和版权服务、广播、电视、电影服务、文化艺术服务等传统形式的创意产品以及网络电子游戏、手机增值服务等数字形式的创意产品；后者除满足了精神需求外还满足了物质需求，所消费的是创意产品的实物载体，主要包括文化用品、设备及相关文化产品等实物形式的创意产品以及广告、会展、建筑艺术、艺术品交易、设计服务等服务形式的创意产品。① 郑文文（2009）把创意产品分为纯创意产品、准创意产品和泛创意产品三类。其中，准创意产品包括文化产品、建筑、设计等，它是实实在在的具有物质外壳的客体；纯创意产品则指准创意产品中的创意内容；泛创意产品主要是指产品中的创意内容，它涵盖了所有财富中的脑力劳动和思想消耗。②

在实践层面，联合国贸易与发展会议（United Nations Conference on Trade and Development，UNCTAD）从国际贸易角度把创意产品分成了两大类：一类是"创意商品"，另一类是"创意服务"和"版税和许可费"。其中，第一类创意产品具体包括：①设计类产品，包括时装、室内设计、玩具、图形和建筑以及首饰；②工艺产品，包括地毯、柳条制品、纺纱制品、节庆产品、纸制产品以及其他；③视觉艺术产品，包括摄影、绘画、雕塑、古董及其他；④出版物，包括报纸、书籍及其他；⑤音乐，包括录制的光盘和磁带、活页乐谱、与音乐有关的手稿；⑥新媒体，包括数字录制、计算机游戏；⑦电影等视听产品。第二类创意产品具体包括：广告、市场调研和民意测验服务；建筑、工程以及其他技术服务；研发服务；个人文化和娱乐服务，包括市场及相关服务以及其他个人文化和娱乐服务；版税和许可费——这些数据不包括创意服务贸易的价值。③ 就我国而言，国家层面尚没有直接列出创意产品的类型。

从上述可见，无论是学术研究还是实践，对于文化创意产品的认识都仍处在探索与发展中。本章所说的文化创意产品是指以文化资源为源泉而产生的具有文化内涵的产品或服务。

9.1.2 文化创意产品的特征和功能

随着生活需求层次的提升，消费市场进入强调体验及美学经济的时代，区

---

① 胥悦红. 创意产业链的动态衍生模式探析 [J]. 改革与战略，2009（10）：120–123.

② 郑文文. 创意产业价值链价值传递机理研究 [D]. 上海：东华大学，2009.

③ 白远. 中国：文化创意产品的出口大国 VS 消费小国 [J]. 财贸经济，2010（10）：84–92.

域文化的独特性、创意知识的建构等成为国家竞争力的核心元素，设计不只注重功能性与高科技的技术，还注重如何连接科技与文化脉络的精神，使设计考量使用者的心灵感受。"文化"是融入生活形态及深入使用者的途径。利用自身文化特色来进行的设计应用，不仅可以为产品增值，提升产品独特性，还可以改善人们的消费体验。①

1. 文化创意产品的特征

随着文化经济的深入发展，人们逐步发现了文化资源的特殊性：①可以重复使用，这种重复使用为文化创意留下了空间。②可以再生使用，通过创意，文化资源可以转变为一种新的资源。③可以创造使用，文化资源通过创意生产或服务可以成为一种新的产品。④可以渗透使用，文化资源通过与其他产业创意融合可以提升其他产业的附加值（杨永忠、罗丹，2016）。这些特殊性集中反映了文化资源的创造性特征：创意。创意是文化资源的灵魂，是文化资源化腐朽为神奇的利器。随着英国政府将创意产业而不是文化产业确立为国家21世纪的发展战略，创意这一创造性特征成为全球共识。文化创意产业所创造的经济价值不可小觑。文化创意产业已经成为带动国家经济发展的增长点，而文化创意产品也慢慢渗入了人们的生活，成了文化推广的重要手段之一。

文化创意产品是以文化资源为源泉，通过技术将内容创意转化成创意产品的实现手段，从文化资源挖掘到创意产品最终形成，经济效益始终是创意企业进行决策的依据。对于消费者而言，创意产品不同于一般日用消费品，任何创意产品均蕴藏着某一特定文化符号或文化符号组合，具有某一群体的文化观念烙印。对于消费者来说，不是单纯地进行消费，更多是情感的体验以及通过这些产品凸显出自身与他人的社会网络关系。因此，创意产品更需要将消费者纳入创造过程之中。

创意产品正是内容和符号的结合，将产品和服务的物质性、功能性与象征性内容融合于一体。以电影产品为例，一部好电影不仅在于它的音效、画面或者演员，更在于这部影片为消费者带来的构思、情感和体验。2021年电影《你好，李焕英》票房突破54.14亿元人民币；在全球电影票房排行榜中，《你好，李焕英》的总票房超过了《盗梦空间》和《变形金刚2》等好莱坞大片，位列第79位。这部由贾玲首次执导的电影改编自贾玲的亲身经历，讲述了刚考上大

---

① 金洋. 基于民俗信仰与吉祥文化的创意产品设计研究：以平安符为例［D］. 重庆：西南大学，2020.

学的女孩贾晓玲经历了一次人生的大起大落后情绪失控，意外穿越到了20世纪80年代，与20年前正值青春的母亲李焕英相遇的故事。让观众走进影院的主要原因在于影片以内容取胜而且能够引起大部分观众的共鸣，影片本身只是一种象征性符号，以连接有这种特殊情感的观众。这也是消费者在寻求一种自我认同，通过象征符号来自我界定，标定出区别于他人的自身差异。所谓"认同"译自英语 identity，它本身具有两重含义：第一层是"本身、本体、身份"，对"我是谁"的认知，另一层是"相同性、一致性"，是对与自己有相同性、一致性的事物的认知。① 相较于某些制造业的产品，文化创意产品本身所赋予的象征性含义更能让消费者获得身份认同感。在文化创意品的消费过程中，消费者对象征意义的重视超过了对物质功能的重视，象征消费成为消费者塑造自我认同感的一种方式。消费者更加关注高级需求，特别是自我实现的需求。正因为如此，消费者走进剧院去欣赏芭蕾舞、听明星现场演唱会都不只是单纯的物质功能消费，更多的是一种自我实现需求的满足和身份认同的肯定。

2. 文化创意产品的功能

文化创意产业的主要功能之一就是"意义"的生产和消费，文化创意产品的消费更多依托于无形的产品或服务来满足消费者的需求。具有象征意义的文化创意产品成为消费者的一种体验和参与，一种社会的体验与文化的认同。② 文化创意产品可作为文化旅游产品的一种有效补充。

文化创意产品具有智能化和高知识性的特点。文化创意产品一般基于文化和创意的理念。文化创意产品的设计与开发是文化、知识、技术的融合，不仅能体现文化的丰富内涵，更能体现产品的高科技，实现文化的经济功能和产业功能。

文化创意产品具有高附加值的特点。研发文化创意产品的产业处于技术创新价值链的最高端，具有较高的附加值。在发展文化创意产品的价值中，技术和文化的附加值高于一般产品和服务的附加值。

9.2 妈祖文化创意产品开发现状

妈祖文化创意产品将独特的妈祖文化资源和原生艺术品结合起来，并进行

---

① 王莹. 身份认同与身份建构研究评析［J］. 河南师范大学学报（哲学社会科学版），2008，35（1）：4.

② 陈小申. 文化创意产业：意义的生产与消费［J］. 山东社会科学，2011（12）：39–41.

再次解构创作，融合了具有特色的文化元素与个人创意，将原生艺术品中蕴含的符号意义、美学特征、人文精神、文化元素创作出一种新的文化创意产品。近年来，莆田市充分发挥妈祖文化优势，将传统的妈祖文化、旅游、体育、健康、音乐、影视等多种功能业态融合在一起。将妈祖文化资源特色转化产出为文化产业优势，进而带动莆田文化产业的发展。

1. 核心的创造性艺术产业

文学方面，记载妈祖的诗词数量颇多，而且题材多样、内容丰富。如宋代刘克庄的《白湖庙二十韵》、宋代赵师侠的《诉衷情·莆中酌献白湖灵惠妃三首》、元代谢应芳的《过太仓》、明代归有光的《自刘家河将出海口风雨还天妃宫二首》、清代施闰章的《神船词》，以及当代诗人林梦的《和平女神颂》等。

音乐方面，随着妈祖祭典以及各类民俗节事活动的开展，妈祖歌舞音乐受到较大的关注。一方面是妈祖原创歌曲的搜集和整理，比如通过口述的方式搜集民间流传的妈祖音乐，如《妈祖经》；另一方面是妈祖祭祀音乐，在春秋两祭湄洲妈祖祖庙举办的妈祖诞辰祭典中使用的音乐和其他地区的祭仪音乐。蒋维锬、朱合浦主编的《湄洲妈祖志》里面有湄洲祖庙祭典的完整记录，特别是对湄洲祖庙祭典的场景、祭典乐器、祭品及祭器等的描述，详细介绍了祭典仪注，并附有湄洲祖庙祭典音乐的简谱（林祖韩词，郑瑞霖曲），包括引导乐、迎送神之曲、初献《海平之曲》、终献《咸平之曲》及亚献《和平之曲》。此外，还有妈祖民俗舞蹈音乐，如湄洲岛妈祖舞"耍刀轿""摆棕轿"等。

表演艺术方面，主要是妈祖音乐的现代化延伸和发展。现代妈祖歌舞音乐成果丰硕，如石松的作品音乐会《祖庙圣会》、马金星创作的歌舞剧《海神林默娘》、天津京剧院京剧剧目《妈祖》（2004）、全本舞剧《妈祖林默娘》、莆仙戏《海神妈祖》、莆田第一个妈祖题材原创音乐剧《妈祖——海丝之魂》等。

2. 其他核心产业

影视作品方面，近年来，逐步推出了以妈祖为题材的影视作品，如2012年由中国中央电视台、北京网连八方文化传媒有限公司联合出品的38集电视剧《妈祖》，2019年公布的三维动画电影《妈祖》、以妈祖为题材的长篇连载漫画《驭海奇缘》，2020年上映的电影《妈祖回家》等。

博物馆方面，莆田湄洲岛上的妈祖源流博物馆，以翔实的图文、古老的文物，通过高科技媒介向海内外的妈祖信众及游客展示妈祖从生至神的足迹。从汉白玉雕像的序厅开始，妈祖源流博物馆里共有"诞降与行善""救海与升天""神迹与褒封""两岸情缘""妈祖祭典""四海共仰"等7个展厅，叙述与妈祖相关的点点滴滴。博物馆融合图片、文物、石雕、三维动画等多种表现形式，让海内外广大香客、游人缅怀妈祖。

美术摄影方面，莆田市美术馆和莆田市博物馆分设场馆定期展出妈祖主题的美术作品与摄影作品。同时，以妈祖为主题的各类作品涌现，如妈祖题材油画及工艺品创作《妈祖金身圣像》《湄洲圣境》《莆仙戏——海神妈祖》，妈祖题材唐卡巨作《神昭海表》等。

3. 更广义的文化产业

文化遗产服务方面，妈祖民俗活动形式多样，主要有"湄洲妈祖巡天下""天下妈祖回娘家""妈祖下南洋·重走海丝路"等。2008 年举办"天下妈祖回娘家"活动，来自海内外 18 个国家和地区的 300 多家妈祖文化机构的 1000 多位妈祖信仰者代表齐回湄洲祖庙谒祖朝圣，开创了"妈祖回娘家"活动的新纪元；2009 年开始，"湄洲妈祖巡天下"活动展开，湄洲妈祖金身巡安兴化，2017 年赴台巡安，同年巡安广东潮汕；2017 年"妈祖下南洋·重走海丝路"活动在马来西亚的吉隆坡、马六甲，新加坡等海上丝绸之路沿线国家的重要城市隆重举行。2018 年湄洲妈祖乘邮轮海上直航菲律宾；2019 年湄洲妈祖首次坐动车巡安苏沪。

出版和印刷方面的作品有林国良的《妈祖文化简明读本》《中华妈祖圣像大观》《莆田妈祖信俗大观》《莆田妈祖宫庙大全》，林金榜的《湄洲妈祖志》《湄洲妈祖祖庙志》，周金琰的《妈祖祭典》和《妈祖文献史料汇编》3 辑 16 卷等。

4. 相关产业

妈祖建筑方面有"海上布达拉宫"盛名的妈祖祖庙建筑群。其独特的建筑、雕像、壁画、碑刻、楹联、志书、祭具等物质文化遗产使得妈祖祖庙更具独特性，这些都奠定了"妈祖圣地"的坚实地位，吸引着海内外妈祖信众和游客慕名前来朝拜。

妈祖文化创意设计方面，设计师将不同的技法、材料和设计运用在妈祖工艺品上，打造了具有地方历史文化特色的妈祖文化旅游产品，如木雕妈祖、石雕妈祖、铜雕妈祖、白瓷妈祖、珐琅妈祖等，这些工艺品巧夺天工，尽展妈祖文化的独特魅力。此外，还有妈祖平安锁、服饰、动漫手机壳、Q 版枕头、卡通钱包、车载饰物等有着浓郁妈祖文化元素的文化创意产品。

9.3　妈祖文化创意产品开发中存在的主要问题

1. 经验较少，资金支持少

由于妈祖文化属于地方性文化，仅为一部分人所熟知，妈祖文化创意产品较为小众，市场相对有限。因此，妈祖文化创意产品的开发缺少一定规模的专项资金资助。当地政府还未完善对妈祖文化创意产品开发的扶持政策。从目前妈祖文化创意产品的开发过程来看，较少有消费者直接参与设计与生产的。因此，也很难通过众筹的方式获得消费者的支持，不利于消费者的积极参与和支持。

2. 样式种类重复单一，产品同质化严重

产品的开发设计缺少创新性，缺少妈祖文化创意的特色，产品同质化严重。除手工制品及其他文化商品，最常见的问题就是文化地标及风景的复制。目前市面上销售的很多产品只是把妈祖的图案直接印制在衣服、枕头、毛巾、文具、茶杯等物品上面，是对产品的简单复制。许多产品和旅游纪念品非常相似，创新性和实用性并不突出。妈祖文化创意产品会在表现、外观甚至是营销方法上竞相模仿、逐渐趋同、严重跟风，同类的产品很常见。没有创意和想象力，自然也就没有妈祖创作的核心力量。创新是文化创意产品设计的灵魂。在设计内容上，妈祖文化创意产品缺乏新意，特别是景区的文化旅游纪念品，只是对妈祖图像或者文字进行了简单的提炼和设计，缺乏一定程度的深层挖掘，导致湄洲岛妈祖文化创意产品难以与其他地区的文化创意产品产生差异，影响游客对妈祖文化的认知和传播。

3. 优质的妈祖文化创意产品匮乏，价格两极分化

市场上价格适中、品质好的妈祖文化创意产品比较少。文化创意产品粗制滥造，不够精美，自然无法激起消费者的购买欲望；价格昂贵的文化创意产品虽然品质较高、做工精美，但价格高昂，消费者也不愿意购买。此外，妈祖文化创意产品的产品结构也需要优化和调整。在产品的设计、生产和制作、营销和推广、服务等一系列环节的衔接上还需要进一步的优化和完善。

4. 产品缺少互动体验

作为 5A 级海岛度假休闲胜地，湄洲岛吸引海内外游客的不仅有自然景观还有人文景观。随着大众消费水平和消费能力的提升，简单地对产品的外观和对文物或景观的复刻难以抓住消费者的眼球，消费者更关注文化创意产品的互动体验及产品背后的故事性，特别是人文景观旅游目的地。然而，现阶段的妈祖文化创意产业整体的发展仍有较大的提升空间，体验型的文化创意产品相对较少。因此，在设计妈祖文化创意产品时，要着重关注用户对妈祖民俗文化创意产品的互动体验感。

9.4 妈祖文化创意产品开发中的消费者共创机理分析

林明华、杨永忠（2014）提出创意产业价值链是由文化资源、内容创意、生产制造、市场推广、消费者五个环节构成①。沿用林明华、杨永忠提出的文化创意产业价值链，在价值共创基础上对妈祖文化创意产品价值链进行构建，将消费者合作创造融入价值链的每一个环节，直至终端消费者。这一价值链的焦点不再是生产者生产、消费者消费，而是将消费者纳入每个环节之中，吸收消费者的选择、反馈和偏好，只有经过消费者的过滤和重新解读，文化创意产品的质量和内容才能显现出价值。

1. 妈祖文化资源环节的合作创造

作为文化创意产品价值链上的根本环节，文化资源在创造过程中提供各种新奇的内容创意素材，并通过创意阶层的创意劳动，将文化资源运用于内容创意之中，从而最终赋予创意产品文化意义和象征。此外，文化资源是创意产品增值的基础环节。如果在创造过程中缺少文化资源，创意产品将难以拥有一定的文化价值，这就与一般产品无异。如果消费者认同这种文化资源，那么以这种文化资源为源泉创造出来的创意产品的文化价值也将随之提高，进而促使创意产品价值成倍增加，创意产品开发企业则可能获取更多的利润。因此，文化资源是创意产品文化价值的生成之源，是创意产品开发之本。

妈祖文化资源来源广泛，内容丰富，包括历史故事、神话传说、典籍名著、特色民俗等，而且这些都是开放式的共享性资源。通过广大妈祖信众和一般消费者的贡献和分享，企业可以获取丰富的妈祖文化资源和素材，便于内容创意下一环节的创作。此外，让消费者参与妈祖文化资源的调研过程，他们可以体验到产品创意开发设计的乐趣，进而提高他们对产品的忠诚度和归属感。

2. 内容创意过程中的消费者合作创造

在内容创意的过程中，设计工作者应该对目标消费者群体的文化背景进行

---

① 林明华，杨永忠. 创意产品开发模式研究［M］. 北京：经济管理出版社，2014.

深入思考，因为不同的群体文化会影响群体中个体的思考方式和行为方式，以及目标消费者的消费偏好。在妈祖文化产品内容创意过程中，企业应该鼓励消费者全流程参与产品的创意设计，特别是可以建立一种开放性、分布式的虚拟社区，让全球对妈祖文化感兴趣的人集中在一起。通过各种社区活动，将众多消费者融入，并发挥消费群体的作用对生产制造进行调整。内容创意的过程，不单单有企业与消费者之间的互动，也有消费群体之间的互动和消费者与消费者个体之间的互动，这种多重的互动更加体现出文化创意产品社会网络性的特点，其主导的价值不仅包括企业，也包括消费者，甚至消费者与消费者在互动过程中也会产生价值。

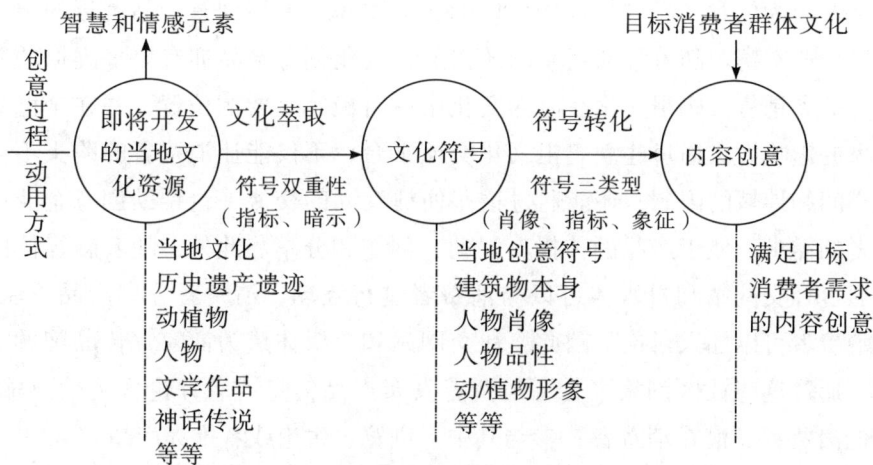

图 9 - 1　文化创意产品的内容创意环节

3. 生产制造过程中的合作创造

妈祖文化创意产品生产过程是创意企业融合内外资源将内容创意转化成产品实体的过程。在这一过程中，要满足不同消费者对同一种文化的需求。一方面要借助各种生产技术，另一方面要结合消费者的个性需求。如果创意产品实体让消费者不满意，消费者同样没有购买欲望，从而难以实现内容创意的文化价值。在创意产品的生产制作过程中需要消费者主动表达自身对创意产品的消费需求，创意企业为了满足顾客的偏好可以采取定制的方式来与消费者共同开发创意产品、共同创造价值。

在后现代消费文化的影响下，定制迎合了人们追求品质和个性的心理，也满足了消费者对创意产品的个性化和象征性的需求。通过定制树立自身形象，构建一种自我认同和表达。消费者可以通过参与妈祖文化创意产品的生产过程，清晰表达出自己想要的创意产品所传达的文化符号或文化符号组合诉求，或者明确表明自己所需要的创意产品类型；创意企业则需要和消费者建立更多的联系，创造出更贴近消费者偏好的内容创意，在消费者要求的基础上提出解决方案，将客户的个性化需求融入产品，使消费者获得自己定制的个人属性强烈的商品。随着个性化需求的日益凸显，定制能将产品与消费者偏好高度匹配，消费者在为自己"量身定做"的过程中，可获得过程体验和创作自豪感并能传递独特的身份识别信息等。

4. 市场推广过程中的合作创造

创意产品生产出来后，就进入了市场推广环节。理论上讲，这一环节的主体包括专门为创意产品进行宣传推广的企业组织，承担创意产品销售的组织或者创意企业本身。随着移动互联网的兴起，文化创意产品拥有更多虚拟的渠道进行传播和销售。妈祖文化在海洋文化中占有极其重要的位置，并在全世界具有较大的影响力。通过建立妈祖文化交流平台，不仅能让消费者的购买不受时间、空间和地域的限制，还能通过这些便捷互动的交流平台帮助创意企业了解消费者的需求，便于产品的传播、互动、创作和分享。此外，随着新媒体的发展，通过社交网站和自媒体可以与消费者进行互动，消费者分享产品体验后，其他消费者可以加入讨论。因此，社交网站和自媒体成为商家宣传品牌的另一渠道。通过这些社区网络平台，消费者发布产品信息或者评论作为信息输入，而其他消费者（潜在消费者）参与其中，浏览、讨论或者推荐产品。

消费者已经从过去单纯的、被动的接受者转变为积极主动的参与者和创造者。信息、通信、互联网等技术的发展，推动了文化创意产品的发展，让消费者更加容易地参与到整个产品的设计创作、生产制作、推广以及销售购买过程中。消费者的加入不仅为文化创意企业带来更加准确的市场信息和新技术，更重要的是消费者的共同参与让这种无形产品或服务的价值得到了更好的实现。

9.5 个案分析——以妈祖平安符为例

9.5.1 妈祖文化与平安符

民俗信仰文化是民间普遍的价值与处世精神的体现，其借由语言、符号、物质特性等象征方式，将现实生活中的客观事物加以形塑，使之成为体现象征意涵的载体，以传达人们对于吉祥幸福的祈望。平安符通常以文字或图像等形式呈现于纸、布等材料之上,寓意将"神力"以符令的形式寄予其中,使之具有驱邪除祸、祈求平安吉祥的功能。平安符上往往配以"阖家平安""元亨利贞"等各式吉祥文字或者图样,以此加强平安符的灵力,顺应人们的心理需求。妈祖最初的神格功能是行业庇护神,主要体现在御灾救难上。每当发生水旱、舟航危机、灾异之时,凡是向妈祖呼救者,有求必应。之后,妈祖的神职逐渐与国家事务联系起来,如妈祖化身为护国庇民的神灵,兴兵征讨敌军之时显灵助威,保护漕运与外交使臣等。从妈祖神格功能的变化可以体现出妈祖文化精神内涵所在:忠君爱国、护国庇民、救危扶困、勇敢无畏、孝悌仁爱、大善大爱,崇拜妈祖使人获得精神上的安定和幸福。将妈祖文化精神内涵融入平安符,通过创意设计使得信仰符码更具体化,也使得妈祖信众有一个具体的对象物。将妈祖文化与文化创意产品相结合,则是以多元化的形式表现传统信仰。

近年来,妈祖文化旅游节庆活动吸引众多的海内外妈祖信众和普通游客。妈祖文化创意产业也得以发展,妈祖文化创意商品处处可见,其目的在于传承、延续、推广或发扬妈祖文化。妈祖平安符将妈祖文化的精神内涵融入文化旅游商品之中,不但可以降低妈祖文化与人群的陌生感,也推动了妈祖文化的传播,无形中提升了妈祖文化产业的经济价值。每年春季妈祖诞辰祭典和秋季妈祖升天祭典,都会吸引众多观光客前来参与。不论是信众或是参与者,在参加相关民俗展演活动时都会求取平安符以保平安,使平安符成为传承、延续、推广及发扬文化的最佳伴手礼。

9.5.2　妈祖平安符样式与设计

追求平安吉祥、美好人生一直是人类普遍的心理愿望。这种信念源自人类的原始思维,渐渐地随着历史传承衍变,凝聚成各民族的传统文化。这种祈求平安吉祥的祈福文化为民间普遍价值与处世精神的体现,透过语言、符号、物体等象征方式,将现实生活中的客观事物加以形塑,使之成为体现象征含义的载体。妈祖平安符便是早期沿海人们祈求平安顺遂的载体,其形式多样。随着时代的变化、人们的审美改变,这一祈福载体也呈现出多样化的特点。

1. 妈祖平安符样式

目前湄洲岛妈祖平安礼、妈祖文化馆、海神闽台特产商场等湄洲岛上特色主题礼品店以及各大平台所销售展示的妈祖平安符样式繁多。有传统的妈祖平安符符纸、纳福衣挂件、平安吊坠、平安金箔纸等,种类丰富,材质多样;有布制妈祖平安符、纸质妈祖平安符、塑胶妈祖平安符;有较为贵重的材质,如玉制妈祖平安符、水晶妈祖平安符、朱砂妈祖平安符、紫檀木妈祖平安符、金银铜妈祖平安符等。妈祖平安符的传统形态联结着人们对平安符的理解与感知，这是由长时间的印记而形成的，也是心灵的需求与感情的联结。

妈祖平安符符纸如同传统的纸质平安符一样，在黄纸上用毛笔书写文字、印模图案和湄洲祖庙红色大印，符纸可折成三角形、八卦形。由于是纸质符纸，易损易潮，优点在于价格便宜，而且传统黄纸符纸更具神秘的仙家玄韵。

妈祖平安纳福衣以红色或者黄色为主，将不易保存的传统纸质平安符与"小神衣"结合起来，可以让湄洲祖庙平安符符纸便于携带，不易受潮损坏。而在"小神衣"外观上融入了祖庙萌妈形象、湄洲妈祖、天上圣母、海浪花纹等，使其更具亲和力与美观性，而且价格实惠，是非常受欢迎的平安符样式之一。

妈祖平安符挂件也是妈祖平安符中最常见的样式之一。在妈祖平安符挂件中，车载挂件最受欢迎。行车保平安是绝大多数消费者的购买动机，妈祖平安符车载挂件造型、材质多样，价格适中。妈祖平安符挂件中还有项链、锁片等，以木质、玉石、金银铜等稍贵重材质为主，价格偏高。

2. 妈祖平安符图像与装饰纹样

妈祖平安符承载的是人们对平安顺遂的期望，因此在妈祖平安符的设计内容上所选择的图像和装饰纹样要能充分展示与妈祖的直接联结。目前常见的妈祖平安符大多采用了妈祖的图像、吉祥兽或者海浪、云朵等相关的吉祥装饰纹样。这样的载体使图案内容融合在简明的物、意、情、趣之中，能使人们从图像中实现精神的寄托。

妈祖平安符正面多以妈祖图像为主，反面则是文字或者装饰纹样等。妈祖平安符直接采用妈祖图像，极容易辨识妈祖形象，从而与其他宗教信仰区别开来。妈祖平安符上的形象比较多样，以湄洲妈祖祖庙的几款妈祖平安符为例，有比较受年轻人喜欢的"Q版"可爱妈祖形象，也有庄重威仪的形象，还有妈祖的两个随从——千里眼和顺风耳。平安符上的妈祖形象多头戴华丽的后冠，身着官服，面容或是慈祥可亲，或是庄重威严，或是笑容可掬。

妈祖平安符上除了妈祖图像以外，还配有相应的装饰纹样。中国民间信仰的庇佑图腾以太极八卦为代表，从八卦、符咒的符号与图像象征来看，其中蕴涵着很深的文字性。尤其是中国最初的象形文字，本来就有艺术价值和某种神秘性。妈祖信仰是传统的中国民间信仰，因此，八卦纹被用在妈祖平安符上。

妈祖是海上女神，与大海密切相关，海浪、云朵等元素也频频出现在妈祖平安符的图像设计之中。祥云纹作为我国传统吉祥图案的代表，寓意祥瑞之云气，因此被广泛运用在妈祖平安符上。波浪纹是水纹演变而来的，妈祖是海上女神，与水息息相关，因此波浪纹也是妈祖平安符中常用的装饰纹。

3. 妈祖平安符文字内容

除了妈祖图像和装饰纹样以外，妈祖平安符上还会有一些简洁的文字用以说明平安符的祈福功能等。从湄洲妈祖祖庙的妈祖平安符来看，上面的文字内容大致包括宫庙名、神祇名、祈福语或者经文。湄洲妈祖祖庙的妈祖平安符常将"湄洲祖庙"放置在平安符上较突出的位置，这主要是为了强调妈祖的地方性，同时突出"天下妈祖，祖在湄洲"。这不仅具有纪念意义，更有助于本土文化的传播，以及宣传宫庙的香火灵验。祈福语也常出现在妈祖平安符上，这些文字是平安符重要的视觉特征之一，如护身平安、国泰民安、阖家平安等通用的吉祥语，以及有特定功能的祈福语，如好姻缘、祈愿学业等。应时代的变化，为了满足人们各式各样的信仰需求，吉祥语也在不断地创新。好运常在平安符和成就姻缘平安符其相关的吉祥语也结合了网络热词，深受年轻消费者的喜爱。经文则包含光明咒等含有效力功能的文字内容。

4. 妈祖平安符色彩搭配

妈祖平安符所使用的色彩繁多，黑、白、红、绿、蓝、黄、紫等皆有之。最常见到的是黄色、红色、金色，此与色彩象征意义及符箓的使用材料有关联，色彩颜色主要分为材质色、传统色、搭配色。材质色就是材质本身的原色，比如木质、金属、玉石等。传统色为传统平安符的使用色，主要为红、黄两色。依据中国传统民间习俗，黄色、红色和金色代表吉祥之意，可以镇邪避厄，使人们感觉身旁随时有神明保佑，以求得一个心灵慰藉之效；红色为古老东方民族象征吉祥的颜色，黄色为古代帝王用色，象征平安尊贵。

9.5.3 妈祖平安符的创意开发

民俗信仰来自人们的原始需求：祈求吉祥和除殃避祸。在民间生活中，这两种文化内涵也最常被负载和运用在客观载体上。平安符这一吉祥物作为吉祥文化的载体，随着时代的发展、语境的变化，人们便产生了不同的期望与心理需求。平安符的功能也从最初的保平安发展到如今具有丰富多样的祈求功能，用来寄托人们对个人和家庭的美好愿望，在心理与信仰的层面上扭转和化解现实中一些不如愿的成分，从而得到希望与幸福。平安符可以说是所有美好祝愿的集合载体。

1. 妈祖文化资源的挖掘

妈祖文化不仅具有文化价值、经济价值、社会价值、历史价值，还具有象征价值，正是这种具有丰富价值的民间信仰文化赋予了妈祖文化资源异质性和独特性，为文化创意产品开发提供了独具特色的文化资源。文化资源的挖掘是文化创意产品开发设计的前端环节，企业能通过创新研发设计，提升产品的附加值。妈祖文化资源丰富，历史故事、神话传说、典籍名著、特色民俗等都能为妈祖平安符的设计和制作提供创意的来源。企业要对这些文化资源进行评价、筛选，一方面找到能与平安符契合的素材；另一方面也要考虑信众和游客的需求和认同。因此，在文化资源搜集这一个环节，可以通过广大信众、当地居民和一般消费者的贡献和分享来获取丰富的妈祖文化资源和素材，便于内容创意下一环节的创作。此外，对文化资源进行评价。参照林明华、杨永忠（2014）提出的文化资源知名度、文化资源美誉度、文化资源利用度、文化资源扶持度、文化资源整合度五个维度对文化资源进行评价，找出最具有认同感的妈祖文化符号，将其用于内容创意设计。

2. 妈祖平安符的内容创意设计

内容创意设计的第一步就是文化萃取。妈祖平安符的创意设计需要将具体的文化资源进行符号化，把这些文化资源转化成可用于内容创意的各类文化符号。这些文化符号包含图像性符号、指示性符号和象征性符号。比如妈祖形象的采用、文字排版以及纹样的选择，都需要创意人员具备较高的文化素养和丰富的想象力，才能够提炼出足够多的、富有文化意义的各类文化符号。此外，从妈祖信众和普通游客的需求动机出发，在创作过程中应考虑目标消费者群体的文化背景。原因在于群体的文化会影响群体中个体的思考方式和行为方式，将影响目标消费者的消费偏好。创意人员要了解目标消费者群体的消费习惯、价值观等文化特性，特别是消费群体独有的文化特性，如颜色禁忌等，才可能创造出符合目标消费者文化观念的内容创意。

3. 妈祖平安符的生产制造

基于文化爱好者、消费者的文化偏好和需求来定制和生产，这是随着人们生活水平的不断上升，消费者对物质、精神情感的要求不断提高而出现的一种生活文化的新型表现形式。它以个性化为诉求，体现情感价值，使一个普通物件因具有文化的特质而成为有体温、记忆的不凡品。它不是传统的产品定制，主要在于它突出的是文化的特征和价值。虽然最终落脚点是具体的产品，但是背后蕴藏的是文化。文化定制不是大规模批量的生产，而是小规模的生产，甚至就一个单品定制。

4. 妈祖平安符的市场营销推广

故事营销这个名词大家并不陌生，因为在其他一般商品的营销中也广泛运用到故事营销这一手段。现代营销理论认为，消费者对产品并不关心，他们感兴趣的是利益和产品为他们带来的某种功用。而后现代营销在此基础上进一步发展，从消费者利益转移到"消费体验"。基本观点是产品意义产生于消费而非生产，强调过程重于结果。将故事营销运用到文化创意产品的营销，通过产品背后的故事或消费者和产品的故事在创意产品周围编织出一个象征性的联系网络，并允许消费者创造出属于他们的有意义的经历。故事营销让消费者成为主动的参与者，而不是被动的接受者，他们在营销者的叙述中发现了自己的意义。

妈祖平安符承载的是无数体现妈祖忠君爱国、护国庇民、救危扶困、勇敢无畏、孝悌仁爱、大善大爱的故事。通过这些妈祖的故事或传说，触动人们的内心情感，进而增加海内外的妈祖信众和普通游客对妈祖文化的认同感，而湄洲岛也成了人们心中独一无二的宗教旅游胜地。除了给景区带来收益，妈祖文化的相关衍生品也会受益。

此外，互联网时代营销的一大特点就是人人都是传播者，人人都是销售者。因此，需要消费者主动帮产品背书。特别是让一些具有影响力的妈祖信徒或者资深的游客等主动参与到妈祖文化创意产品的营销传播之中，才能向创意产品的潜在消费者传递更多有效的信息，进而增加这些潜在消费者的购买欲望，促进妈祖文化创意产品的销售。

9.5.4 妈祖平安符相关文化创意产品

1. 妈祖平安茶

妈祖平安茶具有悠久的历史。自宋代以来，传承茶文化和发扬妈祖传统文化有着千丝万缕的联系。当时茶叶种植逐渐向南方转移，茶叶种植的面积也就渐渐扩大了，茶叶等特色产品也就随着"海上丝绸之路"出口到海外。而当时许多沿海港口城市都信仰妈祖，在当地流传着很多她治病救人的故事。茶是一种可以用来饮用和药用的汤水，是妈祖救人锦囊中的神物之一。它不仅可以祛除病痛，还可以给人民带来平安幸福。于是在很多次海上救援成功以后，人们都会用热茶迎送，送上暖意和平安的祝福。现如今，湄洲岛上还保留着每天凌晨将六杯茶供奉在妈祖神像前的古老习俗。因此，人们就联想到湄洲岛上这种古老的习俗，将进奉给妈祖的茶水称为"妈祖平安茶"。

为了满足不同消费群体的需求，从妈祖平安茶的包装入手，增加其趣味性、实用性和互动性，更好地填补市场空白。某公司通过网页、音乐、图片等搜索功能找到关于茶叶包装设计的海量信息，通过贴吧、论坛表达和交流其茶叶包装设计的思想。在和消费者互动的过程中，该公司发现了消费者了解妈祖文化和茶文化，便通过设计生动活泼的动漫卡通形象、朗朗上口的文字和句子，更接近生活的实物载体，促进妈祖文化与茶文化的融合。因此，妈祖平安茶的包装采用了"Q版"的妈祖喜庆插画作为正面的大图，用金色贺字和祥云图案作为主色，寓意平安吉祥。以"玉如意"的纹路作为茶叶包的封口，寓意万事如意。有些消费者提出在茶包的另一面增添"妈祖赐福""湄洲妈祖石雕像"等元素，丰富了茶包的内容。产品的外观因此得到了更多人的喜爱，成为一款极具妈祖文化创意的妈祖平安茶。

2. 妈祖平安糕

"妈祖糕"是湄洲岛农家的一种传统糕点，糯米、冬米用料适宜，吃起来软而不黏牙，韧而不板结。即使是冬天，依然柔软好吃，颇受来岛朝圣、观光的香客游人喜爱。妈祖庙常用此糕为贡品，它的形状四四方方，外面包了一层薄薄的纸，里面是白白的糖糕，甜而不腻。妈祖糕俗称"糕果""妈祖糕塔"，外表还用红色糕片叠出"福"字，寓意福如东海。

3. 妈祖特色工艺品

妈祖特色工艺品作为地方特色旅游产品，不仅蕴含着妈祖文化符号，还通过故事引起消费者的共鸣和认同。在创意设计开发环节大有可为，不仅可以采用传统的原材料，比如红木、玉石等，还可以利用先进的高科技材料来制作一些文化科技产品。将文化与科技结合，运用创意和科技手段，提升研发能力，推出一批既有品质，又有妈祖文化元素的特色文创产品。

4. 妈祖文化创意产品

妈祖文化创意产品多数以旅游纪念品的形式售卖，要充分考虑产品的功能性和游客携带的便捷性。因此，在产品的选材、重量和包装上需要考虑上述两点。在设计开发产品时，妈祖文化创意产品的尺寸、重量和包装应以轻便小巧及方便携带为主，另外应以实用性为导向，以功能性、趣味性、舒适性为主，以吸引更多的消费者购买。从日用品、玩具、餐具、办公用品、首饰、零食等方面展开设计，让产品贴近人们的生活，比如妈祖雕塑、壁挂、玩偶，以及以妈祖形象或妈祖文化为主元素的相册、纸扇、手机壳、水杯、香包等。

9.5.5　启示

妈祖平安符架起了文化创意产品和消费者之间沟通的桥梁，让消费者参与到妈祖平安符开发和设计的过程中，妈祖平安符才会得到消费者的青睐，并激发消费者的购买欲望。同样，对于其他的企业来说，在获得经济效益的同时，通过提供优质的产品和服务，提升了企业的形象和良好的口碑。妈祖平安符的成功，很大程度上与坚持融合消费者的创意有关，这对其他企业来说有极强的借鉴意义。

妈祖文化创意旅游中如何让消费者参与妈祖文化创意产品的开发和设计，从而打动消费者，让他们做出购买行为，本研究认为应该把握以下关键点：一是让消费者参与到妈祖文化创意产品的开发以及制作过程中，且必须以消费者的利益和需求为出发点；二是有明确的目的、方向和规划，有计划地开发生产文化创意产品，不能一味地追求数量而忽视质量；三是提高妈祖文化创意产品开发者的创新力和创新精神，提高产品的质量；四是注重培养文化创意产品开发的优秀人才，打造一个专业基础扎实、市场嗅觉敏锐以及经营管理能力卓越的人才智库；五是提高文化创意产品的产业链完整性，以互利互惠为原则，选择合适的合作伙伴。

第 10 章　闽台妈祖文化旅游行为、认知比较研究

妈祖信仰形成于我国东南沿海一带，历经宋、元、明、清，至今已有千年。妈祖作为台湾民众信仰中香火最鼎盛的神灵，具有维系海峡两岸民众情感、推进祖国和平统一的作用。近年来两岸文化、宗教交流密切，但时代变迁，民众的信仰行为，如进香的形式和态度已经悄然发生变化，游客的进香心理诉求与意义也有一定的变化。不论是官方或妈祖宫庙代表，抑或是参与进香的团体或个人，不同群体和香客对解读湄洲祖庙巡香活动的意涵和参与的心理机制存在着较多的差异性。基于此，本章主要采用问卷调查对赴莆田湄洲岛妈祖祖庙进香的闽台游客的旅游动机、行为进行统计分析，旨在对妈祖信仰进行纵向的历史梳理的同时，还要进行闽台区域间的横向比较，进一步了解新时期妈祖文化活动的信仰意涵和演变。

10.1　闽台妈祖信仰的历史与发展

大陆的妈祖研究起步较晚，但在政府机构的极力支持下也发展迅速。尤其是对史料档案的整理，如《清代妈祖档案史料汇编》等书籍的问世，对于研究妈祖信仰的史料考查大有益处。而妈祖信仰的研究最早是由史学家顾颉刚奠定基础的，其论证了妈祖信仰起源，影响力的发展及对妈祖信仰历史进行详细的编年考证①。台湾自 20 世纪 50 年代以来陆续有论著发表，李献璋所著的历史上第一部妈祖文化研究专著——《妈祖信仰研究》，将妈祖的学术研究水平推上一个新的高度。② 20 世纪 70 年代以后，台湾的妈祖文化研究也逐渐掀起热潮。20 世纪 80 年代以后，闽台两岸学者同时掀起了妈祖研究热。特别是近几年来，妈祖研究队伍不断扩大，研究领域也逐步拓宽。妈祖信仰是联结海峡两岸人民感情的纽带，妈祖文化作为一种影响广泛的民俗文化，是沟通两岸民间往来的

---

①　林国平. 闽台民间信仰源流［M］. 福州：福建人民出版社，2003：147 – 158.

②　李献璋. 妈祖信仰研究［M］. 澳门：海事博物馆，1995：4.

桥梁，在当前对台工作中发挥着极为特殊的作用。① 纵观学术上的研究成果可知，妈祖信仰研究丰富，但是新时期对闽台妈祖信仰行为进行认知与比较研究的学者还是很少，因此新时期闽台妈祖信仰行为的认知与比较的研究具有一定的意义。

10.1.1　福建省妈祖信仰的历史和发展

根据宋代的文献史料记载，妈祖出生于福建莆田湄洲岛林姓人家，因她从出生到满月从不啼哭，父亲给她取名林默。在林默短暂的一生中，她勤劳勇敢、扶危济困、无私奉献。这些优秀品质和高尚情操，正是中华民族传统美德的具体表现，得到了大多数人的认同。

福建东临台湾海峡，海岸线曲折，有许多优良的港湾，为发展海上交通提供了优越条件。繁荣而便利的海上交通加速了妈祖信仰的形成。妈祖信仰正是在宋代海上航运兴盛时产生的。随着福建人商业活动的足迹，妈祖信仰不仅传播到祖国各地，也传播到了世界各地。福建是妈祖的诞生地，自然也是大陆妈祖信仰最盛行的地方，仅仅在妈祖的故乡——莆田，就已经有几百座大大小小的妈祖庙。据统计，在民国以前，福建各地的妈祖庙数量已十分庞大，几乎各府县都有妈祖庙，香火也相当旺盛。虽说妈祖作为海上女神主要盛行于沿海地区，但如今妈祖信仰已有渐渐深入内陆闽西客家山区的趋势。

10.1.2　台湾妈祖信仰的历史和发展

早期沿海民众迁往台湾所用的交通工具是帆船，而妈祖作为海上女神会被单独供奉在一个船舱，信众很虔诚地日夜膜拜，顺利到达目的地时他们就认为受到了妈祖保佑，对妈祖信仰也更加虔诚。妈祖信仰已经成为台湾最普遍的民间信仰之一。世界各地都有华人的足迹，妈祖也从最开始的湄洲祖庙传播到世界各国。全世界的妈祖宫庙数量庞大，而且每年都有妈祖信众把妈祖从湄洲岛分灵到新建的宫庙，可以说有华人的地方就会有妈祖信众，也因此会有妈祖宫庙。妈祖在台湾非常盛行，据统计在 2300 万台湾同胞中，就有 1700 万人信仰妈祖。妈祖信仰从大陆传到台湾以后，经过长期的变化发展，也逐渐呈现本土化特色。"妈祖"在福建原本只是"出海妈祖"，为了保护渔民出海平安。但妈祖在台湾已经发展成了"过海妈祖"，成为离开大陆的百姓祈求过海时平安顺

---

① 翁卫平. 台湾妈祖信仰的民俗发展及其功能 [J]. 莆田学院学报，2003 (6)：3.

利的保护神。妈祖已扎根于台湾，成为不同于大陆妈祖的本土神明。又因为台湾四面环海，海上作业频繁，所以台湾妈祖信众众多，妈祖庙随处可见。

10.1.3 闽台妈祖信仰行为交流

大陆和台湾的妈祖同根共祖，有着上千年的民间文化传承和相同的文化认同感和归属感。1989年5月6日，台湾南天宫组织200多名台湾妈祖信众冲破重重关卡，直接乘船到达湄洲岛祭拜妈祖祖庙。1997年1月到5月，湄洲妈祖金身巡游台湾全岛102天，朝拜的台湾妈祖信众达1000多万人次，这次巡游在当时轰动了海内外。2002年5月8日，湄洲妈祖金身再一次启动銮驾前往金门，接受台湾上万人朝拜。这就是妈祖信仰的民心凝聚功能，湄洲岛与台湾的两尊妈祖遥遥相望，由此可见妈祖已成为两岸社会交流、商业往来、文化往来的和平象征，成为加强两岸交流和友好往来的和平女神。

10.2 闽台妈祖文化旅游行为对比分析

为了更好地对妈祖信仰个体认同的异同性进行研究，了解闽台两岸妈祖信众行为心态的呈现和转变机制，就要获取有关闽台妈祖信仰个体的心理、行为、观念等一手数据和资料。鉴于此，本研究通过问卷调查获取了一手数据，并以此分析闽台两岸妈祖信仰行为，进行新时期闽台妈祖旅游行为认知与比较，探究妈祖信仰在两岸发展中的新价值，探索未来两岸交流态势及妈祖信仰发展趋势。

本研究于2018年和2019年先后在湄洲岛祖庙对来湄洲岛进香朝拜的福建省和台湾香客进行调查，各发放问卷100份，其中福建省信众有效问卷95份，回收率为95%；台湾信众有效问卷90份，回收率为90%。

10.2.1 描述性统计分析

表10-1 闽台游客描述性统计分析表

项目	福建游客 选项内容	占比（%）	项目	台湾游客 选项内容	占比（%）
性别	男	49	性别	男	47
	女	51		女	53

（续上表）

项目	福建游客选项内容	占比（%）	项目	台湾游客选项内容	占比（%）
年龄	20 岁以下	4	年龄	20 岁以下	6
	21～30 岁	6		21～30 岁	17
	31～40 岁	22		31～40 岁	19
	41～50 岁	31		41～50 岁	31
	51～60 岁	26		51～60 岁	18
	61 岁以上	11		61 岁以上	9
受教育程度	小学及以下	11	受教育程度	国小及以下	7
	初中	27		国中	21
	高中	25		高中职	30
	中专	18		专科	20
	大学	15		大学	12
	研究生以上	4		研究生以上	10
职业	公务员	5	职业	军	7
	企事业人员	22		公	6
	文教/科技人员	8		教	13
	服务销售	17		工	14
	学生	5		商	21
	军人	2		农林	13
	农民	12		渔牧	8
	工人	15		学生	9
	离退休人员	11		家管	7
	其他	3		其他	2
月平均收入（人民币：元）	还没收入	3	月平均收入（新台币：元）	20000 以下	2
	2000 以下	25		20001～30000	17
	2001～5000	33		30001～40000	28

（续上表）

项目	福建游客选项内容	占比（%）	项目	台湾游客选项内容	占比（%）
月平均收入（人民币：元）	5001~10000	20	月平均收入（新台币：元）	40001~50000	20
	10001~15000	11		50001~60000	21
	15000以上	8		60000以上	12

　　根据受访者情况来看（见表10-1），来莆进香的闽台游客男女结构中，女性比例略高，女性更需要寻找心灵的寄托，相对而言更加虔诚。从年龄结构来看，闽台游客都相对集中在31~60岁这一年龄段，明显可见来莆进香的福建游客大部分是青壮年，而且有年轻化的趋势。

　　在受教育方面，福建游客初中、高中学历所占比重较大，分别为27%和25%，中专学历的比例也高达18%，这说明参与妈祖信仰行为在福建省比较普遍。这主要是因为福建游客在距离路程上所占优势较大，而台湾游客由于路程或者时间问题亲自到湄洲岛参拜还不普遍。但从统计结果可以看出妈祖信仰行为可以满足各个受教育层次人群的需求，越来越受高学历游客的关注。

　　在对福建省游客来湄洲岛进香朝拜的调查中，企事业单位人员占22%，服务销售行业人员占17%，工人占15%，农民占12%，这足以说明妈祖文化的影响力已经扩大到了福建省社会的各个阶层，而从调查结果也可以看出，妈祖在台湾的影响力也在各个阶层中不断扩大。

　　来湄洲岛祖庙进香的福建省游客中，个人月平均收入2001~5000元人民币的占33%，月平均收入2000元人民币以下的占25%，月平均收入5001~10000元人民币的占20%，这说明福建游客的整体收入水平不高，相对而言台湾游客的整体收入水平高一点。这足以证明湄洲岛对于福建省民众来说可进入性比较高，这也要求福建省加强各项设施设备的建设，提高湄洲岛的可进入性。

10.2.2 旅游选择行为

　　从表10-2闽台游客在旅游选择行为中的"与谁一同前往"调查，可以发现台湾游客随进香团来莆田湄洲岛进香朝拜的占到51%，随家人来朝拜的占14%，随同事来朝拜的占13%。而福建游客在同游对象的选择上与台湾相比差异比较大，与朋友一同前往的占25%，与同事一起前往的占24%，参与进香团的才占23%，也就是前往湄洲岛的福建游客在"与谁一同前往"的问题上比较均衡。这说明台湾游客来湄洲岛的主要原因是宗教因素，要想吸引台湾游客，可以大力发展妈祖的信仰力量；而妈祖对于不同的福建游客都有较大的吸引力。在同往人数方面，台湾游客 6 人以上的人数达 53%，福建游客 6 人以上的高达 83%，可以看出福建游客一起同往的群体相对比较大。台湾游客独自前往游览的为 0，很明显可以看出群体进香旅游在台湾民众进香朝拜中占绝大多数，台湾民众普遍认同妈祖的社会整合功能，这有利于妈祖信仰在台湾的发展。

表 10 - 2　闽台两地游客同游对象选择行为分布

（单位:%）

同游对象	福建游客	台湾游客
同学	7	13
朋友	25	12
家人	18	14
同事	24	13
进香团	23	51
其他	3	4

从统计数据来看，不论是台湾游客还是福建游客，在湄洲岛驻留时间大多为一天以内，这就说明了宗教旅游至今仍是湄洲岛普遍的旅游活动；次之停留时间为两天一夜，说明了游客以休闲旅游为目的的较少；四天以上的几乎没有，说明了台湾游客以探亲、度假为由的旅游很少。湄洲岛还应该在休闲度假方面不断改进，让游客的停留时间更长。

10.2.3　旅游动机

从表 10 - 3 可以看出，在福建游客的旅游动机中，宗教信仰因素占 33%，其中朝圣占 11%，求平安和求财富的都占 8%，这说明目前福建民众来湄洲岛的主要因素还是宗教信仰因素。但是与台湾游客相比，其宗教信仰因素相对较弱或者在弱化。随着时代的发展，许多内在因素如可以得到休息和放松、增加和家人相处的时间、可以认识更多人等所占的比例也在逐年上升。除此之外，其他外在因素如民俗文化、寺庙古迹游览也吸引着闽台的大量游客，这说明湄洲岛还是有其他因素可以吸引游客。向妈祖求平安、求财富、求考运和求姻缘的进香民众越来越多，这反映了妈祖信仰社会功能的转变。妈祖正由海神逐渐转变为祈福消灾的万能神——财神、商神、谷神，甚至送子神等，妈祖信仰也通过适时的转变来顺应时代的变化，吸引了更多民众。

表 10 - 3　　闽台游客赴湄洲岛旅游动机分析

（单位：%）

旅游动机因素	具体内容	福建游客	台湾游客
内在因素	可以认识更多人	5	7
	向朋友分享	4	3
	得到休息和放松	17	3
	增加和家人相处的时间	9	1
外在因素	小吃美食	4	3
	民俗文化	11	7
	寺庙古迹游览	13	2
	参与特别的活动	4	1
宗教信仰	求平安	8	20
	朝圣	11	32
	求姻缘	2	2
	求财富	8	18
	求考运	4	1

10.2.4　参加者的活动身份

从表 10 - 4 可以看出福建游客中民间组团的占 38%，这就跟台湾有较大差别，台湾的单纯香客就高达 40%。因为相对于台湾民众来说，福建民众前往湄洲岛比较容易，而且福建有大量的企业为了奖励员工，会组织员工去湄洲岛旅游，他们认为去湄洲岛旅游是一项不错的旅游体验，这说明妈祖信仰已经得到大多数人的认同。

福建游客是单纯香客的占 28%，这说明来湄洲岛的主要目的已经渐渐不再只是朝圣，而是不断地向观光旅游发展。与台湾游客所占比重相当，参与团队的游客占了 16%，这说明妈祖信仰正逐步扩展到政治领域，政治力量是不容忽视的。

值得一提的是去湄洲岛游玩的福建游客总数是相当多的。而去湄洲岛做学术研究的人数占了福建游客的 6%，台湾民众中也有高达 7% 的游客是去湄洲岛做学术研究的，这足以说明妈祖信仰已成为学术界的一个研究热点。

表 10 – 4　闽台游客的参与者活动身份情况

（单位:%）

参与者活动身份	福建游客	台湾游客
单纯香客	28	40
参与团队	16	26
民间组团	38	21
看热闹	9	0
学术研究	6	7
其他	3	6

10.2.5　旅游满意度

从表 10 – 5 可以看出只有 23% 的福建游客对外部体验感到满足，外部体验包括交通和进香团的感受。77% 的游客内部体验更深，内部体验包括参观吸引人的名胜古迹、充分感受妈祖灵力等。同样，台湾游客满意度调查中只有 31% 的游客对外部体验感到满足，这足以说明湄洲岛应该不断加强基础设施设备的建设，提高游客对外部体验的满意度。

福建游客对参观吸引人的名胜古迹方面满意度最高，其次是充分感受妈祖灵力。这说明来湄洲岛旅游的民众已不再局限于妈祖信众，而是有更多的普通游客。而台湾游客在充分感受妈祖灵力方面的满意度最高，其次才是进香团的感受，这充分凸显妈祖信仰在台湾信众心中的地位高。由此，湄洲岛应在住宿、交通方面进一步提高，尤其是硬件设施设备，这样才能吸引更多的游客；或者通过增加游客外部体验活动来提高游客的旅游满意度，如让游客学跳妈祖操、妈祖功、妈祖舞，观看莆仙戏、祭典仪式等活动。

表 10 - 5 　闽台游客旅游满意度情况

（单位:%）

旅游满意度	具体内容	福建游客	台湾游客
内部体验	参观吸引人的名胜古迹	25	16
	充分感受妈祖灵力	22	39
	住宿方面感觉	14	9
	良好的知识之旅	16	5
外部体验	便利的交通	9	9
	进香团的感受	14	22

10.2.6　旅游障碍

从表 10 - 6 可以发现福建游客与台湾游客一样，主要的旅游障碍在于没有时间参与进香活动及工作上的考虑。但是随着社会的发展、民众生活的高质量化、带薪假期的增多，旅游障碍已经在逐渐消除。在调查过程中很多受访游客都表示没有旅游障碍，以后出游无须考虑这些问题，总的来看其他因素影响都比较小。

表 10 - 6 　闽台游客旅游障碍因素分布情况

（单位:%）

旅游障碍因素	具体内容	福建游客	台湾游客
内部体验	不想浪费时间和金钱	12	10
	没有时间参与进香活动	29	40
	不想离家太远	9	13
	身体无法担负太远的进香活动	6	0
	年龄的问题	7	6
	工作上的考虑	24	18
外部体验	没有人陪同	13	13

10.2.7　未来行为意向

从表 10 - 7 来看，在未来行为意向方面，福建游客强调会再来湄洲妈祖祖庙参与进香的占 33%，会鼓励亲朋好友前往湄洲妈祖祖庙进香的占 31%；台湾游客中会向其他人传播正向信息的占 46%，福建游客占 36%，这说明口碑传播会对湄洲岛旅游带来一定的影响，特别是积极正面的口碑会带来更多潜在的游客。会给湄洲岛带来更多潜在的游客。但是湄洲妈祖祖庙还有待进一步改善，打造除了妈祖之外更具魅力的旅游吸引物，才能使妈祖文化旅游可持续发展。

表 10 - 7　闽台游客重游意愿

（单位:%）

重游意愿	福建游客	台湾游客
您未来会再度来湄州妈祖祖庙参与进香	33	27
您会传递正向信息给其他人	36	46
您会鼓励亲朋好友前往湄洲岛进香	31	27

10.3　闽台妈祖文化旅游行为认知分析

妈祖信仰能够加强两岸人民的文化认同感，能够促进闽台经济发展，维系两岸民众情感。闽台游客进香的形式和态度发生变化，反映其进香的心理诉求与意义也有了相应的变化。

10.3.1　闽台妈祖信仰行为趋于年轻化

从赴湄洲岛进香的闽台游客调查结果可知，来湄洲岛的游客涉及各个阶层，湄洲岛的可进入性较高，妈祖文化和妈祖信仰被广大游客所接受和认同。

通常妈祖香客和信众绝大部分是老年人，但调查报告显示，接受问卷调查的游客年龄集中在 31 岁到 60 岁，闽台游客主要为青壮年，这说明新时期闽台妈祖文化和信仰吸引了年轻人的注意。闽台妈祖信仰行为的年轻化趋势，不仅有利于妈祖信仰的传承，更是为妈祖信仰注入更多的年轻元素，让妈祖信仰更具活力。年轻信众可以为妈祖信仰注入更多的活力，让妈祖精神更加符合时代发展，这对社会的安定和谐有积极意义。

10.3.2　妈祖信仰社会功能的转变

从香客的求财富、求平安、求婚姻等旅游动机可以看出妈祖信仰的社会功能已经由保平安的海神逐渐转化为可以祈福消灾的万能神。游客的旅游动机朝多元化发展，这体现了妈祖文化的包容性和多元性。

作为"海上女神"的妈祖，受到了沿海渔民的敬奉和爱戴。在早期艰苦的自然环境和生活条件下，科学技术和航海技术不发达，渔民的生活极大地受到自然环境的限制。在这种情况下，渔民们需要某种精神的慰藉和寄托，希望有种超自然的力量可以保护他们，妈祖信仰逐渐深入人们的生活。随着自然条件和社会环境的变化，各个时期的社会经济条件和生活方式对妈祖信仰产生了影响。妈祖信仰为了适应时代的变化，其功能从海神拓展为求福消灾的万能神——财神、魁星神、商神、灶神、送子神，甚至是担任月老角色等。现在越来越多的人来向妈祖求平安、求财富、求考运、求婚姻等。这一转变是因为人们不断拓展妈祖神性以满足自身的心理需求。外部环境的变化，文化的融合交流，使得妈祖信仰的神职扩大，也为众多信众所接受，形成了不分阶级、等级和生活圈子的"妈祖信仰圈"①。

10.3.3　妈祖信仰的社会整合功能增强

湄洲岛的游客多为民间组团形式，以进香朝拜妈祖为主，闽台民众已经普遍认同妈祖的社会整合功能。妈祖将来自不同社会领域的人整合起来，形成"妈祖信仰圈"，这一信仰圈依靠约定俗成的规范和仪式来约束信众的言行举止，共同的文化信仰使得组织系统能够稳定有序地运行。同时，"妈祖信仰圈"凝聚着台湾民众对大陆社会文化的向心力。

郑和曾经把妈祖信仰作为团结的纽带，用以统率不同信仰的官兵、船工，使其克服困难和险阻完成"奉使"下西洋的壮举，这一壮举也被众多学者称为"海权"与"神权"的完美结合。各地会举办特色活动，传播妈祖文化。妈祖信仰不仅仅是一种观念、一些程序化的行为，在祭典和进香的整个过程中，还象征着"寓意丰富的纽带，它将领袖与被领导者、高贵者与低贱者维系在一起，共同生活于这个社会世界之中"②。在妈祖祭典的过程中，人们之间不存在社会地位和等级之间的差异，反映出妈祖信众与信徒间的互相理解、信任甚至认同的关系。这种关系不仅"显示了自己的团结"，而且在"建立一种绵绵不断，

---

① 黄秀琳. 妈祖信仰文化社会功能的演进与新说 [J]. 岭南文史，2005 (2)：55－58.

② 黄秀琳，黄新丰. 妈祖祭典文化元素的构成与再造：以湄洲妈祖祭典为例 [J]. 莆田学院学报，2010，17 (4)：5－9.

一种永恒"。① 妈祖信仰随着人们的迁徙活动轨迹分布于不同的地域，并融入当地的社会习俗，具有在地化特色，但是妈祖信仰依然保留了大致相同的信仰模式、民俗方式等。特别是在海峡两岸，妈祖信仰凝聚为一股强大的精神力量，发挥着维系闽台两岸情缘的桥梁和纽带作用。随着两岸经济、政治、文化交流的进一步活跃，台湾妈祖信徒中"拜妈祖、怀故乡"的强烈感情再度升华，汇聚为一股激流推动着两岸民间文化的交流。

10.3.4　闽台妈祖信仰行为虔诚度较高

闽台游客赴湄洲岛的主要因素是宗教信仰，虽然他们的旅游外部体验满意度不高，但仍有很多人表示会再来湄洲岛或鼓励亲朋好友来湄洲妈祖祖庙进香，这足以说明闽台妈祖信众对妈祖的虔诚度是非常高的。台湾民众称从祖籍传来的神灵为"桑梓神"，他们非常看重这些神灵，来湄洲妈祖祖庙顶礼膜拜是他们对妈祖的最高敬意，是一种根深蒂固的思想，是外力很难左右的。

1989 年 5 月 6 日，200 余名台湾同胞突破重重阻碍，乘船直接抵达湄洲岛妈祖祖庙进行朝拜，出现了"官不通民通，民通以妈祖为先"的状况。这件事在当时轰动一时，引起了巨大反响。2002 年湄洲妈祖金身巡游至金门，民间的宗教力量引起台湾地区各方的关注。有台湾媒体评论此次巡游活动为"两岸民间交流开启新里程"。这次妈祖出巡活动，不仅可以为台湾带来即时的需求，也能为两岸长久和平提供契机。② 两岸妈祖信仰行为的交流反映了妈祖信仰在闽台游客心中的地位。

10.3.5　妈祖信仰的文化认同感凸显

闽台游客来湄洲岛以民间组团为主，从中可以看出妈祖信仰得到很多人的认同，这也是对妈祖文化的认同。台湾民众为了寄托自己对故土的深深眷恋之情，从清代以后特别是近十几年来，纷纷到福建妈祖祖庙进香朝拜。祭拜妈祖的活动吸引了众多台湾地区的妈祖信徒参与，同根共祖的情怀更是通过宗教信仰行为得到进一步的升华。台湾学者郑志明指出："当两岸可以交往时，传统信

---

① 庞志龙. 文化认同：台湾妈祖文化传播与"两岸"关系互动研究 [D]. 苏州：苏州大学，2016.

② 蒋维锬. 一尊妈祖两岸情：湄洲妈祖金身巡安金门侧记 [J]. 炎黄纵横，2002 (5)：58 - 60.

仰的认祖归乡心态就成为宗教信仰的精神特征，带动出世俗文化的整体面貌。"①

妈祖信仰已经超越了时空限制，为海峡两岸民众所认同，是中华传统文化的重要组成部分。妈祖信仰作为闽台共同的民间信仰，其信仰活动和行为不断加强两岸人民的交流、融通，甚至认同，从而提升民族文化认同感，推动两岸和平统一。台湾学者张珣曾提到台湾民众前往"湄洲进香"不只是表面的前往湄洲一地向"妈祖"瞻礼，更是台湾民众对祖先所来自的乡土及文化的回归与瞻仰。② 妈祖在促进两岸文化认同方面的作用是不容忽视的，在潜意识中加强了妈祖信众对中华文化的认同感。妈祖信仰行为不是只停留在表面的行为活动，更是一种精神力量。

10.4 结论与建议

本章在简要回顾闽台妈祖信仰的历史发展与社会变迁的基础之上，采用问卷调查的方式从进香行为旅游选择、旅游动机、旅游障碍、旅游满意度、未来重游意愿等方面对赴湄洲岛妈祖祖庙进香的闽台游客进行实地调查，分析闽台游客进香行为并进行比较。研究发现：①从受教育程度、收入状况、年龄以及职业情况分布来看，湄洲岛可进入性较高，闽台妈祖信仰行为趋于年轻化；②从旅游动机来看，闽台妈祖信仰行为虔诚度较高，妈祖信仰社会功能转变；③从旅游满意度来看，闽台游客的内部体验较高，外部体验较低，妈祖信仰的社会整合功能增强，妈祖信仰的文化认同感凸显。

妈祖信仰约束了信众的行为规范，释放了台湾民众的心理压力，具有非凡的教化功能。通过妈祖信仰行为，信众可以表达对妈祖的崇敬和信仰，在经济上有利于带动海峡两岸商务、宗教、文化旅游的发展，增加两岸的经济效益；在社会文化上成为闽台交流的精神纽带和重要桥梁，增强两岸的文化认同感；在政治上有利于地区的稳定和祖国的和平统一，增强两岸同根共祖的意识。

---

① 郑志明. 两岸宗教现况与展望 [M]. 台北：台北学生书局，1992：120－125.
② 张珣. 分香与进香 [J]. 思与言，1996（4）：83－105.

第 11 章　妈祖文化旅游体验共创
对游客满意度的影响研究

文化旅游正逐渐成为我国旅游业发展的支柱，特别是在更广泛的环境发展情况下，正进行大的转型升级。越来越多的省市考虑并着手将文化旅游融入其中，以此作为自身转型发展的首要任务。在政府多项相关政策的支持与重点旅游地区的带领下，各地区不约而同地出现了文化旅游的发展热潮。文化旅游不仅成为各省市展现自身发展特色与国家展示对外形象的依托，更是凸显与其他地区不同的有效标志。

在体验经济时代，游客从消费者转变为共同参与者，消费者旅游不再仅仅报以观光的心态，而是想要在旅行中有更多的参与并且加入自己的想法，对精神消费的需求越来越大。文化旅游本身就是游客旅游体验价值提升的过程，如何通过共创来提高体验价值，进而提高游客的满意度，值得进一步研究。基于此，本章以妈祖文化旅游为例，从社会学、旅游管理学、服务营销等交叉学科领域探讨如何通过体验共创增强游客满意度，具有一定的理论意义和实践价值。

11.1　旅游体验共创与游客满意度的文献回顾与关系假设

11.1.1　旅游体验共创的文献研究

在心理学、经济学、哲学等学科中，体验这一概念为学者们所关注，并给出一定的界定。经济学家约瑟夫·派恩二世（Joseph Pine Ⅱ）和詹姆斯·吉尔摩（Kim Gilmore）提出了"体验经济"一词，并将"体验"定义为当人们的情绪、身体、智能，甚至是精神层面上达到某一水准的时候，在人们的意识中所产生的一种美好的感觉，这使得体验一词很快便进入了经济领域①。

Dina Lončarić 等（2017）提出了旅游体验共创的概念："它涉及服务提供商

---

① JOSEPH PINE Ⅱ, KIM G. The experience economy [M]. Beijing: China Machine Press, 2002: 1 - 243.

和游客之间的合作；强调新的和改进的产品或服务的合作生产；价值创造是服务主导逻辑；它持续性、适应性强，具有个性化的独特体验。"① 旅游体验共创可以分为互动、主动参与和体验共享 3 个方面。E. F. Mathis 等（2016）表示"旅游体验共创是指游客与服务提供商或环境互动，从而创造自己独特体验的过程。这将使服务提供商赢得和保持竞争优势。因此，旅游体验共创是为所有利益有关者创造共同价值的过程，所提供的服务对不同的利益攸关方来说将有很大的价值"。②

11.1.2　游客满意度的文献研究

最早提出这个概念的是 Cardozo（1965），他认为顾客满意度能加强顾客进行再购买的行为，并且会带动顾客购买同品牌的其他产品③。随后，人们对这个概念的关注度越来越高，研究也越来越多。尽管如此，顾客满意度的概念到目前为止仍未统一。Howard 和 Sheth（1969）认为顾客满意是一种比较所得和所付出后判定代价是否合理的一种心理状态④。

P. C. Wilton 等（1986）将客户满意定义为客户对所购产品或服务的实际质量与之前预期之间的差异的评估。⑤ R. L. Oliver 和 G. Linda（1981）提出消费者满意是消费者的心理感知，是对产品（服务）本身或提供的消费体验过程的产品特征或满意状态的判断。⑥ Woodside 等（1989）认为顾客满意度能反映顾客在

---

① LONČARIĆ D，PRODAN M P，DLAČIC J. Co-creating tourist experiences to enhance customer loyalty and travel satisfaction［C］//International Scientific Conference ToSEE-Tourism in Southern and Eastern Europe 2017："Tourism and Creative Industries：Trends and Challenges". 2017.

② MATHIS E F，et al. The effect of co-creation experience on outcome variable［J］. Annals of tourism research：a social sciences journal，2016，57（3）：62 – 75.

③ CARDOZO R N. An experimental study of consumer effort-expectation and satisfaction ［J］. Journal of marketing research，1965（2）：224 – 249.

④ HOWARD J，SHETH J N. The theory of buyer behavior［M］. NY：John Wiley & Sons Inc.，1969.

⑤ WILTON P C，NICOSIA F M. Emerging paradigms for the study of consumer satisfaction ［J］. European research，1986，14（1）：4 – 11.

⑥ OLIVER R L，LINDA G. Effect of satisfaction and its antecedents on consumer preference and intention［J］. Advances in consumer research，1981，8（1）：88 – 93.

完成消费后对产品喜欢或不喜欢的程度①。C. Fornell（1992）分析了传统行业中客户价值与客户满意度之间的关系，发现它们之间存在积极的影响关系。②Engel，Blackwell 和 Mindiard（1993）认为顾客满意是指顾客将产品的实际效用和购买前的期望的差异进行比较，如果两者一致，那么就产生了正向满意度，不一致，则会产生不满意③。Ostorm 和 Lacobucci（1995）认为顾客满意和顾客不满意都是相对的判定，判断的基础是顾客所得和所付出的比较④。Kotler 等（1999）认为顾客满意度就是顾客愉悦的程度，是比较期望和实际效果的结果，也会使得顾客产生再惠顾的意愿，对建立企业忠诚有益处⑤。消费者的满意感主要是他们的认知性评估（产品和服务的实绩是否符合自己的期望）和情感性评估（自己的消费经历是否愉快）的产物⑥。满意是客户满意程度的指标。Nina K. Prebensen（2017）探讨了共同创造对游客体验与满意度感知价值的影响，游客对消费的满意度是通过游客参与创造体验价值实现的⑦。消费者体验满意度具有明显的层次性特征，有非常不满意、不满意、一般满意、比较满意、非常满意等不同的感受。

11.1.3　旅游体验共创与游客满意度的关系研究

消费者在消费体验中感受到的体验价值的大小对其满意度、忠诚度的高低和再购买意愿起着决定性的影响，并且消费者并不总是在"理性消费"的假设下消费，而是需要有充分的品牌感受和良好的品牌体验，需要有感官刺激和理性唯美，在理性与感性兼具时才会消费。Otto（1997）强调顾客体验对满意度

①　WOODSIDE A G, FREY L L, DALY R T. Linking service quality, satisfaction and behavioral intention ［J］. Journal of health care, 1989, 9（4）: 5 – 17.

②　FORNELL C. A national customer satisfaction barometer: the Swedish experience ［J］. Journal of marketing, 1992, 56（1）: 6 – 21.

③　ENGEL J F, BLACKWELL R D, MINDIARD P W. Consumer behavior ［M］.7th ed. NY: The Dryden, 1993: 63 – 102.

④　OSTORM A, LACOBUCCI D. Consumer trade-offs and the evaluation of services ［J］. Journal of marketing, 1995（59）: 31 – 46.

⑤　KOTLER P, BOWEN J, MAKENS J. Marketing for hospitality and tourism ［M］.2nd ed. Upper Saddle River, NJ: Prentice Hall, 1999: 41 – 45.

⑥　杨孝杰. 消费体验对消费者满意度和忠诚度及再购买意愿的影响 ［J］. 经营与管理, 2013（2）: 3.

⑦　PREBENSEN N K, XIE J H. Efficacy of co-creation and mastering on perceived value and satisfaction in tourists' consumption ［J］. Tourism management, 2017（60）: 166 – 176.

起到决定性的作用①。Pine 和 Gilmore（1999）指出满意度会随着体验效果的变佳而升高②。Huang 和 Hsu（2010）在对游轮旅游的游客的研究中提出模型，认为游客的旅游体验会对游客的满意度造成一定影响③。研究证明体验价值与游客满意呈正相关。

基于上述文献，本研究认为体验共创对游客满意度产生了重要的影响，进而提出如下研究假设：

H1：互动对游客满意度具有正向显著影响。

H2：主动参与对游客满意度具有正向显著影响。

H3：体验共享对游客满意度具有正向显著影响。

11.2　研究设计

11.2.1　量表开发

在研究模型假设中，自变量是体验共创，因变量是满意度。其中，体验共创包括互动、主动参与和体验共享三个维度，满意度包括目的地期望满意和自身体验评价满意两个维度。每个维度都有不少于一个衡量标准，以确保内部有效性。每个变量的测量问题来源于原始文献研究中的成熟量表。各个变量使用李克特的 5 级量表进行测量，"1—非常不同意""2—不同意""3——一般""4—同意""5—非常同意"，分别给予 1 到 5 的分值以衡量。

体验共创测量。根据 Michie 等（2005）模型将旅游体验的价值划分为功能价值、享乐价值和象征价值。④ 将体验共创分为互动、主动参与、体验共享三部分进行测量，各个变量使用李克特的 5 级量表进行测量，"1—非常不同意""2—不同意""3——一般""4—同意""5—非常同意"，分别给予 1 到 5 的分值以衡量。

---

① OTTO J E. The role of affective experience in the service experience chain. Dissertation [M]. Abstracts International，AAT ND31061，1997：337 – 358.

② PINE J Ⅱ，GILMORE J H. The experience economy：work is theatre and every business a stage [M]. Boston：Harvard Business School Press，1999：117 – 185.

③ HUANG J，HSU H C C. The impact of customer-to-customer interaction on cruise experience and vacation satisfaction [J]. Journal of travel research，2010，49（1）：79 – 92.

④ MICHIE S，GOOTY J. Values，emotions，and authenticity：will the real leader please stand up? [J]. The leadership quarterly，2005，16（3）：441 – 457.

满意度的衡量。游客满意度就是游客期望与实际体验感知比较被满足的程度。Anderson 和 Fornell 等（1994）认为客户满意度是一种整体的购买后评估与整合现象。① 在本章中，它包括六个相关的问题，分别是游客对目的地的期望、旅行支付的费用、整体服务、交通便利性、景区整体环境以及自身体验评价。各个变量使用李克特的 5 级量表进行测量，"1—非常不同意""2—不同意""3——般""4—同意""5—非常同意"，分别给予 1 到 5 的分值以衡量。

11.2.2　问卷设计

在研究模型假设中，自变量是体验共创，因变量是满意度。其中，体验共创包括互动、主动参与和体验共享三个维度，满意度包括目的地期望满意和自身体验评价满意两个维度。每个维度都有不少于一个衡量标准，以确保内部有效性。

本研究问卷内容共包括四个部分：第一部分是个人的基本信息情况量表，包括性别、年龄、学历、职业和月收入，共五项；第二部分是妈祖文化旅游行为量表，是对游客自身参与行为的一些描述，共三项；第三部分是妈祖文化旅游体验共创量表，共 10 项；第四部分是妈祖文化旅游满意度量表，共六项。

本研究采用问卷星发放问卷。主要调研对象是有湄洲岛旅游经历的游客。在大规模发放正式问卷之前，先通过小样本预调研，使得问卷题项更精准，并且检验问卷的信度。预调研阶段一共发放问卷 100 份，回收问卷 97 份，扣除填答不完整或前后矛盾的问卷 3 份，最终获得有效问卷 94 份，有效问卷的回收率是 94%。预试量表经由项目分析，体验共创测量表、旅游满意度量表各题均达显著水平，故未删除任何一题，而予以全数保留。正式样本总问卷发放 289 份，除去填答不全或前后矛盾的问卷 89 份，获得了 200 个有效样本，有效率为 69%。运用 SPSS24.0 软件对 200 份样本数据进行描述性统计分析、信度分析、效度分析、因子分析、相关性分析、回归分析和方差分析。

---

① ANDERSON E W, FORNELL C, LEHMANN D R. Customer satisfaction, market share, and profitability: findings from Sweden [J]. Journal of marketing, 1994, 58 (3): 53－66.

11.3 数据分析与结果

11.3.1 描述性统计分析

从表 11 - 1 中可见，在性别方面，男性游客（39.5%）少于女性游客（60.5%）；年龄层分布以 18～30 岁（87.5%）的人数居多，其次为 18 岁以下（7.0%）；在学历方面，大专/本科（83.0%）较为集中；在职业方面，则以学生（79.5%）为最多；在月收入方面，以还没有收入（66.0%）为最多。

表 11 - 1　个人基本信息样本特征

个人信息	特征	频率	有效占比（%）
性别	男	79	39.5
	女	121	60.5
年龄	18 岁以下	14	7.0
	18～30 岁	175	87.5
	31～40 岁	2	1.0
	41～50 岁	7	3.5
	51～60 岁	1	0.5
	60 岁及以上	1	0.5
学历	未接受过教育	7	3.5
	小学及以下	3	1.5
	小学至初中	6	3.0
	高中/中专	11	5.5
	大专/本科	166	83.0
	研究生	7	3.5
职业	公务员/事业单位人员	9	4.5
	企业职工	16	8.0
	个体经营者	7	3.5
	学生	159	79.5

（续上表）

个人信息	特征	频率	有效占比（%）
职业	待业/离退休人员	3	1.5
	其他	6	3.0
月收入	还没有收入	132	66.0
	5000 元以下	51	25.5
	5000~10000 元	10	5.0
	10000 元及以上	7	3.5

关于游客旅游行为，从表 11-2 中可以得知，在 200 位受访者中，"日常祭拜妈祖"答案为否（83.0%）、"前往旅游的方式"与同事朋友一起前往（41.0%）、"前往湄洲岛旅游的目的"单纯旅游（77.0%）集中值较高，表明游客日常基本不拜祭妈祖，前往湄洲岛旅游或其他妈祖旅游景区多是与同事朋友一起，但次数较少，且目的多为单纯旅游。

表 11-2 游客旅游行为样本特征

游客旅游行为	特征	频率	有效占比（%）
日常祭拜妈祖	是	34	17.0
	否	166	83.0
前往旅游的方式	参加进香团	10	5.0
	与家人一起前往	74	37.0
	与同事朋友一起前往	82	41.0
	自行前往	34	17.0
前往湄洲岛旅游的目的	还愿祈福	27	13.5
	祈求指引	19	9.5
	单纯旅游	154	77.0

从表 11-3 中可以看出，在 200 名受访者中，"我在旅行中遇到有困难的游客会提供帮助"（$M=3.83$）、"我会和旅途中的其他游客进行交流"（$M=3.56$）、"在旅行中，我和其他游客相处融洽"（$M=3.75$）、"我和其他游客在旅行中建立了良好的关系"（$M=3.62$）、"我喜欢在我的旅游体验中采取亲力亲为的方式"（$M=3.80$）、"在旅行中我发现了挑战自我技能和能力的情况"

（$M = 3.67$）、"我的旅游体验感因为我在文化和旅游能动方面的参与而增强了"（$M = 3.74$）、"在旅行中，我与其他人分享了我的妈祖故事和旅游趣事"（$M = 3.51$）、"我会告诉别人我在旅行中的旅游经历"（$M = 3.75$）、"通过社交媒体分享我的旅行知识和信息是一件令人愉快的事情"（$M = 3.73$），这些数据显示游客参与旅游体验共创的互动、主动参与、共同分享度都比较高。

表 11 - 3　体验共创样本分析

体验共创	平均数	标准差
我在旅行中遇到有困难的游客会提供帮助	3.83	0.993
我会和旅途中的其他游客进行交流	3.56	0.970
在旅行中，我和其他游客相处融洽	3.75	0.972
我和其他游客在旅行中建立了良好的关系	3.62	1.005
我喜欢在我的旅游体验中采取亲力亲为的方式	3.80	0.992
在旅行中我发现了挑战自我技能和能力的情况	3.67	0.987
我的旅游体验感因为我在文化和旅游能动方面的参与而增强了	3.74	0.936
在旅行中，我与其他人分享了我的妈祖故事和旅游趣事	3.51	1.037
我会告诉别人我在旅行中的旅游经历	3.75	0.962
通过社交媒体分享我的旅行知识和信息是一件令人愉快的事情	3.73	1.010

关于旅游满意度，从表 11 - 4 可以看出，在 200 名受访者中，"我在这个目的地的经历已经达到了我的期望"（$M = 3.59$）、"我对这次旅行所支付的费用感到满意"（$M = 3.50$）、"我觉得这次旅行中的整体服务让我感到很满意"（$M = 3.63$）、"我对这次旅行中的交通便利性感到满意"（$M = 3.62$）、"我觉得这次旅程的景点整体环境让我感到满意"（$M = 3.61$）、"我觉得这种旅行体验丰富了我的生活，我很开心"（$M = 3.75$）。平均来看，游客的旅游满意度较高。

表 11 - 4　旅游满意度样本特征

旅游满意度	平均数	标准差
我在这个目的地的经历已经达到了我的期望	3.59	0.909
我对这次旅行所支付的费用感到满意	3.50	0.930
我觉得这次旅行中的整体服务让我感到很满意	3.63	0.870
我对这次旅行中的交通便利性感到满意	3.62	0.884
我觉得这次旅程的景点整体环境让我感到满意	3.61	0.896
我觉得这种旅行体验丰富了我的生活，我很开心	3.75	0.919

11.3.2　信度和效度检验

为了测试该问卷的数据结果是否可信，通过 SPSS24.0 软件对各个题项的克朗巴哈系数（$Cronbach's\ \alpha$）进行检验，以此判断问卷数据的可靠性。一般而言，$Cronbach's\ \alpha$ 系数值会在 0 和 1 之间，但是 α 系数的值小于 0.6 就表示该量表题项的内部一致性不够；如果系数在 0.7 和 0.8 之间，则可以称量表可靠性较好，而当系数为 0.8~0.9 时，说明可靠性非常好。[①]

体验共创量表的 $Cronbach's\ \alpha$ 系数为 0.947，表明本研究量表具有较高的可靠性。

表 11-5　体验共创量表的信度分析结果

体验共创		
$Cronbach's\ \alpha$	基于标准化项的 $Cronbach's\ \alpha$	项数
.947	.947	10

旅游满意度量表以 $Cronbach's\ \alpha$ 系数来测试量表信度，量表测试结果 $Cronbach's\ \alpha$ 系数为 0.948，显示本研究量表具有很高的信度。

表 11-6　旅游满意度量表的信度分析结果

旅游满意度		
$Cronbach's\ \alpha$	基于标准化项的 $Cronbach's\ \alpha$	项数
.948	.948	6

本研究的两个潜在变量的 $Cronbach's\ \alpha$ 系数分别是体验共创 0.947，旅游满意度 0.948，两者都大于 0.8，表明研究量表具有非常好的内部一致性。

体验共创量表的 KMO 值为 0.951，非常接近 1，表示本次抽样的适当性颇高。Bartlett 球形检定值为 4233.540（$p < 0.001$），表示各个因素之间是有共同变异数的，可以再次进行因素分析。该量表经由探索性因素分析后，萃取 10 个体验共创因素构面，解释变异量为 6.778%，累积总变异量为 67.783%，体验共创量表之解释力达 67.783%，详细情况如表 11-7 与表 11-8 所示，说明本量表在效度方面符合统计的要求。

---

① 吴明隆. SPSS 统计应用实务［M］. 北京：中国铁道出版社，2000：226.

表 11 - 7　体验共创量表 KMO 和 Bartlett 的检验

Kaiser-Meyer-Olkin		.951
Bartlett 的球形度检验	近似卡方	4233.540
	df	210
	Sig.	.000

表 11 - 8　体验共创量表解释总方差、成分矩阵

成分	解释总方差						成分矩阵
	初始特征值			提取平方和载入			成分
	合计	方差的%	累积%	合计	方差的%	累积%	1
1	6.778	67.783	67.783	6.778	67.783	67.783	.817
2	.620	6.200	73.983				.794
3	.554	5.536	79.51				.873
4	.478	4.779	84.298				.841
5	.378	3.782	88.080				.854
6	.317	3.169	91.249				.835
7	.297	2.974	94.224				.854
8	.206	2.063	96.286				.757
9	.200	1.998	98.284				.789
10	.172	1.716	100.000				.813
	提取方法：主成分分析			提取方法：主成分分析			

　　旅游满意度量表经 KMO 值检定结果为 0.920，相当接近于 1，表示本次抽样的适当性颇高。Bartlett 球形检定值为 1138.626（$p < 0.001$），表示各因素间具有共同变异数，可再进行因素分析。本量表经由探索性因素分析后萃取 6 个体验共创因素构面，其解释变异量为 4.767%，累积总变异量为 79.451%，旅游满意度量表的解释力达 79.451%，显示本量表在效度方面符合统计的要求。全面的信度检验和效度检验证明本研究量表可靠、有效。

表 11 – 9　旅游满意度量表 KMO 和 Bartlett 的检验

Kaiser-Meyer-Olkin		.920
Bartlett 的球形度检验	近似卡方	1138. 626
	df	15
	Sig.	.000

表 11 – 10　旅游满意度量表解释总方差、成分矩阵

成分	解释总方差						成分矩阵
	初始特征值			提取平方和载入			成分
	合计	方差的%	累积%	合计	方差的%	累积%	1
1	4. 767	79. 451	79. 451	4. 767	79. 451	79. 451	.845
2	.379	6. 324	85. 775				.878
3	.337	5. 622	91. 397				.915
4	.205	3. 409	94. 806				.932
5	.167	2. 782	97. 589				.918
6	.145	2. 411	100. 000				.857
提取方法：主成分分析				提取方法：主成分分析			

11. 3. 3　数据结果

1. 模型拟合检验

由表 11 – 11 可知，互动 *Beta* 值为 0.618 （ $t = 11.058$ ， $p < 0.001$ ），达显著水平且为正数，对满意度的累积解释变异量为 37.9%，在显著性整体考验（ $F = 122.288$ ， $p < 0.001$ ）达显著水平。因此，互动与满意度模型较为吻合。

表 11 – 11　互动、主动参与、体验共享对满意度的回归分析

变量	R	R^2	调整 R^2	F	标准化回归系数（ t ）	t	*Sig.*
互动	0.618	0.382	0.379	122. 288	0.618	11. 058	0.000
主动参与	0.638	0.407	0.404	135. 657	0.638	11. 646	0.000
体验共享	0.576	0.332	0.328	98. 339	0.576	9. 917	0.000

主动参与 *Beta* 值为 0.638（$t = 11.646$，$p < 0.001$），达到显著水平并且是积极的，对满意度的累积解释变异量为 40.4%，在显著性整体考验（$F = 135.657$，$p < 0.001$）达显著水平。因此，主动参与非常适合满意度模型。

体验共享 *Beta* 值为 0.576（$t = 9.917$，$p < 0.001$），达到显著水平并且为正数，对满意度的累积解释变异量为 32.8%，在显著性整体考验（$F = 98.339$，$p < 0.001$）达显著水平。因此，体验共享与满意度模型的拟合度较好。

2. 研究假设检验

经由上述的分析可以发现，样本资料与体验共创满意度的关系假设模型具有相当程度的适配性。

在表 11 - 11 中可以看到，互动对满意度的标准化估计数值是 0.618（$p < 0.05$），达到显著水平，R^2 值为 0.382，即互动可以解释满意度 38.2% 的变量，假设 *H*1 成立。因此，互动对满意度有积极而重要的影响。主动参与对满意度的标准化估计数值为 0.638（$p < 0.05$），达到显著水平，R^2 值为 0.407，即主动参与可以解释满意度 40.7% 的变量，假设 *H*2 成立。因此，主动参与对满意度也有积极而重要的影响。体验共享对满意度的标准化估计数值为 0.576（$p < 0.05$），达到显著水平，R^2 值为 0.332，即体验共享可以解释满意度 33.2% 的变量，假设 *H*3 成立。因此，体验共享对满意度也同样具有积极而重要的影响。

11.4　结论与建议

11.4.1　结论

根据上述研究结果验证：①游客互动正向显著影响旅游满意度；②游客主动参与正向显著影响旅游满意度；③游客体验共享正向显著影响旅游满意度。总体而言，体验共创会影响消费者满意度。当消费者融入环境氛围时，增加自身的参与度，体验价值就会得到显著的提高，满意度也就相应跟着提高。因此体验共创可以有效地预测满意度，消费者的体验共创可以提高满意度。

11.4.2　建议

旅游体验共创转变了游客的角色。游客有意识地进行有效交互、参与、融入，共同创造和分享旅游体验，有利于各方的相互促进，最终实现多方共赢。这既可以满足游客自我实现更高层次的需求，提升游客的旅游体验满意度和忠诚度，又可以将自己的需求明确反馈，提出更加合理的意见和建议。游客在旅游体验共创完成后，通过在公共平台分享游记，形成令人信服的口碑推介。旅游目的地基于旅游体验共创不仅满足游客个性化的旅游体验，直接有效地降低服务成本，还可以提供和获得透明的信息，预测未来市场的发展前景，提高快速响应游客反馈的能力，最终掌握可持续发展的竞争优势，形成长期的良性循环，获得更大的利润。增加消费者对于文化旅游的参与度，能提高消费者的体验价值，并进一步提升消费者的满意度。

1. 深入挖掘文化特色资源

游客必须了解文化的内涵，增加其对文化的认知，培养文化认同感，深入挖掘文化特色资源。例如，将妈祖时期独特的音乐文化、海洋文化、舞蹈文化和饮食文化相结合，将当时的传统文化特征与当代发展文化相结合，在创新的同时还原经典，让游客在五彩缤纷的旅游中感受到文化的力量，使其加深对妈祖文化的印象并保留其独有的美感。在非特殊节日期间也要经常举办游客论坛、开展游客讲座等，以此来充实妈祖文化旅游的内容。在妈祖文化传承地，要时时刻刻将居民和游客们带入浓厚的妈祖文化氛围中，使全员树立妈祖文化意识，只有这样才能形成处处都是、时时都是妈祖文化旅游的特色环境，才能使消费者加深对妈祖文化的认知和认同。

2. 开发互动性强的文化旅游产品

在休闲旅游时代来临之际，传统文化产品必须进行一定的创新。在这个过程中，需要消费者加入进来，使两者之间产生独特的互动效应，形成亲密的互动氛围。例如，可以选择开发一些满足普通游客需求的旅游产品，主打休闲娱乐度假。莆田湄洲岛自然景色优美，可以打造出集游览、休闲、度假为一体的旅游特色。从妈祖文化旅游资源特点来看，针对信众需要开发一些以朝圣祈福、心灵旅行为主的旅游产品，让信众可以参与一些日常的妈祖文化活动，比如冥想、打坐等。策划主题活动或节日祭祀等，让信众参与其中，更大程度地体会妈祖文化的魅力。

3. 实现消费者文化体验共享

旅游体验共创可以提升游客的体验价值。游客间的交互、参与和融入能使其在旅游过程中更好地建立彼此之间的情感联系，这样有利于游客明确自身的需求，获得更多心理上的满足；也有利于游客贡献自己积累的旅游经验，发挥自我效能主动性，成为旅游产品或服务的共同设计者，增进其对原设计者的了解和理解。游客成为设计者满足社会交换的需要，同时也给自己在交互、参与和融入时带来了新奇感，能够增加其体验的收益，提高其满意度。

在旅游时可以将有关妈祖文化的知识通过舞台剧、音乐、展览、解说等多种方式分享给游客，使游客主动了解妈祖文化，让其在接收内容的同时享受文化知识共享带来的乐趣，并且鼓励游客在游览的过程中与身边的人一起分享自己的旅游经历，利用自媒体分享内容，实现文化体验共享，促进文化旅游发展。

第 12 章　妈祖文化旅游价值共创、身份认同对游客忠诚度的影响研究

体验经济的崛起导致众多行业发生彻底性的变革，使更多的文化游客越发青睐小规模、自发性、亲密而个性化的文化体验，传统的文化旅游开发需要重新发现与定义自己来满足游客寻求更有意义、更为深入的文化体验需求，创意旅游由此兴起。在体验式文化旅游语境下，越来越多的文化旅游目的地进行了变革性的创新，使游客通过参与具有文化旅游目的地特色的学习体验活动开发自己的创意潜能。文化创意产业和旅游产业的融合发展促进了旅游产品的多元化和游客体验的多样化。文化创意旅游的核心要素包括对文化的感知和在旅行过程中对创意的体验，强调游客通过知识共享、互动、关系、创意等共创行为积极主动地参与旅游目的地的各类活动，进而产生真实的创意体验价值，这才是文化创意旅游活动的关键。而创意体验价值中的功能价值、社会价值和情感价值均会影响游客在整个旅行过程中的忠诚度，而游客的忠诚度会对未来的重游意愿产生影响。基于此，本章提出了模型假设，进行了量表的开发、调查问卷的设计，并进一步对理论模型及关系假设的大样本进行实证检验与分析。之后，对所收集到的 450 条样本数据进行基本统计分析，并对量表的信度和效度进行检验，然后通过多重线性回归分析、Bootstrap 方法和层次回归分析对本研究直接作用关系、中介作用关系和调节作用关系假设进行检验，最后得出关系假设检验的整体结果。

12.1　价值共创、创意体验价值、身份认同与游客忠诚度的文献回顾与关系假设

12.1.1　文献回顾

1. 价值共创的文献研究

价值共创是一个较新的概念，近年来才引起管理学界的关注。目前学术界对价值共创概念的理解还没有达成一致。但是对于价值共创的过程以及价值共

创的主体，学者们有较为一致的认识和理解。在价值共创过程中，消费者是一个积极主动的角色，通过生产和消费环节中与企业直接与间接的合作来创造价值。① Bendapudi 和 Leone（2003）将价值共创分为参与、互动、自助服务和体验四个维度。② Kumar Rakesh Ranjan 和 Stuart Read（2021）从共同生产和使用价值两个角度进行维度细分，从知识、授权、互动三个方面测量共同生产，从体验、个性化和关系三个方面对使用价值进行测量，得出价值共创对消费者满意度呈正向显著作用。③ W. S. Randall、M. J. Gravier、V. R. Prybutok（2011）从信任、承诺、关联三个维度分析合作创造对未来购买意愿的影响，证实了信任、承诺、关联对未来购买意愿呈正向显著作用。④

2. 创意体验价值的文献研究

顾客主导逻辑在营销市场上作为一种选择取向被提出，该逻辑是指游客在旅游组织者提供的旅游资源基础之上，根据自己的价值主张，在旅游过程中进行价值再创造的过程。在这个过程中，旅游组织者与游客之间不存在价值互动，游客单独创造价值，其不仅包括客观效用价值，还包括主观感知价值，以满足其个性化旅游体验的要求，旅游体验成为游客主导价值创造过程的核心内容。

旅游体验是游客在旅行过程中对旅游平台提供的娱乐、学习、互动等产品和服务的真实感知，是随消费者的精神核心不断变化的一种主观感知。创意体验是旅游体验内容的一个方面，是在一种特定区域的情景下的游客体验内容呈现，受到传统文化、心理特征等因素的影响⑤。

3. 身份认同的文献研究

认同（identity）或社会认同（social identity）直接涉及我是谁或我们是谁、我在哪里或我们在哪里的反思性理解。认同，也被译为同一性或身份，它是对某一事物与其他事物相区别的认可，其中包括自身统一性中所具有的所有内部

---

① PAYNE A F, STORBACKA K, FROW P. Managing the co-creation of value [J]. Journal of the academy of marketing science, 2008, 36（1）：83 – 96.

② BENDAPUDI N, LEONE R P. Psychological implications of customer participation in co-production [J]. Journal of marketing, 2003（1）.

③ RANJAN K R, READ S. An ecosystem perspective synthesis of co-creation research [J]. Industrial marketing management, 2021（11）：99.

④ RANDALL W S, GRAVIER M J, PRYBUTOK V R. Connection, trust, and commit-ment：dimensions of co-creation? [J]. Journal of strategic marketing, 2011（19）：324.

⑤ 陈信康，兰斓. 基于消费者体验的产品创意维度构成及测量 [J]. 管理评论，2012（6）：66 – 73.

变化和多样性。这一事物被视为保持相同或具有同一性（M. A. Hogg，D. Terry，K. White，1995）。①

根据社会认同理论，遵循学者的思路，本研究将身份认同定义为当游客对旅游地产生认同后，就表明游客对旅游地产生了心理上的关联，甚至将自己视为旅游地的成员之一，这将影响他们对旅游地的态度和行为。

4．游客忠诚的文献研究

顾客忠诚指顾客对企业的产品或服务的依恋或爱慕的感情，它主要表现为顾客的重复购买和消费。作为服务业重要组成部分的旅游业，游客忠诚也成为重要的研究内容和当前的研究热点，游客忠诚对旅游地的发展具有重要的现实意义。游客忠诚的概念来源于顾客忠诚。顾客忠诚也就是顾客对某一企业或产品的品牌忠诚。顾客忠诚是顾客对某一偏好产品或服务的一种深度承诺，这种承诺将导致对同一品牌产品的重复购买。由于顾客忠诚以及游客忠诚的研究较为成熟，本研究根据粟路军等（2012）② 和 Randall 等（2011）③ 的观点，将游客忠诚界定为：游客会对目的地产品、服务及体验作出评价，这种评价会使其产生一系列情感反应。而正面的情感反应会影响他们旅游后的积极行为，如重游倾向、积极的口碑宣传等。

5．感知稀缺的文献研究

Brock（1968）对感知稀缺的定义包括：①限制供应或供应商数量；②采购成本或保留或提供商品；③限制对商品的购买数量；④推迟供货时间。④ 营销中常见的稀缺策略，比如产品限量销售、限制订单量以及限制产品功能等。目前，营销中的感知稀缺研究聚焦于产品数量限制（Inman, et al., 1997）⑤ 以及

① HOGG M A, TERRY D, WHITE K. A tale of two theories：a critical comparison of identity theory with social identity theory ［J］. Social psychology quarterly, 1995, 58（4）：255 – 269.

② 粟路军，黄福才. 旅游地社会责任、声誉、认同与旅游者忠诚关系 ［J］. 旅游学刊, 2012, 27（10）：53 – 64.

③ RANDALL W S, GRAVIER M J, PRYBUTOK V R. Connection, trust, and commitment：dimensions of co-creation? ［J］. Journal of strategic marketing, 2011, 19（1）：3 – 24.

④ BROCK T C. Implications of commodity theory for value change ［J］. Psychological foundations of attitudes, 1968：243 – 275.

⑤ INMAN J J, DYER J S, JIA J. A generalized utility model of disappointment and regret effects on post-choice valuation ［J］. Marketing science, 1997, 16（2）：97 –111.

对销售做出回应的时间（Brannon，Brock，2001）。[1]

创意旅游，不是大众旅游的一种形式，而是一种个性化、高体验性的创新文化旅游形式[2]。吸引少量高参与度的游客可能会比试图吸引大批量游客在经济、社会和文化方面的影响效果更好[3]。创意旅游以文化为本位，以创意元素为基准[4]，本身具有小众性和独特性。鉴于此，本研究将创意旅游中的感知稀缺定义为会给消费者带来增强的价值感知和独特性需求满足的创意旅游活动。

12.1.2　研究假设与模型构建

1. 体验共创与创意体验价值、身份认同、游客忠诚度之间的关系

顾客主导逻辑理论强调顾客与顾客间的价值共创，利用积极的顾客间互动促进企业与消费者在消费领域协同创造价值。Prahalad（2005）认为价值共创可以为顾客提供企业及产品的相关知识，并为顾客知识、技能及专长提供施展的机会，由此会给顾客带来知识获得、自我效能的提升以及自我价值的实现。同时，通过加入企业顾客社区，社区成员进行交流与沟通，不仅可以实现交流、知识共享，满足顾客的交友需求，还可以增加顾客的享用乐趣。[5] Williams 和 Soutar（2005）提出，游客在旅游过程中获得知识、思考和启发可以提高其对旅游体验质量的评价，因此知识共享是体验价值的主要构成成分。[6] Hill 等（2009）在研究登山步道者所追求的旅游体验价值时，将其概括为独立、自尊、自我实现和生活乐趣、温暖的人际关系、移情、满意、自我知觉。[7] 林喜雯

① BRANNON L A，BROCK T C. Scarcity claims elicit extreme responding to persuasive messages：role of cognitive elaboration［J］. Personality & psychology bulletin，2001，27（3）：365 – 375.

② G W RICHARDS. The challenge of creative tourism［J］. Ethnologies，2016，38（1 – 2）：31 – 45.

③ G W RICHARDS. Creative tourism：opportunities for smaller places？［J］. Tourism & management studies，2019，15（SI）：7 – 10.

④ 周钧，冯学钢. 创意旅游及其特征研究［J］. 桂林旅游高等专科学校学报，2008，19（3）：394 – 395.

⑤ PRAHALAD C. The fortune at the bottom of the Pyramid：eradicating poverty through profits［M］. Philadelphia：Wharton School Publishing，2005.

⑥ WILLIAMS P，SOUTAR G. Close to the "edge"：critical issues for adventure tourism operators［J］. Asia pacific journal of tourism research，2005，10（3）：247 – 261.

⑦ HILL E，GOLDENBERG M，FREIDT B. Benefits of hiking：a means-end approach on the Appalachian Trail［J］. Journal of unconventional parks tourism & recreation research，2009.

（2020）认为顾客体验价值包括自我成长（知识学习）、自我实现（成就感）。

已有文献中对顾客参与和体验价值关系的研究成果多数都是在非旅游景区，在旅游研究中探讨游客参与和旅游体验价值关系的文献不多见。游客参与旅游体验价值共创活动能够促进游客和景区之间的信息交流和知识学习，能够有效发挥游客的知识效能，使其在参与中获得乐趣，实现自我价值，进而获得情绪和精神上的愉悦感。据此，提出如下研究假设：

*H*1：价值共创对创意体验价值有正向影响。

关于创意体验共创与身份认同的关系，Moore 等（1994）在以英国火车旅游的旅客作为样本时指出游客涉入度和地方认同有关[1]。王坤等（2013）以徐州为代表的文化景区游客作为样本，证明了游客涉入度和地方认同相关[2]。马向阳、王宇龙、汪波等（2017）以塑造台湾旅游目的地形象为例，发现游客涉入度和文化认同有正相关关系[3]。地方认同是个人认同的组成部分，是根据地方特点的独特要素、人地互动本质发展而来的。游客的涉入度越高，游客的忠诚度越高。根据上述研究结果，提出如下研究假设：

*H*2：价值共创对身份认同有正向影响。

关于价值共创与游客忠诚的关系，学者们也做了相关研究。Prahalad（2005）认为顾客通过与企业共同创造价值、参与产品制造过程的所有环节、与员工对话沟通，可以加深顾客对企业及其产品的了解，强化其对企业及其产品的信任，并与企业建立深厚的情感联系和高质量的合作关系。Crosby 等（1990）研究发现顾客在和企业提供的产品与服务互动接触后，形成的满意评价有助于增进顾客的体验共创行为与游客忠诚度的关系。顾客对企业及其提供产品或服务产生信任和好感，有助于与顾客建立高质量的关系，并使其产生较高的再购意愿。[4] Parasuraman，Zeithaml 和 Berry（1996）更明确地指出维持良好的关系质量，能增强顾客正面的行为意向（忠诚、支付更多），弱化负面的

---

① MOORE R L, GRAEFE A R. Living adjacent to rail-trails: changes in landowners' experiences and attitudes [J]. Journal of physics b atomic, 1994, 31 (15): 3407 – 3418.

② 王坤，黄震方，方叶林，等. 文化旅游区游客涉入对地方依恋的影响测评 [J]. 人文地理, 2013, 28 (3): 7.

③ 马向阳，王宇龙，汪波，等. 虚拟品牌社区成员的感知、态度和参与行为研究 [J]. 管理评论, 2017, 29 (7): 12.

④ CROSBY P B. The eternally successful organization: the art of corporate wellness [M]. New York: New American Library, 1990.

行为意向（离去、散布不利信息）。① 根据上述研究结果，提出如下研究假设：

*H*3：价值共创对游客忠诚有正向影响。

2. 创意体验价值与身份认同、游客忠诚的关系

王骏川等（2020）研究发现，节庆通过主题或活动场所为节庆参与者创造体验，作为节庆体验的获得者，节庆参与者从一般参与者向深度参与者转变，这是从一般形式的感知体验到高级形式的文化价值和意义生产与呈现的过程，由于认同与文化价值和意义生产与呈现之间存在联系，因此，这种转变必然涉及节庆参与者的心理转变②，即从个体转向群体认同。基于此，我们提出以下假设：

*H*4：创意体验价值对身份认同有正向影响。

Anderson 等（1993）研究发现，体验价值会正向影响消费者的再购行为，而消费者的再购意向和行为是消费者忠诚的表现。③ Ching-Hsue Cheng 等（2009）通过对企业进行调研，发现体验价值和顾客忠诚度呈现正相关的关系。④ Joe Hutchinson 等（2009）通过实证分析证明感知价值不仅对游客满意度具有直接显著的影响，而且对游客行为意向中的重游意愿和口碑推荐也有直接影响，其重游意愿和口碑推荐就是忠诚度的基本表现。由上可知，大多数的研究认为体验价值对游客的忠诚度有显著的正影响。基于上述推导，本研究提出以下假设：

*H*5：创意体验价值对游客忠诚有正向影响。

3. 身份认同与游客忠诚的关系

基于自我一致理论，旅游领域有不少研究者证实游客自我一致对游客忠诚的正向作用。Alexandris 等（2006）对滑雪景区的研究发现，地方认同能增强游

---

① ZEITHAML V A, BERRY L L, PARASURAMAN A. The behavioral consequences of service quality [J]. Journal of marketing, 1996, 60 (2)：31 – 46.

② 王骏川，罗秋菊，林潼. 嵌套的边界：节庆深度参与者群体认同构建：以迷笛音乐节的迷笛黔军为例 [J]. 旅游学刊，2020，35 (5)：139 – 150.

③ ANDERSON E W, SULLIVAN M W. The antecedents and consequences of customer satisfaction for firms [J]. Marketing science, 1993, 12 (2)：125 – 143.

④ CHENG C-H, CHEN Y S. Classifying the segmentation of customer value via RFM model and RS theory [J]. Expert systems with applications, 2009, 36 (3)：4176 – 4184.

客的忠诚度，是游客重游的显著前因。① 马向阳等（2016）研究显示，消费者对特定区域的文化认同能对该区域的品牌产生共鸣，进而有利于提升消费者的购买意愿。② 基于上述推导，本研究提出以下假设：

*H*6：身份认同对游客忠诚有正向影响。

4. 创意体验价值的中介作用

我们在上文中论述了价值共创会促进身份认同，并且也指出创意体验价值会影响价值共创与身份认同之间的关系。文化旅游中游客的创意体验价值越高，越能提升游客的认同感。王骏川等（2020）提出节庆的深度参与者与自我的精神契合是推进参与者自我建构的重要一环。③ 因此我们推断游客的创意体验价值会对价值共创与身份认同、游客忠诚产生中介影响。

基于上述推导，本研究提出以下假设：

*H*7：创意体验价值在价值共创与身份认同的关系中起着中介作用。

*H*8：创意体验价值在价值共创与游客忠诚的关系中起着中介作用。

5. 身份认同的中介作用

根据社会化理论的观点，获取身份感是人们参与社会化活动的重点。在旅游体验过程中，游客会通过社会化活动来确认自己的身份。在社会化活动中，个体对关系身份的认同感是随着个体关系身份的合理性的证实而增强的，顾客对关系身份合理性的感知会增强顾客的关系承诺。④ 因此，在独特的文化旅游中，游客的个体身份认同不仅会直接影响游客忠诚，还会对价值共创与游客忠诚，以及创意体验价值与游客忠诚产生中介影响。

基于上述推导，本研究提出以下假设：

*H*9：身份认同在创意体验价值与游客忠诚的关系中起着中介作用。

*H*10：身份认同在价值共创与游客忠诚的关系中起着中介作用。

---

① ALEXANDRIS K, KOUTHOURIS C, MELIGDIS A. Increasing customers' loyalty in a skiing resort: the contribution of place attachment and service quality [J]. International journal of contemporary hospitality management, 2006, 18 (5): 414 – 425.

② 马向阳, 辛已漫, 汪波, 等. 文化认同与区域品牌共鸣对消费者购买意愿影响研究: 产品涉入度的调节作用 [J]. 天津大学学报（社会科学版）, 2016, 18 (3): 7.

③ 王骏川, 罗秋菊, 林潼. 嵌套的边界: 节庆深度参与者群体认同构建: 以迷笛音乐节的迷笛黔军为例 [J]. 旅游学刊, 2020, 35 (5): 139 – 150.

④ 徐岚, 张磊, 崔楠, 等. 顾客主动社会化对任务持续参与意愿的影响研究 [J]. 管理学报, 2019 (6): 867 – 874.

6. 感知稀缺的调节作用

感知稀缺是指消费者对某种商品类型或数量感觉短缺的主观性感知，稀缺性越强，消费者感知价值越高。感知稀缺会激发消费者产生更高的期望，消费者可能更加乐意消费或者购买商品。结合前文推断，在文化旅游中，文化资源的稀缺性也会影响游客的价值共创行为与创意体验价值，以及价值共创与身份认同的关系。

基于上述推导，本研究提出以下假设：

$H11$：感知稀缺调节着价值共创与创意体验价值的关系。

$H12$：感知稀缺调节着价值共创与身份认同的关系。

综上所述，本研究提出以下 12 个研究假设：

$H1$：价值共创对创意体验价值有正向影响。

$H2$：价值共创对身份认同有正向影响。

$H3$：价值共创对游客忠诚有正向影响。

$H4$：创意体验价值对身份认同有正向影响。

$H5$：创意体验价值对游客忠诚有正向影响。

$H6$：身份认同对游客忠诚有正向影响。

$H7$：创意体验价值在价值共创与身份认同的关系中起着中介作用。

$H8$：创意体验价值在价值共创与游客忠诚的关系中起着中介作用。

$H9$：身份认同在创意体验价值与游客忠诚的关系中起着中介作用。

$H10$：身份认同在价值共创与游客忠诚的关系中起着中介作用。

$H11$：感知稀缺调节着价值共创与创意体验价值的关系。

$H12$：感知稀缺调节着价值共创与身份认同的关系。

12.2　研究设计

12.2.1　问卷设计

通过问卷调查来获取数据是管理学研究常用的一种数据收集途径，不仅获取方式便捷、快速而且成本相对较低，但考虑到数据的真实有效，问卷的设计、调研对象的选择以及调研具体流程的开展都要进行科学严谨的控制。

本研究的问卷设计主要采用已发表的权威文献中的成熟量表，这些量表经过了学者们的反复应用和验证，具有较好的信效度。参考国内外文献中关于价值共创、创意体验价值、身份认同、感知稀缺和游客忠诚五个变量较为成熟的量表，设计问卷主要变量的问题项。初始问卷包括三个部分，分别为：①受访者个人的旅游经历，这部分主要了解受访者的旅游体验经历，便于排除不合适的受访对象；②价值共创、创意体验价值以及游客忠诚等测量量表，这部分为量表测量的部分，包含 34 个题项；③受访者个人基本信息，这部分用来了解受访者的基本情况，一共有 5 个题项，包括消费者的年龄、性别、学历以及职业状况。

为了获得精准的反馈数据，在预调研阶段主要采取实地调研以及借助旅游网络平台、微信群等方式，于 2019 年 1 月至 2019 年 3 月期间发放问卷 100 份。最终回收得到 100 份，剔除不完整填写和规律性明显的答卷，最后获得了有效问卷 89 份，问卷回收率达 100%，有效率为 89%。接下来，我们将对这 89 份问卷进行预测试分析，以确定初始问卷是否科学，以及是否需要删除题项和修正。

12.2.2　变量测量条款

为了获得更加科学有效的问卷量表，在广泛的文献研究的基础上，本研究采用的量表主要译自国际上普遍认可的成熟量表，经过多轮翻译和回译，并根据中文表述习惯在措辞上进行了修正。之后，邀请了 1 名营销专业博士，1 名旅游管理专业博士，1 名妈祖文化研究领域的教授进行深入访谈。通过访谈研究，对不完善的变量进行修正补充，对缺少的量表进行科学的开发，再利用专家评价提升这些量表的内容效度，把这些量表汇总起来即形成了本研究的初始测量量表，从而有效保证问卷的信度和效度。

本研究量表采用李克特的 5 级量表进行测量，"1—非常不同意""2—不同意""3——般""4—同意""5—非常同意"，分别给予 1 到 5 的分值以衡量。

1. 价值共创的测量条款

文化创意旅游中的价值共创是在游客主导逻辑下，游客将旅游目的地提供的产品作为潜在价值，与自己积累的知识、技能以及其他资源相结合，在旅游过程中创造自己期望的价值。价值创造由游客单独或者通过游客之间的互动来完成，游客与旅游目的地之间并不产生直接的互动。在此基础之上，本研究从知识共享、关系、互动、创造四个维度对价值共创进行测量。知识共享是指人们（无论是客户、供应商还是员工）愿意向别人表达和传授他们的想法、观点与技能，主要参考 Ballantyne 和 Varey（2006）、Ranjan 和 Read（2016）的研究。关系是指与相关的他人增强互动和互惠行为，强调成员之间的互动和互惠关系，目的是为参与互动的主体都带来利益。关系维度同样参考了 Ballantyne 和 Varey（2006）、Ranjan 和 Read（2016）的测量量表。互动是指一种使彼此发生作用和变化的过程和方式，主要参考了 Ballantyne 和 Varey（2006）、Chen 等（2011）、Chathoth 等（2012）的测量量表。创造是指消费者主动投入时间、精力、知识和情感，创造出属于自己的独特性体验，主要参考李震（2019）的测量量表。

表 12－1　价值共创测量量表

测量维度	题项编号	测量题项	量表来源
知识共享	KN1	这次旅游活动鼓励我们对现有活动或开发新体验活动提出自己的想法和建议	Ballantyne 和 Varey（2006）、Ranjan 和 Read（2016）
	KN2	活动主持者能够给我提供足够的信息去参与体验活动设计	
	KN3	我愿意花时间和精力与周围人分享我的想法和意见，以帮助大家增强旅游体验	
	KN4	活动主持者创造了合适的环境和机会方便我提出意见建议	
关系	RE1	我感觉我与旅游团队具有纽带关系	
	RE2	通常旅游团队会有一个志同道合的团体或群体	
	RE3	对我来说，保持与团队成员的关系很重要	
互动	IN1	为了从该过程中获得最大的价值，我们必须积极主动地参与互动	Ballantyne 和 Varey（2006）、Chen 等（2011）、Chathoth 等（2012）
	IN2	在该过程中，我可以自由地提出我的具体要求（指参与活动体验、协助其他游客等过程，下同）	
	IN3	体验活动中，游客会传达与该体验过程有关的信息	
创造	SC1	本次旅游体验投入了我的知识和技能	李震（2019）
	SC2	本次旅游体验发挥了我的创造力	
	SC3	本次旅游体验发挥了我的想象力	

2. 创意体验价值的测量条款

旅游体验是游客在旅行过程中对旅游平台提供的娱乐、学习、互动等产品和服务的真实感知，是随消费者的精神核心不断变化的一种主观感知。创意体验是旅游体验内容的一个方面，是在一种特定区域的情景下的游客体验内容呈现，受到传统文化、心理特征等因素的影响①。创意体验价值主要从功能价值、社会价值和情感价值三个维度进行测量。其中，功能价值是指消费者对体验功能、效用满足自身的需求情况进行评价，主要参考了 Sweeney 和 Soutar（2001）的量表。社会价值是指产品或服务能够加强社会范畴内自我概念的能力，增进良好的人际关系，这里我们主要参考了张婧、邓卉（2013），Kuvykaite 和 Piligrimiene（2014）的量表。情感价值是指顾客在消费体验中产生的情绪、感觉等感知效用，这里我们主要参考了 Schoeman 等（2016）的测量量表。

表 12 - 2　创意体验价值测量量表

测量维度	题项编号	测量题项	量表来源
功能价值	FPV1	该旅游活动的总体质量很好	Sweeney 和 Soutar（2001）
	FPV2	该旅游活动提供良好的服务	
	FPV3	该旅游活动的体验物有所值	
社会价值	SV1	参加该旅游活动提高了我的社会地位	张婧、邓卉（2013），Kuvykaite 和 Piligrimiene（2014）
	SV2	参加该旅游活动帮助我获得社会认可	
	SV3	参加该旅游活动增强了我的自我形象	
	SV4	成为共同体验过程的参与者使我变得独特	
	SV5	参加该旅游活动满足我的社会期望	
情感价值	APV1	参加该旅游活动，我感到很快乐	Schoeman 等（2016）
	APV2	参加该旅游活动，我感到很放松	
	APV3	参加该旅游活动，我感到能够释放压力	
	APV4	参加该旅游活动，我获取了精神享受	

3. 游客忠诚的测量条款

本研究将游客忠诚定义为游客在心理上对于体验的相关旅游产品、服务或者提供该产品和服务的企业品牌具有认同感，以及有再次购买的倾向。为衡量

---

① 陈信康，兰斓. 基于消费者体验的产品创意维度构成及测量 [J]. 管理评论，2012（6）：66 - 73.

游客的忠诚度，本研究参考韩小芸和汪纯孝（2003）以及奥利弗（Oliver）的研究。奥利弗认为忠诚度应包括认知性忠诚、情感性忠诚、意向性忠诚、行为性忠诚4种①。设计的项目以旅游认知感、向他人推荐意愿、重游意愿等方面来测量游客的忠诚度。

表 12 - 3　游客忠诚测量量表

测量维度	题项编号	测量题项	量表来源
忠诚度	CL1	我愿意将这个地方推荐给我的朋友们	韩小芸和汪纯孝（2003）、奥利弗（Oliver）
	CL2	我会告诉别人关于这个地方的一些正面的东西	
	CL3	以后我还要故地重游	

4. 身份认同的测量条款

认同（identity）或社会认同（social identity）直接涉及我是谁或我们是谁、我在哪里或我们在哪里的反思性理解。认同，也被译为同一性或身份，它是对"某一事物与其他事物相区别的认可，其中包括其自身统一性中所具有的所有内部变化和多样性。这一事物被视为保持相同或具有同一性"（M. A. Hogg, D. Terry, K. White, 1995）。遵循学者的思路，本研究将身份认同定义为根据社会认同理论，当游客对旅游地产生认同后，就表明游客对旅游地产生了心理上的关联，甚至将自己视为旅游地的成员之一，这将影响他们对旅游地的态度和行为。身份认同测量量表主要借鉴 Alexandris（2006）、马向阳等（2016）的研究。

表 12 - 4　身份认同测量量表

测量维度	题项编号	测量题项	量表来源
身份认同	SI1	我觉得该旅游目的地是身份的一种象征	Alexandris（2006）、马向阳等（2016）
	SI2	我认为该旅游目的地与我的地位相匹配	
	SI3	我认为该旅游目的地形象符合我的一贯形象	

---

① OLIVER R L. Whence consumer loyalty? [J]. Journal of marketing, 1999, 63 (1): 33 - 44.

5．感知稀缺的测量条款

感知稀缺是指消费者感知稀缺（perceived scarcity，PS），是消费者对产品有限供给的主观感知。人们通过经验发现"物以稀为贵"的现象，并由此倾向于推断稀缺的产品是有价值的。感知稀缺测量量表主要借鉴了 Lynn 和 Bogert（1996）、Swami 和 Khairnar（2003）以及 Wu 等（2012）的研究①。

表 12 - 5　感知稀缺测量量表

测量维度	题项编号	测量题项	量表来源
感知稀缺	PS1	我认为这个旅游点会限时开放	Lynn & Bogert（1996）、Swami 和 Khairnar（2003）以及 Wu 等（2012）
	PS2	我认为这个旅游点门票会上涨	
	PS3	我认为越来越多人将选择来这个地方旅游	

12.2.3　样本选择与数据收集

1．样本选择

问卷调查对象的准确性直接影响到获取数据的质量，因此在进行调研之前，一定要精准描述出受访者。本研究主要探讨妈祖文化旅游中游客的价值共创、创意体验价值、身份认同、感知稀缺与游客忠诚之间的关系，因此受访者必然是有过妈祖文化旅游经历的游客。"天下妈祖，祖在湄洲。"湄洲岛每年举办春秋两次重大的妈祖祭典，以及相应的妈祖文化旅游节，吸引了大量海内外妈祖信众和游客前往湄洲岛观光旅游。因此，为保证本研究开展所需要的受访者数量，本研究以春秋两祭期间赴湄洲岛旅游的游客作为受访者。此外，这部分游客在春秋祭典期间前往湄洲岛，积极关注和参与妈祖民俗祭典活动，说明他们在旅游前对妈祖文化有一定的认知或者受到妈祖文化的吸引，对妈祖文化旅游活动的参与体验较为主动，并且在旅游过程中容易形成较高的契合度，实现价值共创，有助于本研究更深入了解妈祖文化旅游的顾客体验价值共创活动与过程，具有很强的代表性与研究价值。

2．数据收集

经过前期预调研以及修改问卷，最终形成了完整的正式问卷并进行了大规

---

① 李东进，张成虎，李研．脱销的利与弊：以感知稀缺性与心理抗拒感为中介的相似品购买意愿研究［J］．营销科学学报，2015（2）：34－50．

模的发放和调研。本研究的问卷调研方式主要包括以下几种：①发放纸质调查问卷。妈祖春秋祭典时期的游客数量较多，将纸质调查问卷带到湄洲岛祖庙、妈祖祭典场所等人流量非常集中的区域、各社会化媒体平台的线下活动现场，利用活动休息时间或在活动结束后发放问卷并当场回收问卷；②发放网络调查问卷。利用网络平台，如国内具有影响力的旅游平台和论坛、问卷星等专门的问卷搜集平台发放网络问卷；③依据关系资源网络寻找有过湄洲岛旅游经历的被调查者。其中，第 2 种和第 3 种方式通过问卷星设定，填答者必须回答所有的问题才可以提交，避免了遗漏题项的情况。为了更方便地填写问卷，在纸质版问卷上附上了问卷二维码，以便问卷的发放和回收。

该调查在 2019 年 4 月至 2020 年 12 月的妈祖春秋祭典期间进行。通过上述 3 种途径，邀请了近1000 名游客参与问卷调查。收集问卷后，根据以下规则剔除无效问卷：①填写问卷的时间少于 300 秒；②受访者的问题选择是否有明显规律；③参与者无法选择湄洲岛的正确景点。剔除了无效问卷后，最终 463 名参与者的问卷被提取为有效且完整的并被用于数据分析。全部回收的问卷总数量为 463 份，剔除无效问卷 13 份，剩余 450 份，问卷有效率为 71.2%，预计不会出现严重的无反应偏倚问题。受访者的统计特征如表 12 - 6 所示。

12.2.4　研究方法

本研究主要采取了描述性分析、探索性因子分析、内部一致性分析、验证性因子分析等方法对测量量表的信度和效度进行检验，再使用 Harman 单因素分析、标签变量等方法对共同方法偏差进行检验，最后把个体层面的数据整合成企业层面的数据以供后续分析。

本研究通过百分比、均值、标准差、相关系数等指标的统计分析，了解样本基本分布情况，如性别、年龄、受教育程度、职业、收入等受访者个人基本信息特征，以及妈祖文化旅游体验的基本特征。

本研究使用 SPSS24.0 统计软件对相关变量进行探索性因子分析，通过主成分分析、最大方差旋转法提取共同因子。在大样本问卷分析阶段，本研究使用 AMOS23.0 统计软件对相关变量进行验证性因子分析。

信度是指没有误差的程度，表示同一指标各题目间的可靠性和一致性。本研究使用 SPSS24.0 统计软件来衡量 *Cronbach's* α 系数以检验数据信度，*Cronbach's* α 系数越高，代表量表的可靠性和一致性越高。此外，还通过更正后的项目总数相关值 CITC 来判断确定要删除的题项。

效度是指测量问卷的正确性，表示样本数据是否准确测量的构念，包括内容效度和结构效度，结构效度又分为聚合效度和区分效度。针对结构效度的检验，本研究将通过验证性因子分析判断聚合效度，通过 AVE 值平方根和相关系数的比较判断区分效度。

本研究共提出了 12 个研究假设。结构方程模型与回归分析都是检验假设的常用方法，但是由于研究模型引入自我效能和社区认同进行调节，使用分步构建回归模型的方法会更科学。因此，本研究采用层级回归完成假设检验。

12.3　数据分析与结果

12.3.1　样本数据描述统计分析

本研究使用 SPSS24.0 软件对回收的 450 份有效问卷进行描述性统计分析，主要涉及受访者个人基本情况和创意旅游体验情况。受访者的个人基本情况如表 12 - 6 所示：

表 12 - 6　受访者的统计特征（$N = 450$）

受访者的统计特征	分类	频次	百分比
性别	男	200	44.4
	女	250	55.6
年龄	25 岁及以下	130	28.9
	26 ~ 35 岁	199	44.2
	36 ~ 45 岁	82	18.2
	46 ~ 55 岁	31	6.9
	56 岁以上	8	1.8
受教育程度	高中/中专及以下	90	20
	大专	84	18.7
	本科	242	53.8
	硕士及以上	34	7.6
收入水平	5000 元及以下	164	36.4
	5000 ~ 10000 元	204	45.3
	10001 元及以上	82	18.2

（续上表）

受访者的统计特征	分类	频次	百分比
出游频率	很少出门旅游	61	13.6
	每两年去旅游 1 次	73	16.2
	每年去旅游 1~2 次	204	45.3
	每年去旅游 3~4 次	85	18.9
	每年去旅游 5 次及以上	27	6

资料来源：根据回收问卷整理获得。

根据表 12-6 所示，在 450 个受访者中，男性人数为 200，占 44.4%，女性人数为 250，占 55.6%，男女受访者人数相当，女性比例略高于男性。从年龄分布情况来看，25 岁及以下的有 130 人，占 28.9%，26~35 岁的有 199 人，占 44.2%，36~45 岁的有 82 人，占 18.2%，46~55 岁有 31 人，占 6.9%，56 岁以上的有 8 人，占 1.8%。被访者中 35 岁以下的年轻人居多，这说明年轻人的旅游体验更加丰富，年轻人可能更加愿意主动参与旅游过程中的各种活动，更加注重个性化旅游需求。从受教育程度情况来看，高中/中专及以下人数为 90 人，占 20%，大专人数为 84 人，占 18.7%，本科人数为 242 人，占 53.8%，硕士及以上人数为 34 人，占 7.6%。受访者大多接受过高等教育，具有较高的文化素质和知识水平，这可能成为他们积极主动参与创意旅游活动的原因。从收入水平情况来看，5000 元及以下的人数为 164 人，占 36.4%，5000~10000 元的人数为 204 人，占 45.3%，10001 元及以上的人数为 82 人，占 18.2%。从中可以看出受访者以中低收入者居多，这与年龄分布相一致，年轻人的收入相对有限。从出游频率来看，很少出门旅游的人数为 61 人，占 13.6%，每两年去旅游 1 次的人数为 73 人，占 16.2%，每年去旅游 1~2 次的人数为 204 人，占 45.3%，每年去旅游 3~4 次的人数为 85 人，占 18.9%，每年去旅游 5 次及以上的人数为 27 人，占 6%。从中可以看出受访者每年出游的平均次数偏少。

从表 12-7 创意旅游经历情况来看，450 名受访者都曾有过较为丰富的创意旅游体验，具有较高的代表性。62.2% 的受访者发现在这些创意旅游过程中，都有一些互动性很强的体验活动。主要的体验活动包括参与制作手工艺品（18%）、参与演出体验（15.2%）、体验当地居民的生活（23.8%）、学习特种知识和技巧（15.1%）、AR 游戏体验（7.9%）、挑战性特色游乐项目

（16.7%）以及其他（3.3%）。由此可见，所调研的样本个体充分考虑了本研究的特殊情境要求，在其他方面的分布比较多样，具有较高的代表性。

表 12 - 7　创意旅游经历情况（$N = 450$）

旅游经历情况统计	分类	频次	百分比（%）
在我的这些旅游过程中，都会有一些互动性很强的体验活动	非常不同意	7	1.6
	不同意	27	6.0
	一般	136	30.2
	同意	188	41.8
	非常同意	92	20.4
这些活动主要有	参与制作手工艺品	230	18
	参与演出体验	194	15.2
	体验当地居民的生活	305	23.8
	学习特种知识和技巧	193	15.1
	AR 游戏体验	101	7.9
	挑战性特色游乐项目	214	16.7
	其他	42	3.3

资料来源：根据回收问卷整理获得。

12.3.2　变量相关性分析

本研究使用 Pearson 相关系数法对变量间的相关性予以分析，以衡量两个变量的密切程度，初步把握变量之间的作用关系。相关系数的绝对值越大，相关性越强，相关系数越接近于 0，相关度越弱；相关系数为正数表示两个变量之间的相关关系为正相关，反之为负相关。本研究使用 SPSS24.0 统计分析软件计算变量间的 Pearson 相关系数，分析结果如表 12 - 8 所示。表中的相关分析结果显示：各维度对应的 p 值均小于 0.05，具有显著的统计学意义，说明各维度间均具有显著的正相关性。知识共享、关系、互动、创造、功能价值、社会价值、情感价值、身份认同、感知稀缺以及游客忠诚等各个维度之间的互相关联作用是积极且正向的。

表12-8　变量之间的相关性分析

变量	性别	年龄	受教育程度	收入水平	出游频率	KN	RE	IN	CR	FPV	SV	APV	SI	PS	CL
性别	1														
年龄	-.109*	1													
受教育程度	-.031	-.098*	1												
收入水平	-.178**	.238**	.458**	1											
出游频率	-.038	.106*	.358**	.480**	1										
KN	-.083	.066	-.005	.065	.045	1									
RE	-.072	.115*	.090	.042	.014	.455**	1								
IN	-.031	.115*	-.033	.032	.014	.477**	.509**	1							
CR	-.033	.048	.004	-.035	-.034	.384**	.520**	.479**	1						
FPV	.014	.159**	.033	.031	.016	.301**	.534**	.505**	.453**	1					
SV	.	.076	.011	.069	.079	.369**	.418**	.483**	.322**	.453**	1				
APV	-.036	.133**	-.029	-.015	-.022	.286**	.325**	.361**	.249**	.480**	.523**	1			
SI	-.070	.115*	.013	.039	.043	.505**	.534**	.599**	.420**	.469**	.555**	.486**	1		
PS	-.033	.054	.056	.020	.024	.303**	.249**	.292**	.160**	.146**	.118*	.081	.308**	1	
CL	-.040	.099*	.015	.029	.018	.520**	.514**	.604**	.403**	.499**	.566**	.464**	.704**	.239**	1

12.3.3 信度与效度分析

1. 信度检验

信度是指测量结果的一致性（consistency）或稳定性（stability），即研究者使用不同的测量手段（不同形式或不同时间）对相同的或相似的现象进行测量时，所得测量结果的一致程度（荣泰生，2012）。[①] 一个量表的信度高低与其测量误差值成反比，因此一个量表的信度越高，代表它的稳定性越好。目前关于量表信度的衡量，主要包括内部一致性信度、复本信度、再测信度及复本再测信度四类。此外，随着结构方程技术的发展，统计学者又进一步提出信度可以用测量变量的变异量和能够被潜在变量解释的百分比来表示，由此，Fornell 和 Laker（1981）提出了一个专门用于测量潜在变量信度的组合信度（Composite Reliability，CR）指标。本研究采用 Cronbach's α 系数以及组合信度 CR 来测量量表的信度。相关研究表明，只有当 α 系数大于 0.700 时，量表信度才被接受[②]，另外，组合信度 CR 需要大于 0.500 才能被视为满足测量的稳定化（Raines-Eudy，2000）。[③]

信度检验包括内部一致性信度和组合信度。如表 12 - 9 所示，所有构念的 Cronbach's α 值均在 0.848 以上，均高于推荐值 0.700，这说明每个构念的内部一致性都较高。另外，所有构念的组合信度（CR）都在 0.848 ~ 0.901 之间，高于推荐值 0.500，说明所有构念的组合信度都较高。

表 12 - 9 测量量表内部信度一致性检验表

变量	题项	CITC	项目删除后的 α 系数	Cronbach's α
知识共享	KN1	.795	.867	.901
	KN2	.77	.876	
	KN3	.756	.881	
	KN4	.796	.867	

---

① 荣泰生. SPSS 与研究方法［M］. 大连：东北财经大学出版社，2012.

② NUNALLY J C. Psychometric theory［M］. 2nd ed. New York：McGraw-Hill，1978.

③ RUTH RAINES-EUDY. Using structural equation modeling to test for differential reliability and validity：an empirical demonstration［J］. Structural equation modeling a multidisciplinary journal，2000，7（1）：124 - 141.

（续上表）

变量	题项	*CITC*	项目删除后的 α 系数	*Cronbach's α*
关系	RE1	.755	.785	.860
	RE2	.759	.782	
	RE3	.693	.843	
互动	IN1	.795	.849	.895
	IN2	.808	.838	
	IN3	.778	.864	
创造	CR1	.754	.778	.857
	CR2	.744	.788	
	CR3	.695	.833	
功能价值	FPV1	.716	.787	.848
	FPV2	.744	.759	
	FPV3	.686	.815	
社会价值	SV1	.738	.862	.888
	SV2	.716	.867	
	SV3	.661	.879	
	SV4	.816	.844	
	SV5	.714	.867	
情感价值	APV1	.768	.803	.870
	APV2	.747	.822	
	APV3	.74	.828	
身份认同	SI1	.754	.781	.858
	SI2	.741	.793	
	SI3	.702	.83	
感知稀缺	PS1	.755	.775	.857
	PS2	.73	.799	
	PS3	.705	.822	

（续上表）

变量	题项	CITC	项目删除后的 α 系数	Cronbach's α
游客忠诚	CL1	.713	.806	.853
	CL2	.691	.815	
	CL3	.636	.837	
	CL4	.739	.794	

根据吴明隆（2010）的说明，修正的项目总相关值（CITC）值越高，该题项与其他题项之间的内部一致性越高，CITC 值越低，内部一致性就越低。此外，项目删除时的 Cronbach's α 值也能说明量表的内部一致性。若删除该题项后的 Cronbach's α 值低于分量表的 Cronbach's α 值，说明题项的内部一致性较好。从表 12 - 9 可以看出，知识共享量表的 Cronbach's α 系数是 0.901，关系量表的 Cronbach's α 系数是 0.860，互动量表的 Cronbach's α 系数是 0.895 以及创造量表的 Cronbach's α 系数是 0.857；功能价值量表的 Cronbach's α 系数是 0.848；社会价值量表的 Cronbach's α 系数是 0.888；情感价值量表的 Cronbach's α 系数是 0.870；身份认同量表的 Cronbach's α 系数是 0.858；感知稀缺量表的 Cronbach's α 系数是 0.857。整体来看，所有变量的 Cronbach's α 值都大于 0.7，达到适宜标准，即 > 0.800，所有题项的 CITC 值均大于 0.500。此外，各个项目删除时的 Cronbach's α 值基本上都要小于各分量表的 Cronbach's α 值，这说明，如果将这些题项去掉，量表内部一致性会降低。因此，总体来说，该量表的内部一致性信度较好。

2. 效度检验

效度（validity）是指测量工具能够正确无误地测出潜在特质的程度，即研究者所能够掌握到的抽象意义程度①，一个合格的量表必须同时满足信度和效度的要求才能保证测量的质量。一般学术研究中的效度主要包括内容效度（content validity）、效标关联效度（criterion-related validity）与建构效度（constructive validity）三类。

内容效度主要考察量表内容是否测量某一概念的全部项目，多半需要研究

---

① 邱皓政. 量化研究与统计分析：SPSS 中文视窗版数据分析范例解析 [M]. 重庆：重庆大学出版社，2009.

者凭借自己对所需测量概念认识的主观判断来把握（荣泰生，2012）；效标效度又称预测效度、同时效度或实用效度，主要用于考察同一测量概念中的多重测量条款与效标间的关系①；建构效度是指测量工具能否测量理论的概念或特质的程度，主要分为收敛效度与区分效度两类，其中收敛效度（convergent validity）主要是考查量表与同一概念中的其他指标之间的关联程度，区分效度（discriminant validity）则主要考查一个测量值与不同概念之间的不相关程度。只有当量表同时满足上述两种效度的要求时，才可认为量表具有建构效度（荣泰生，2012）。效度是检验样本数据能否准确测出所需测量对象的程度，样本数据与理想值之间的差异越大，样本数据的效度越低②。在管理研究领域，效度检验主要涉及内容效度和建构效度。

鉴于此，本研究对于内容效度主要通过严格按照问卷设计流程来尽量保证其质量，而对于建构效度中的收敛效度与区分效度则通过统计检验来考察。

1. 内容效度

内容效度主要由理论研究的深度和准确度决定，本研究的测量量表是在广泛而深入的文献回顾和对比分析的基础上开发的，且经过了相关领域专家的反复讨论和修正，最大程度上保证了其内容效度（Moore，Banbasat，1991）。

鉴于此，本研究通过科学的量表设计程序，在一定程度上保证量表内容效度：①采用国内外重要的相关文献中已有的成熟量表，这些量表已被众多学者使用和验证；②根据本研究主题，广泛听取服务营销、价值共创研究领域的教授、专家及用户的意见，对量表题项进行多轮修正，使题项表达更精炼；③通过预测试结果和反馈情况进一步删减和修正题项，从而形成科学的正式问卷。

2. 建构效度

建构效度检验包括收敛效度和区分效度，验证性因子分析被用来检验收敛效度。相关研究表明，当检验变量的因子载荷量均大于 0.500 且 t 值均大于 1.96③，并且每一个潜在变量（构念）的抽取方差又都大于此变量与其他潜在

---

① HAIR J F, ANDERSON R E, TATHAM R L, et al. Multivariate data analysis with reading [M]. Upper Saddle River：Prentice-Hall, Inc, 1995.

② 李怀祖. 管理研究方法论 [M]. 2 版. 西安：西安交通大学出版社，2004.

③ JAMES Y L, et al. Top management support, external expertise and information systems implementation in small businesses [J]. Information systems research, 1996, 7 (2)：248–267.

变量间的相关系数平方时①，可认为测量量表具有良好的收敛效度与区分效度。

　　收敛效度所探讨的是周延性问题，主要检验量表中的各测量题项能否收敛于其对应的潜变量。通常认为，当量表中所有测量题项的标准化因子载荷系数均大于 0.500，各变量的组合信度（CR）值均大于 0.600，且平均方差提取（AVE）值均大于 0.500 时，该量表收敛效度较高。根据表 12 – 11 所示，各测量变量的因子载荷均大于 0.500，CR 值均大于 0.800，AVE 值均高于 0.590，说明这些构念的收敛度较高。本研究采用 AMOS 统计分析软件对 450 份样本数据做验证性因子分析，模型拟合度和验证性因子分析结果如下。

　　表 10 – 12 的结果表明，测量模型的拟合指数分别为：$\chi^2/\mathrm{d}f = 1.683$，$RMSEA = 0.039$，$GFI = 0.905$，$AGFI = 0.883$，$NFI = 0.923$，$IFI = 0.967$，$TLI = 0.962$，$CFI = 0.967$，说明该测量模型的拟合度很好。

表 12 – 10　验证性因子模型拟合度结果

拟合指数	$\chi^2/\mathrm{d}f$	RMR	GFI	AGFI	PGFI	NFI	IFI	TLI	CFI	RMSEA
	1.683	0.033	0.905	0.883	0.733	0.923	0.967	0.962	0.967	0.039

表 12 – 11　各维度的收敛效度结果情况（$N = 450$）

变量	题项	CR	P	标准化载荷	CR	AVE
KN	Q4			0.855		
KN	Q5	20.680	＊＊＊	0.810	0.901	0.696
KN	Q6	20.444	＊＊＊	0.804		
KN	Q7	22.890	＊＊＊	0.866		
RE	Q8			0.844		
RE	Q9	20.449	＊＊＊	0.853	0.862	0.676
RE	Q10	18.014	＊＊＊	0.767		
IN	Q11			0.857		
IN	Q12	24.264	＊＊＊	0.900	0.895	0.739
IN	Q13	21.259	＊＊＊	0.821		

---

① FORNELL C, LARCKER D F. Structural equation models with unobservable variables and measurement error: algebra and statistics [J]. Journal of marketing research, 1981, 18 (1): 39 – 50.

（续上表）

变量	题项	*CR*	*P*	标准化载荷	*CR*	*AVE*
CR	Q14			0.866		
CR	Q15	19.263	＊＊＊	0.817	0.858	0.669
CR	Q16	17.993	＊＊＊	0.769		
FPV	Q17			0.826		
FPV	Q18	19.074	＊＊＊	0.839	0.848	0.652
FPV	Q19	16.975	＊＊＊	0.754		
SV	Q20			0.800		
SV	Q21	17.433	＊＊＊	0.761		
SV	Q22	16.096	＊＊＊	0.714	0.89	0.619
SV	Q23	20.913	＊＊＊	0.879		
SV	Q24	17.693	＊＊＊	0.770		
APV	Q25			0.858		
APV	Q26	19.934	＊＊＊	0.826	0.871	0.692
APV	Q27	19.535	＊＊＊	0.811		
SI	Q28			0.837		
SI	Q29	20.666	＊＊＊	0.846	0.860	0.672
SI	Q30	18.398	＊＊＊	0.774		
PS	Q31			0.852		
PS	Q32	20.293	＊＊＊	0.839	0.869	0.688
PS	Q33	19.071	＊＊＊	0.796		
CL	Q34			0.803		
CL	Q35	16.980	＊＊＊	0.756		
CL	Q36	15.642	＊＊＊	0.707	0.855	0.596
CL	Q37	18.653	＊＊＊	0.817		

　　区分效度反映了不同构念之间的区分度，是将变量 *AVE* 值的平方根与变量两两相关系数比较，若 *AVE* 平方根大于变量两两相关系数，说明区分效度通过检验（Fornell，Larcker，1981）。表 12 - 12 列出了所有变量的均值、标准差和相关系数，同时，该表也可以解释量表的区分效度。表 12 - 12 中各变量之间的对角线数字为 *AVE* 值的平方根，其他数值为变量间的相关系数，可以看出 *AVE* 值的平方根大于任何变量两两相关系数，因此，量表的区分效度通过检验。综

上所述，本研究的数据具有较好的信度和效度，适合做进一步的检验分析。

表12 – 12 正式问卷量表各个维度的区分效度检验结果（N = 450）

变量	KN	RE	IN	CR	FPV	SV	APV	SI	PS	CL
KN	.834									
RE	.455	.822								
IN	.477	.509	.860							
CR	.384	.520	.479	.818						
FPV	.301	.534	.505	.453	.807					
SV	.369	.418	.483	.322	.453	.787				
APV	.286	.325	.361	.249	.480	.523	.832			
SI	.505	.534	.599	.420	.469	.555	.486	.820		
PS	.303	.249	.292	.160	.146	.118	.081	.308	.829	
CL	.520	.514	.604	.403	.499	.566	.464	.704	.239	.772

12.3.4 共同方法偏差检验

共同方法偏差是采用同一来源的数据、同样的调查对象、相同的测量环境或其他具有共同特征的方法而造成预测变量与效标变量之间的数据产生虚假的共变，形成系统误差，对研究结论造成潜在的误导（Lindell，Whitney，2001；Williams，et al.，2010）。为了避免共同方法偏差的干扰，本研究在调研过程中采用了匿名填写的方式，并向受访者保证问卷结果仅用于学术研究，并不会对他们的任何利益造成损害，同时加入了众多反向条款用于筛选不认真对待问卷的受访者。在经过各种程序控制后，本研究采用 Harman 的单因素检验法（Podsakoff，Organ，1986），即对全部构念的测项进行探索性因子分析，如果未旋转之前的第一个因子方差解释率超过50%，则说明共同方法偏差很高。

12.3.5 结构方程模型

结构方程建模（Structural Equation Modeling，SEM）也称为结构方程分析，是基于变量的协方差矩阵来分析变量之间关系的一种统计方法，因此也称为协方差结构分析。SEM 是一种将多元回归和因素分析方法有机地结合在一起，以自动评估一系列相互关联的因果关系的多元统计分析技术。结构方程建模与多元回归有相似的用途，但具有更加强大的功能，适用于隐变量、自变量相关、存在变量误差、多个因变量等复杂条件下的建模。结构方程模型是基于样本数据来评估研究者提出的理论模型是否可以接受的一种统计分析工具。

在判断结构方程模型是否成立时，主要通过测算一些拟合的指标来衡量，其中 χ^2/df 一般要求小于 3，*GFI* 是适配度指数，*AGFI* 为调整的适配度指数，*NFI* 为规准适配指数，*IFI* 为增值适配指数，*CFI* 为比较适配指数，一般要求这些值均大于 0.900，表示模型适配能力较好，大于 0.800 且小于 0.900 表示模型可以接受。*RMSEA* 应小于 0.08，表示适配能力较好，模型拟合程度较好。由表 12－13 可知，模型的拟合效果较好。

表 12－13　模型拟合度结果

拟合指数	χ^2/df	*RMR*	*GFI*	*AGFI*	*PGFI*	*NFI*	*IFI*	*TLI*	*CFI*	*RMSEA*
	1.789	0.045	0.904	0.887	0.768	0.92	0.963	0.959	0.963	0.042

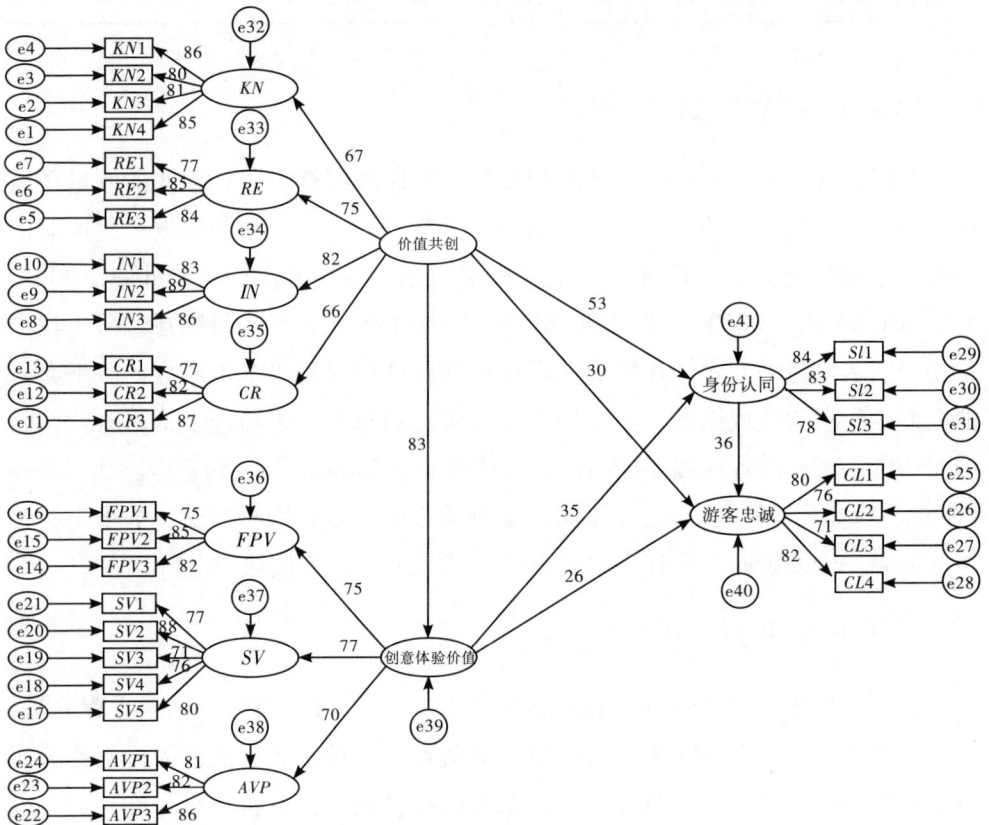

图 12－1　模型参数估计路径图

表 12 - 14　模型检验结果

			Estimate	残差误	t	p	标准系数	假设
创意体验价值	←	价值共创	.770	.079	9.733	＊＊＊	.832	成立
身份认同	←	创意体验价值	.486	.155	3.129	.002	.348	成立
身份认同	←	价值共创	.684	.146	4.684	＊＊＊	.530	成立
游客忠诚	←	价值共创	.402	.149	2.692	.007	.301	成立
游客忠诚	←	创意体验价值	.382	.153	2.504	.012	.265	成立
游客忠诚	←	身份认同	.369	.090	4.099	＊＊＊	.357	成立

　　由表 12 - 14 可知，价值共创对创意体验价值的标准化路径系数为 0.832 （$t = 9.733$，$p = 0.000 < 0.05$），说明价值共创对创意体验价值有显著的正向影响，故 $H1$ 成立；价值共创对身份认同的标准化路径系数为 0.530 （$t = 4.684$，$p = 0.000 < 0.05$），说明价值共创对身份认同有显著的正向影响，故 $H2$ 成立；价值共创对游客忠诚的标准化路径系数为 0.301 （$t = 2.692$，$p = 0.007 < 0.05$），说明价值共创对游客忠诚有显著的正向影响，故 $H3$ 成立；创意体验价值对身份认同的标准化路径系数为 0.348 （$t = 3.129$，$p = 0.002 < 0.05$），说明创意体验价值对身份认同有显著的正向影响，故 $H4$ 成立；创意体验价值对游客忠诚的标准化路径系数为 0.265 （$t = 2.504$，$p = 0.012 < 0.05$），说明创意体验价值对游客忠诚有显著的正向影响，故 $H5$ 成立；身份认同对游客忠诚的标准化路径系数为 0.357 （$t = 4.099$，$p = 0.000 < 0.05$），说明身份认同对游客忠诚有显著的正向影响，故假设 $H6$ 成立。

12.3.6　中介作用的检验

表 12 - 15　中介效应显著性检验结果

Parameter	Estimate	Lower	Upper	p
价值共创—创意体验价值—身份认同（标准化）	.290	.053	.563	.022＊＊
价值共创—创意体验价值—游客忠诚（标准化）	.221	.020	.502	.032＊＊
价值共创—身份认同—游客忠诚（标准化）	.189	.065	.369	.003＊＊＊
创意体验价值—身份认同—游客忠诚（标准化）	.124	.026	.294	.013＊＊

　　注：＊＊表示 $p < 0.05$，＊＊＊表示 $p < 0.01$，Bootstrap 样本数：5000，数据由 SPSS24.0 计算获得。

　　为了验证创意体验价值分别在价值共创和身份认同、价值共创和游客忠诚之间的中介作用，以及身份认同分别在价值共创和创意体验价值、价值共创和游客忠诚之间的中介作用，我们使用 SPSS24.0 的 Process 插件，以 bootstrap 方法进行中介效应检验，运行 5000 次的 bootstrap 运算，计算 95% 的可信区间。从表 12-15 结果可知，价值共创—创意体验价值—身份认同这条中介路径 95% 的置信区间在 0.053 ~ 0.563 之间，不包含 0，p 值小于显著水平 0.05，创意体验价值在价值共创和身份认同的间接效应显著，故 $H7$ 成立。价值共创—创意体验价值—游客忠诚这条中介路径 95% 的置信区间在 0.020 ~ 0.502 之间，不包含 0，p 值小于显著水平 0.05，创意体验价值在价值共创和游客忠诚的间接效应显著，故 $H8$ 成立。价值共创—身份认同—游客忠诚这条中介路径 95% 的置信区间在 0.065 ~ 0.369 之间，不包含 0，p 值小于显著水平 0.05，身份认同在价值共创和游客忠诚的间接效应显著，故 $H9$ 成立。创意体验价值—身份认同—游客忠诚这条中介路径 95% 的置信区间在 0.026 ~ 0.294 之间，不包含 0，p 值小于显著水平 0.05，身份认同在创意体验价值和游客忠诚的间接效应显著，故 $H10$ 成立。整体而言，4 条中介路径上下区间均不包含 0，且 p 值小于显著水平 0.05，故 $H7$、$H8$、$H9$ 和 $H10$ 成立。

12.3.7 调节作用的检验

调节效应的检验主要利用多元层级回归，根据相关文献，调节效应的检验主要建立了 2 个多元回归模型。第一个模型引入自变量和调节变量，该模型是为了检验自变量和调节变量是否会影响因变量，以确定模型的解释能力，也就是判断模型 R^2 的大小；第二个模型是引入自变量、调节变量以及自变量和调节变量交互项，如果交互项的回归系数显著，且 R^2 显著提高，则说明调节变量对自变量和因变量的关系有显著的调节作用。

1. 感知稀缺在价值共创与创意体验价值之间的调节效应检验结果

表 12-16　感知稀缺在价值共创与创意体验价值之间的调节效应显著性检验结果

系数[a]						
模型		非标准化系数		标准系数	t	$Sig.$
		β	标准误差	试用版		
1	（常量）	3.764	.026		147.473	.000
	z 价值共创	.626	.039	.630	15.936	.000
	z 感知稀缺	-.052	.032	-.063	-1.603	.110

（续上表）

系数ª						
模型		非标准化系数		标准系数	t	Sig.
		β	标准误差	试用版		
2	（常量）	3.746	.026		141.951	.000
	z 价值共创	.616	.039	.619	15.659	.000
	z 感知稀缺	-.018	.035	-.022	-.506	.613
	z 价值共创 × z 感知稀缺	.096	.039	.100	2.471	.014

a. 因变量：创意体验价值

注：z 价值共创和 z 感知稀缺为中心化处理后的数据。

如表 12 - 16 所示，模型 1 以价值共创和感知稀缺为自变量，创意体验价值为因变量建立多元回归模型；模型 2 是以价值共创、感知稀缺和交互项价值共创 × 感知稀缺，创意体验价值为因变量建立多元回归模型。模型 1 中自变量价值共创对创意体验价值有显著的正向影响（$\beta = 0.630$，$t = 15.936$）；模型 2 中自变量与调节变量的交互项的回归系数为 0.100（$t = 2.471$），说明交互项对创意体验价值有显著的影响，且模型 1 的 R^2 是 0.375，模型 2 的 R^2 是 0.384，有明显的提高，说明模型解释力增强。故证明调节变量感知稀缺在价值共创与创意体验价值之间有显著的调节作用，故 $H11$ 成立。

2. 感知稀缺在价值共创与身份认同之间的调节效应检验结果

表 12 - 17　感知稀缺在价值共创与身份认同之间的调节效应显著性检验结果

系数ª						
模型		非标准化系数		标准系数	t	Sig.
		β	标准误差	试用版		
1	（常量）	3.764	.030		125.311	.000
	z 价值共创	.786	.046	.630	16.978	.000
	z 感知稀缺	.105	.038	.103	2.772	.006

（续上表）

模型		非标准化系数		标准系数	t	$Sig.$
		β	标准误差	试用版		
2	（常量）	3.768	.031		120.516	.000
	z 价值共创	.788	.047	.632	16.907	.000
	z 感知稀缺	.098	.041	.096	2.376	.018
	z 价值共创×z 感知稀缺	−.020	.046	−.016	−.428	.669

系数^a

a. 因变量：SI

注：z 价值共创和 z 感知稀缺为中心化处理后的数据。

如表 12 − 17 所示，模型 1 以价值共创和感知稀缺为自变量，*SI* 为因变量建立多元回归模型；模型 2 是以价值共创、感知稀缺和交互项价值共创×感知稀缺，*SI* 为因变量建立多元回归模型。模型 1 中自变量价值共创对 *SI* 有显著的正向影响（$\beta = 0.630$，$t = 16.978$）；模型 2 中自变量与调节变量的交互项的回归系数为 − 0.016（$t = −0.428$），说明交互项对 *SI* 没有显著的影响，模型 1 和模型 2 的 R^2 都是 0.450，没有变化。故证明调节变量感知稀缺在价值共创和 *SI* 之间没有显著的调节作用，故 *H*12 不成立。

12.4　结果与讨论

12.4.1　检验结果汇总

本研究共提出了 12 个假设，通过 SPSS24.0 软件的运算，本研究的大部分假设检验都通过了验证支持，只有 1 个调节效应没有通过检验支持，具体检验结果如表 12 − 18 所示。

表 12 − 18　研究假设的检验结果汇总表

序号	研究假设	结果
*H*1	价值共创对创意体验价值有正向影响	支持
*H*2	价值共创对身份认同有正向影响	支持

（续上表）

序号	研究假设	结果
*H*3	价值共创对游客忠诚有正向影响	支持
*H*4	创意体验价值对身份认同有正向影响	支持
*H*5	创意体验价值对游客忠诚有正向影响	支持
*H*6	身份认同对游客忠诚有正向影响	支持
*H*7	创意体验价值在价值共创与身份认同的关系中起着中介作用	支持
*H*8	创意体验价值在价值共创与游客忠诚的关系中起着中介作用	支持
*H*9	身份认同在创意体验价值与游客忠诚的关系中起着中介作用	支持
*H*10	身份认同在价值共创与游客忠诚的关系中起着中介作用	支持
*H*11	感知稀缺调节着价值共创与创意体验价值的关系	支持
*H*12	感知稀缺调节着价值共创与身份认同的关系	不支持

资料来源：根据本研究分析结果整理而得。

从表 12 - 18 可以看出，*H*1、*H*2、*H*3 均得到支持，即价值共创行为对创意体验价值、身份认同和游客忠诚的影响都是正向显著的；*H*4、*H*5 也均得到支持，说明创意体验价值对身份认同、游客忠诚都是正向显著的；*H*6 得到支持，说明身份认同对游客忠诚的影响是正向显著的；*H*7 得到支持，说明创意体验价值在价值共创与身份认同的关系中起着中介作用；*H*8 得到支持，说明创意体验价值在价值共创与游客忠诚的关系中起着中介作用；*H*9 得到支持，说明身份认同在创意体验价值与游客忠诚的关系中起着中介作用；*H*10 得到支持，说明身份认同在价值共创与游客忠诚的关系中起着中介作用；*H*11 得到支持，说明感知稀缺调节着价值共创与创意体验价值的关系。而 *H*12 未得到支持，说明感知稀缺对价值共创与身份认同之间的关系未起到正向显著的调节作用。

12.4.2　进一步的讨论

1. 价值共创

从分析结果来看，价值共创对创意体验价值有着正向的显著作用。*H*1 验证得到了支持。价值共创的知识共享、关系、互动、创意四个维度对创意体验价值产生了正向影响。也就是说，妈祖文化旅游活动中游客在知识共享、关系、互动、创意四个方面的价值共创程度越高，就会带来越高的创意体验价值。价值共创对身份认同有着正向影响（*H*2）得到了支持，说明妈祖文化旅游中游客之间的知识共享活动、互动、关系以及创意都能显著提高游客的身份认同，在旅游体验活动中增强对妈祖文化的认同感，有利于提升游客的旅游体验和重游意愿。价值共创对游客忠诚有正向影响（*H*3）也通过了验证，这个结论进一步补充了文化旅游情景下，价值共创能提升游客的忠诚度，进而为旅游目的地进行积极的口碑传播，提升游客再次旅游的意愿。

2. 创意体验价值

从结果来看，创意体验价值对身份认同和游客忠诚都起到了显著的正向影响。旅游体验是游客在旅游目的地观光游玩时最直观的感受。妈祖文化创意旅游能为游客带来功能价值、社会价值以及情感价值。妈祖文化创意旅游中这些体验价值能有效帮助游客在湄洲岛上参拜妈祖祖庙或者观光游玩时更深刻地了解妈祖文化，增强个人对妈祖文化的认同，以及进一步提高游客忠诚度。

3. 身份认同

从结果来看，身份认同对游客忠诚度有正向影响这一假设得到了支持。身份认同传递的是"我是谁"的问题，而通过湄洲岛妈祖文化旅游体验，游客提升了身份认同，在对妈祖文化认同的基础之上，有效提高湄洲岛妈祖文化游客的忠诚度。

4. 创意体验价值的中介作用

顾客主导逻辑强调顾客与顾客之间的共创是实现价值共创的基础，前面的研究结果已经表明价值共创分别显著正向影响创意体验价值、身份认同和游客忠诚，但不能忽视创意体验价值在价值共创和游客忠诚、价值共创和身份认同之间的作用。从创意体验价值对价值共创和游客忠诚中介作用的分析结果来看，当控制了创意体验价值时，价值共创和游客忠诚以及身份认同之间的路径系数显著下降，这意味着创意体验价值在价值共创和游客忠诚之间均起到了中介作用，*H*7 和 *H*8 都得到支持。

5. 身份认同的中介作用

从身份认同对创意体验价值和游客忠诚中介作用的分析结果来看，当控制了身份认同时，创意体验价值和游客忠诚之间的路径系数显著下降，这意味着身份认同在创意体验价值和游客忠诚之间均起到了中介作用，*H*9 得到了支持。从身份认同对价值共创和游客忠诚中介作用的分析结果来看，当控制了身份认同时，价值共创和游客忠诚之间的路径系数显著下降，这意味着身份认同在价值共创和游客忠诚之间起到了中介作用，*H*10 得到了支持。旅游经历了身体的移动和心境的转变，是个体建构新的自我认同的过程。在旅游活动中，游客成为自己喜欢的角色，并且得到了自我的完全释放和展现。在旅游中观察自我，发现自我，反思自我，最终寻找到新的自我，从而重新建构出另外一个自我。旅游在一定程度上能够让自我发生积极的变化，最终得到自我肯定和自我认同，对个体自我认同的建构起到一定的作用。游客身份的差异性，即游客在旅游活动中产生的互动和认知的不同，都会对游客的旅游体验产生一定的影响。

6. 感知稀缺的调节作用

价值共创本身就是一个复杂的过程，顾客通过资源整合和服务交换实现价值共创（Vargo，Lusch，2016）。从分析结果来看，感知稀缺对价值共创和创意体验价值的关系起了调节作用，$H11$ 得到了支持。当加入价值共创与感知稀缺的乘积项之后，价值共创与创意体验价值之间的路径系数变得显著，从感知稀缺调节价值共创与创意体验价值关系的作用图来看，感知稀缺越高，价值共创对创意体验价值的影响就越强。这也说明，妈祖文化资源的独特性和稀缺性深深影响着游客们的价值共创和创意体验价值。但是，当加入价值共创与感知稀缺的乘积项之后，价值共创与身份认同之间的路径系数并未变得显著，$H12$ 并未得到支持。这说明尽管游客们感受到了湄洲岛妈祖文化旅游资源的独一无二，但是这种稀缺性并未对价值共创和身份认同起到影响。这也验证了学者们对文化旅游的理解，绝大多数游客对文化旅游目的地的观光并非为了追求深刻的学习体验或者提升认同感，而是寻找具有乐趣、轻松和娱乐性的活动①。

---

① 希拉里·迪克罗，鲍勃·麦克彻. 文化旅游 [M]. 朱路平，译. 北京：商务印书馆，2017.

第 13 章　研究结论和建议

在前文理论分析和实证分析的基础上，本章首先对研究进行归纳，形成研究结论；其次从理论发展和实践需要的角度揭示本研究的理论贡献和实践启示；最后对本研究在内容和方法上的局限进行反思，指明未来的研究方向。

13.1　研究结论

13.1.1　文献研究视角

妈祖既是海内外华人共同的信仰认同标志，又是两岸重要的文化交流纽带。随着国内外妈祖学术交流的日益频繁以及澳门回归，2009 年妈祖信俗被列入世界非物质文化遗产，成为中国首个信俗类世界遗产，在海内外掀起了妈祖文化研究热，妈祖文化研究的论文呈井喷式增长。近年来，海内外学者们基于不同的学科领域、不同的知识视角进行妈祖文化研究，并取得了丰硕成果。

为了更好地梳理妈祖文化研究的脉络与热点，本研究改变传统的文献分析范式，借鉴定量与定性相结合的研究逻辑，利用文献计量法和内容分析法对海内外妈祖文献资料进行分析。

本研究采用 CiteSpace 软件对 1980 年以来大陆妈祖研究的文献进行了可视化分析。研究发现：①妈祖文化研究方面的文章数量不断增加，主要研究力量是沿海高校科研院所，其形成一条学术"海上丝绸"之路；②目前妈祖研究热点包括妈祖信仰、妈祖文化、妈祖信俗等；③妈祖研究路径先是对文献资料进行初期整理，之后是深层次分析妈祖信仰的传播和功能特点，再到探讨妈祖资源的开发利用。大陆的妈祖文化研究取得了一些成果，但也存在不足：具有较强学术影响力的论文较少，海内外学者及学术机构之间的合作研究少，研究方法有限等。

本研究运用文献计量方法对 WOS 核心数据库、CSSCI 数据库以及台湾学术文献数据库中妈祖文化研究文献进行定量分析。研究发现：①妈祖文化研究文章总体数量不断增加。②中文文献数量远远多于英文文献，特别是在 2010 年以后，大陆妈祖文化研究有较大发展，不仅文献数量增长迅猛，学术影响力也在扩大。③妈祖文化研究的核心学术力量仍以大陆和台湾的学者为主。④妈祖文化研究涉及领域较广，研究呈现多样化趋势。主要涉及宗教学、历史学、社会学等人文社会科学领域，不断延伸至生态环境科学、地质学等自然科学领域。英文文献的妈祖文化研究更侧重于区域关系研究，与大陆和台湾的研究领域有所差异。⑤妈祖文化的研究主题和聚焦点较为分散，中英文文献研究热点主题大致相同，但各自聚焦有所不同。妈祖信仰是海内外妈祖文化研究的共同热点，围绕妈祖信仰展开的研究颇丰。妈祖信仰的宗教属性及妈祖文化旅游是中英文文献普遍关注的热点主题。⑥大陆学者关注妈祖文化传播、妈祖文化产业发展，台湾学者对妈祖文化与旅游等主题更感兴趣，而国际上学者们对妈祖信仰和两岸关系这一主题关注密切。

13.1.2　旅游目的地视角

1. 游客感知形象

在对高频词分布以及语义网络图分析的基础之上，结合游客在线评论文本资料，将湄洲岛的游客感知形象归纳成 8 个维度，分别为自然吸引物、人文吸引物、事件及活动吸引物、旅游环境和氛围、旅游设施与服务管理、交通服务、消费支出、旅游体验。其中，自然吸引物、人文吸引物是认知形象的核心构成内容。情感形象方面，游客对湄洲岛的旅游形象感知整体以正面评价为主，积极情绪占 60.45%；中性情绪占 25.37%；消极情绪最少，占 14.18%。湄洲岛的海景、沙滩等得天独厚的海岛景观成为最突出的旅游吸引物符号，妈祖文化为湄洲岛营造出浓厚的人文气息、安静祥和的旅游氛围。富有地域特色的美食以及便利的交通设施都大大提高了游客的积极感知情绪。但是消费支出过高、游客太多造成拥挤、体验性活动不足也会降低游客的好感，使游客产生消极情绪，甚至形成负面的口碑效应。

2. 官方投射形象

在对高频词分布以及语义网络关系图分析的基础之上，结合官方平台所获取的湄洲岛投射形象文本资料，将湄洲岛投射形象归纳成 5 个维度，分别为人文吸引物、事件及活动吸引物、自然吸引物、旅游环境和氛围、旅游体验。其中，人文吸引物是认知形象的核心内容。情感倾向方面，"盛大""平安""雄伟""丰富""独特"是投射形象的情感表述倾向，最清晰的为"盛大""平安""雄伟"。

3．认同—错位

湄洲岛的投射形象与感知形象呈现出"同中有异"的特点。在"同"的方面，两者都将自然吸引物、人文吸引物、事件及活动吸引物、旅游环境和氛围、旅游体验等主题作为重要的形象维度，具有较高的一致性。从情感形象来看，无论是游客感知还是官方投射，总体的情感形象都是正面的、积极的。

在"异"的方面，主要有四处不同：①游客感知形象与官方投射形象的重点不一致。游客感知形象中更多的高频词来自自然吸引物，而官方投射的着力点在于人文吸引物。②旅游体验的不一致。游客的旅游体验为"虔诚、好玩、惬意"，而官方投射的旅游体验为"平安"，两者之间有较大的差异。③游客的感知形象文本资料中明确提及旅游设施与服务管理、交通服务、消费支出这三个维度，但在官方投射形象中并未过多提及这三个维度。④情感表述内容有差异。顾客的感知形象情感表述为"虔诚、好玩、惬意"，而官方的投射形象情感表述为"盛大、雄伟、丰富、独特"，顾客感知形象在消费支出与旅游体验项目中存在消极情绪。

4．品牌个性

湄洲岛围绕着"妈祖"打造妈祖文化型旅游目的地品牌个性，为莆田传统的"海滨圣地，妈祖故乡"建立了区别于其他旅游目的地的独特品牌形象。本研究以福建湄洲岛为研究对象，抓取旅游在线平台上发布的游记文本，借助Rost Content Mining 6软件进行词频统计、情感分析、语义网络图分析，运用质性研究方法以及德尔菲法分析湄洲岛旅游目的地形象和品牌个性特征。研究结果发现，湄洲岛的客源市场分布受到地域、经济、交通限制；湄州妈祖祖庙的游客感知形象呈整体性，感情倾向呈积极性；游客对湄洲岛的感知形象聚焦于妈祖文化和海岛风光。从人文景观和自然景观两个维度构建了原生、亲和、忠诚、耀眼、美丽、闲适六个品牌个性特征，并为湄洲岛旅游的可持续性发展提出相关建议。

13.1.3 旅游产品视角

从文化旅游产品视角来看，文化旅游产品是打造"文化特色品牌"的重要突破口。研究发现，妈祖文化创意产品开发过程中主要存在经验较少、资金支持少、产品同质化严重、优质的妈祖文化创意产品匮乏以及价格两极分化等问题。妈祖文化资源不仅内容丰富，包括历史故事、神话传说、典籍名著、特色民俗等，而且都是开放式的共享性资源。通过广大信众和一般消费者的贡献和分享，企业可以获取丰富的妈祖文化资源和素材，便于内容创意下一环节的创作。此外，让消费者参与到妈祖文化资源的调研过程中，不仅使消费者体验到产品创意开发设计的乐趣，也提高了他们对产品的忠诚度和归属感。

为了打造符合市场和游客需求的旅游产品，本研究提出了基于价值共创理论的妈祖文化创意产品开发流程，将消费者合作创造融入原价值链的每一个环节。

13.1.4 游客体验视角

游客是旅游市场的主体。研究发现，湄洲岛的游客主要以福建省内的妈祖信众和普通游客为主，还包括港澳台地区的妈祖信众，大陆其他省份和地区的游客，海外华侨华人，如新加坡、日本、泰国、印尼、菲律宾等国家和地区的妈祖信众。其中，台湾地区的妈祖信众和游客是湄洲岛妈祖文化旅游客源市场的核心组成部分。通过对闽台游客的旅游行为和认知状况的调查以及对比分析，发现游客的年龄趋于年轻，而且学历层次逐渐提高，以组团形式前往湄洲岛进香朝拜，但是游客的停留时间较短。从旅游动机来看，大陆游客赴湄洲岛旅游的动机中宗教信仰因素弱化，观光游览、求平安、求财富、求考运和求姻缘的动机越来越明显，而台湾游客更多是出于宗教信仰的缘故，闽台游客的动机和身份有差别。

关于如何提高游客的重游意愿以及体验满意度，本研究通过游客的体验共创来提升游客满意度，借助 SPSS 统计分析工具，验证了互动正向显著影响游客满意度、主动参与正向显著影响游客满意度、体验共享正向显著影响游客满意度。体验共创会影响消费者满意度。当消费者融入环境氛围中时，增加自身的参与度，体验价值就会得到显著的提高，满意度也就相应跟着提高，因此，体验共创可以有效地预测满意度，消费者的体验共创可以提高其满意度。

文化创意旅游强调游客在旅行过程中的深度参与、互动以及创意体验。为了进一步研究文化创意旅游过程中游客价值共创对游客忠诚度的影响，本研究通过问卷调查，借助 SPSS 和 AMOS 软件，通过多重线性回归分析、Bootstrap 方法和层次回归分析对变量间的直接作用关系、中介作用关系以及调节作用关系假设进行检验。研究发现游客通过知识共享、互动、关系、创意等共创行为积极主动地参与体验旅游目的地的各类活动，产生了真实的创意体验价值。同时，创意体验价值中的功能价值、社会价值和情感价值均会影响游客在整个旅行过程中的忠诚度，而游客的忠诚度会对未来的重游意愿产生影响。

13.2　湄洲岛妈祖文化旅游高质量发展建议

文化遗产在旅游资源中的重要性可见一斑，旅行以此为基础持续了上千年。随着经济的发展和人们需求的变化，非物质文化遗产旅游目的地亟待对其规划、管理和营销进行调整。2020 年中国共产党第十九届五中全会审议通过的《中共中央关于制定国民经济和社会发展第十四个五年规划和二〇三五年远景目标的建议》指出要"加快构建以国内大循环为主体、国内国际双循环相互促进的新发展格局"[①]。加快构建新发展格局，意味着经济发展由高速增长转向高质量发展，立足于这一重要国家判断，旅游业作为典型的综合性产业、开放性产业[②]，要如何依托国内旅游大市场以及国际市场资源来实现湄洲岛妈祖文化创意旅游的高质量发展？在此背景之下，本研究从旅游目的地、旅游产品以及游客三个视角进一步探索湄洲岛妈祖文化创意旅游高质量发展的路径。

13.2.1　重塑旅游目的地形象，构建精准的品牌个性

旅游目的地可以凭借鲜明的品牌个性在众多同类品牌中脱颖而出，获得可持续竞争力。独特鲜明的品牌个性定位会深深吸引游客，其重游和推荐意愿将会更加强烈。从湄洲岛文化旅游目的地品牌个性研究结果来看，尽管与 Aaker 的品牌个性理论存在一定差异，但是宗教文化旅游目的地要结合自身情境来提炼符合自身定位的品牌个性。因此，从人文景观维度提出了原生、亲和、忠诚、耀眼四个品牌个性特征，从自然景观维度提出了美丽、闲适两个品牌个性特征。浓厚的妈祖文化氛围，源远流长的妈祖文化构成了湄洲岛旅游目的地品牌个性的核心要素，是其他海岛难以复制和模仿的独特品牌，也是湄洲岛的优势。独特的海岛风光依托着独特的妈祖文化，也塑造出更加鲜明的湄洲岛旅游目的地形象。湄洲岛品牌个性构建给同类型旅游目的地探索自身品牌个性提供了一定的参考和启示。

首先，妈祖文化的原生性是湄洲岛最为独特的品牌个性特征。妈祖文化由

---

① 韩文秀. 加快构建新发展格局（深入学习贯彻党的十九届五中全会精神）［N/OL］. 人民日报，（2020 − 12 − 01）［2022 − 12 − 15］. http://theory. people. com. cn/n1/2020/1201/c40531 − 31950214. html.

② 胡和平. 旅游业将持续发挥优势，为促进国内国际双循环作更大贡献［N/OL］. 凤凰网，（2020 − 12 −09）［2022 − 12 − 17］. https://travel. ifeng. com/c/823zrlsjJYv.

来已久，经过几千年的历史发展，已经形成了许多约定俗成的文化特色，这种传承了千年的文化认同感是湄洲岛旅游吸引力最根本的元素。在突出妈祖宗教圣地形象的同时，湄洲岛也应该抓住新时代新的旅游群体的旅游需求进行有针对性、多元化、多功能的旅游活动开发，比如庙会、游灯等具有岛上特色的节庆和民俗文化活动，重视游客的旅游体验性和文化旅游目的地的原真性。湄洲岛上的妈祖建筑群、丰富的妈祖民间风俗文化活动、妈祖相关的影视剧等，都是湄洲岛独特的文化特色。

其次，美丽的海岛风光是游客感知湄洲岛的第二个品牌个性形象。湄洲岛是国家5A级景区，舒适的海岛生活可缓解游客的精神压力，是调节身心的好地方。湄洲岛的海岛风光形象贯穿整个旅游产品设计的品牌宣传之中。

最后，自然景观维度的品牌个性与人文景观维度的品牌个性得到了有效融合。湄洲岛聚集了妈祖文化、民间信俗活动、海岛资源等众多旅游资源，人文景观和自然景观交融，使建筑物与自然融为一体，保护了旅游景区的原真性。

13.2.2 挖掘区域特色资源，打造文化创意旅游产品

新的消费需求需要新的产品供给。但是从目前市场产品的供给来看，旅游产品千篇一律、同质化严重、产业链条单一、文化意识不强等问题成为阻碍文化旅游产业高质量发展的主要因素。这些难题极大影响了湄洲岛的旅游可持续性发展。鉴于此，我们从文化创意旅游产品的开发流程着手，从文化资源的选择和挖掘、产品的生产和研发方式、文化旅游产品的品类三个角度提出建议。

1. 区域特色资源的挖掘

文化资源是企业持续的竞争优势[①]。为了保持竞争优势，企业必须具有竞争对手难以获得的资源和能力，而且企业之间必须一直保有非对称性。异质性资源是企业在成长中积累的、有价值的、稀缺的、难复制的、异质的资源，是企业可持续发展的源泉。[②] 妈祖文化的非物质文化遗产资源正好是这种异质性资源。但是并非所有的资源都能转化为"文化资本"进行经济价值和文化价值的开发和利用。

应先通过调研的方式对妈祖文化资源的文化属性、文化价值、开发方式、

---

① 杨永忠. 创意管理学导论 [M]. 北京：经济管理出版社，2018.
② 李梅英，吴应宇. 企业可持续竞争能力的基础：异质性 [J]. 东南大学学报（哲学社会科学版），2006（6）：52.

目标市场以及消费者需求等各个因素加以了解，邀请具有丰富行业经验的从业人员筛选出适宜的文化资源。之后，再将初步选择的文化资源进行分类，比如妈祖宫庙建筑类、妈祖人物形象类、妈祖故事与传说类、湄洲岛海岛自然风景类等，让杂乱无序的文化资源符号有序化，以方便创意企业在需要对该类资源加以利用时，可快速、准确地找到相关信息，提高资源利用的准确率和时效。

2. 文化创意产品生产方式的创新

在文化资源得以保证的前提下，进行文化创意产品的开发设计。在传统的商品主导逻辑下，企业决定产品的研发设计与生产，忽略了消费者和市场的实际需求。但随着物质的极大丰富以及受后现代消费文化的影响，企业的价值创造依赖于消费者的个性化体验，每个产品都应该满足个体的消费需求，而不再是生产者关起门来进行创新。创新过程是生产者和消费者共创的过程，个性化的需求同样也是创新的主要来源①。具有象征意义的文化产品成为消费者可以亲近的中介，消费转化成一种体验和参与，一种更活跃、更真实的意义实现的活动，一种社会的体验与文化的认同。②

因此，共享经济时代为企业和消费者提供了便利的平台和技术进行合作创造。打造更多的实体体验场所或者虚拟线上平台，邀请湄洲岛游客全流程地参与产品的研发、设计、生产，比如内容创意行业，在妈祖音乐、妈祖影视、妈祖出版、妈祖动漫游戏等方面，让消费者直接参与内容创意，成为企业生产体系的一部分，进而可以将消费者文化观念融入可资本化的文化资源中进行精炼，创造出消费者所期待的具有某种象征意义的文化创意产品。

3. 文化创意产品品类的拓展

文化创意产品一般可以分为制造类产品和服务类产品。制造类创意产品主要是将文化元素与不同类型的产品进行融合，通过生产而得到的有形产品，比如礼品、办公用品、家居饰品、土特产品等较为常见的旅游纪念品，国画、书法、油画、水彩画、古籍碑帖、明信片等书画艺术文化创意产品，还有民族工艺品、民俗用品、民间艺术品、首饰、雕塑等工艺美术产品。而服务类创意产品主要包括一些绘画艺术、表演艺术等。妈祖文化创意产品主要侧重于生产制造类的创意产品，主要定位是妈祖文化旅游纪念品。体验经济时代下的文化旅

---

① C. K. 普拉哈拉德，M. S. 克里施南. 普拉哈拉德企业成功定律［M］. 林丹明，徐宗玲，译. 北京：中国人民大学出版社，2009.

② 陈小申. 文化创意产业：意义的生产与消费［J］. 山东社会科学，2011（12）：39－41.

游业的发展，文化特色是关键，不仅要开发传统的文化旅游产品，更要注重体验性产品的设计开发。旅游演艺能讲好文化故事，用好旅游舞台，增强游客的互动体验。因此，在拓展妈祖文化旅游纪念品类型的基础之上，要更注重体验产品的打造，比如常态化的妈祖文化演出，沉浸式的妈祖文化小剧场，具有原真性的妈祖民俗体验等，都能有效拉近游客与旅游目的地的距离，增强游客的亲身体验，使其领略妈祖文化的内涵。

13.2.3　创新游客旅游行为，营造独特的旅游体验

旅游产业高质量发展必须坚持以消费者为根本。旅游这项幸福产业作为服务业的一部分，必须加快形成以消费者为根本的服务理念，以消费者为根本进行服务业供给侧结构性改革。游客需要的旅游产品就是应该提供的旅游产品，产品更新换代中的效率问题就是企业效率研究的内容，合理控制成本的同时也能提供优良的服务，就是对旅游企业效率的要求。

突出顾客需求，激励游客参与价值共创。旅游体验活动中游客参与的作用是举足轻重的，旅游企业可以从游客的需求出发，尽可能挖掘和激发游客参与价值创造的能力。激发游客参与价值共创要充分了解游客的动机和需求，帮助游客获得资源、情感和社会方面的价值。

科技加持，丰富体验。科学的规划要求加快妈祖文化"新基建"，借助VR、AR、5G、AI、大数据等现代信息技术和互联网平台，加大对妈祖文化旅游在线体验技术的提质改造，通过线上线下技术融合创新，丰富妈祖文化旅游产品和服务体验，做好科技化、场景化和体验化，实现全方位、全时空、全要素的妈祖文化旅游沉浸式体验、个性化定制和智能互动，优化和拓展妈祖文化旅游的空间，共享数字红利。

13.2.4　推进科技创新创造，提升旅游发展质量

高质量发展的内涵是坚持创新驱动。科学技术的发展为旅游业提供了新的发展动力，新的变化和趋势要求旅游业不断加大技术、产品的创新力度，满足公众对高品质、多样化旅游产品的需求。

创新是引领发展的第一动力。尽管旅游业发展前景颇具潜力，但是极易受到突发事件的影响，如2020年新冠肺炎疫情的暴发，对旅游业产生的负面影响非常大。因此，要积极探索创新的发展思路，更新以往的旅游发展模式，推出更多新业态、新主体、新模式，提升可持续发展能力。充分发挥现代信息科技

的作用，提升旅游景区信息化、智慧化的水平。充分利用5G、大数据、云计算、人工智能等新兴尖端科技，打造湄洲岛智慧旅游生态系统，为游客提供线上旅游预约、门票预售、游客限量进入、错峰出游、移动端查询景区相关信息等服务，营造数字化、智慧化的旅游环境，给予游客们便捷、高效、舒适的旅游体验。

"科技+旅游"应用更加广泛。VR、AR、5G等高端信息技术发展与成熟，云上文博、数字博物馆等新兴业态开始涌现，为湄洲岛文化创意旅游数字化转型提供了有效的技术保障和指导。数字人文在妈祖文化旅游领域的应用应该突破重产品轻运营、重形式轻内涵、重技术轻组织的发展误区，以数字生态圈战略为引领，整合各方的资源、产品和服务，共同创造价值，形成资源共享、协同发展、共荣共生的"数字生态圈"，推动妈祖文化旅游走出一条"平台思维、技术赋能、以民为本"的新发展路径。

13.2.5 完善旅游配套基础设施建设，提高服务水平

外部交通、观景设施、厕所整洁度、网络设施、内部旅游线路设计、路标指示、景观介绍、宣传资料和旅游秩序位于表层，驱动力和依赖性较小，是旅游景区高质量发展的直接影响因素。从湄洲岛游客感知形象的消极情感来看，当地旅游管理部门在建设品牌个性的同时应该重视游客的旅游体验感，完善基础设施，注重人性化设施建设。

规范整个湄洲岛的运营管理，按照有关规定，科学制定入岛以及各个景点的门票和岛上交通定价。调整门票费用的收取制度，制定合理的景点收费标准，避免重复收费。同时要规范湄洲岛的商业经营与管理制度，正确引导岛上商家的经营行为，避免出现游客"被坑""被宰"等不良现象。

提升旅游交通服务品质，建设海陆空相互联系、相互沟通的全方位立体化旅游交通网，建设美丽的风景区，完善便民的旅游交通服务，推进绿色可持续化发展。

加快集散服务在全域旅游区的保障建设，例如，可以在景区景点、交通运输枢纽以及较为偏远且人口密集的地区建立游客服务中心，在实现良好的旅游体验的同时，为游客们做好交通、安全方面的信息保障与服务。

完善旅游相关设施，提高当地景点景区的层次，修理完善老化基础设施，多层次、多方面发展旅游产品，推出地方特色，开发不同区域的不同文化内涵，增加游客可玩性。

合理正确借助当代、现代媒体的力量，对旅游服务进行智能化管理，将旅游服务的质量放在首位。

13.3　研究局限与未来研究展望

13.3.1　研究局限

本研究严格遵从科学原则和标准展开，对相关领域的理论发展和管理实践做出了一定的贡献。但受制于许多客观因素，本研究仍然存在着一些局限和不足，需要在后续的研究中进一步完善。

本研究以湄洲岛为例，通过网络文本分析了游客对妈祖文化旅游目的地的形象感知。湄洲岛作为成熟的景区，知名度广，具有特殊性，并不能完全体现游客对同类型和其他类型的旅游目的地的感知，因此本研究具有一定的局限性。对游记文本的搜集受客观条件的影响，无法全面覆盖，游记文本中被过滤的部分有外文游记、图片记录、视频记录等，受研究方法的客观限制，无法对这些游记进行更加全面的分析，在分析的过程中可能失去了一些较为关键的游客感知评论，这也是下一步研究需要完善之处。数据处理过程具有主观性，使用Rost Content Mining 6 软件分析需要自定义分词词表、高频词过滤词表，尽管在研究过程中最大程度地以客观的态度编写词表，但自定义词表的不同仍会带来结果的微小偏差。此外，质性研究方法对研究者能力要求较高，为求达到更高的信度和效度，一般需要两个及以上的研究者分别进行编码工作。

13.3.2　未来研究展望

在研究样本选择方面，妈祖文化传播地域广，在国内外很多城市和地区都有妈祖文化旅游景点，这些旅游目的地的文化价值主张是什么？旅游目的地的投射形象如何？游客的感知形象又是什么？此外，大陆其他城市的妈祖文化旅游目的地形象与湄洲岛的旅游目的地形象是否一致？大陆与台湾地区的妈祖文化旅游目的地形象是否有差异？海内外的妈祖文化旅游目的地的投射形象和感知形象是否一致？这些问题还未解答。因此，未来的研究可以扩大研究对象，进一步探索不同地域妈祖文化旅游目的地形象的差异，并探索其原因。

在数据获取方面，未来研究可扩大收集文本的平台，如飞猪、马蜂窝等，以此扩充文本数据库，获取更多真实可靠的网络文本。

在研究方法方面，运用机器学习对以湄洲岛为代表的妈祖文化类旅游目的地形象进行更深度的信息挖掘，以提升游客的旅游满意度。

在研究内容方面，创意旅游强调游客在旅游过程中的价值共创行为。以往学者在研究过程中，将游客在旅游过程中的参与互动视为一种积极的行为，不仅能提升游客自身的旅游体验，增强其旅游幸福感，还能提高其重游意愿，形成正面的口碑传播。但是事事都有两面性，失败的共创行为也会带来消极负面的影响，特别是在旅游服务中，游客与旅游目的地、游客与旅游服务提供者、游客与游客之间都会产生一些冲突，这可能会导致不愉快或者不满意的结果。因此，创意旅游中游客的互动参与行为到底是价值共创还是价值共毁，值得进一步深入探讨。

后　记

未觉池塘春草梦，阶前梧叶已秋声。经过近三载的笔耕不辍，本书终于成稿。从知道妈祖，到了解妈祖，以及深入研究妈祖，已经持续近十年时间。十年间也彷徨，也曾想过放弃，毕竟在瞬息万变的互联网数字时代，被学者们称为"弥漫性宗教"的民间信仰，生存空间日趋狭窄，前景堪忧。优秀的中国传统文化更需要我们守望相助，打开新局面。

妈祖文化传承了数千年，与中华优秀传统文化融合创新。"天下妈祖，祖在湄洲。"作为妈祖文化的发祥地，湄洲岛承载着妈祖文化海内外传承与传播的重任。鉴于此，本书引入创意管理，从价值共创的视角对湄洲岛妈祖文化创意旅游进行研究，力图为湄洲岛妈祖文化旅游找到新的突破点，树立准确独特的妈祖文化旅游目的地形象和品牌个性，打造极具吸引力的妈祖文化创意产品，实现旅游高质量发展。

本书得到福建省社科规划社科研究基地重大项目资助（2018JDZ042、2021JDZ057）以及福建省科技厅软科学项目资助（2018JDZ042）。同时，本书收录了作者之前发表的部分论文，略作修改，作为部分章节内容。在写作过程中，得到了课题组成员的大力支持和帮助，出版过程中也得到了莆田学院商学院"体验经济科研团队"的出版经费支持。在此，向关心与支持本书编撰工作的领导、专家、同人、朋友表示衷心的感谢！出版社的领导和编辑在时间十分紧张的情况下为本书的顺利出版付出了辛勤劳动，一并表示诚挚的谢意！

作　者
2023 年 2 月